湖北省学术著作
Hubei Special Funds for
Academic Publications
出版专项资金

数字传播理论与实践丛书

Introduction to Digital Publishing

数字出版导论

贺子岳 · 著

WUHAN UNIVERSITY PRESS
武汉大学出版社

图书在版编目（CIP）数据

数字出版导论/贺子岳著.—武汉：武汉大学出版社,2022.9
数字传播理论与实践丛书
湖北省学术著作出版专项资金资助项目
 ISBN 978-7-307-22887-0

Ⅰ.数…　Ⅱ.贺…　Ⅲ.电子出版物—出版工作—研究　Ⅳ.G237.6

中国版本图书馆 CIP 数据核字（2022）第 017259 号

责任编辑:李嘉琪　　　责任校对:路亚妮　　　装帧设计:吴　极

出版发行：**武汉大学出版社**　　（430072　武昌　珞珈山）
（电子邮箱：whu_publish@163.com　网址:www.stmpress.cn）
印刷：武汉市金港彩印有限公司
开本:720×1000　　1/16　　印张:18　　字数:340 千字　　插页:2
版次:2022 年 9 月第 1 版　　2022 年 9 月第 1 次印刷
ISBN 978-7-307-22887-0　　定价:146.00 元

前　言

本书分为三部分。第一部分主要探讨传统出版物数字化转型后的形态。其中,电纸形态、数据库形态和增强型出版物形态是最基本的三大形态,本书第2～4章对这三大形态进行了较为系统的分析和阐述。鉴于期刊和报纸的数字化道路与图书并不完全一致,有其自身的特点,故第5章和第6章分别对电子报纸和电子期刊进行了系统论述。第二部分以网络原生出版形态为研究对象,但只选择了其中影响最大的且具有代表性的开放科学背景下的出版活动和中国网络文学出版。第三部分为移动出版研究,主要介绍了移动阅读。关于维基类百科全书、网络文库、自媒体出版、网络文学(以中国为代表),以及自助出版(以美国为代表)等其他的网络原生出版模式更为详细的论述,可参考拙作《网络新型内容出版模式研究》和《中国网络文学出版研究》。

撰写本书的目的在于通过对数字出版领域内主要形态的介绍,形成一个较为完整的框架,或期能够用作数字出版的教材。另外,数字出版现已泛化,但本书仍然认为以文字为顶端的内容生产活动是出版的主要范畴,因此,未将以网络视频、声频、游戏等为顶端的内容生产活动纳入探讨范围,但出版融合仍在本书讨论的范围内。

本书由我和我带的研究生(包括已经毕业的研究生)共同撰写。其中,平悦、罗曼参与撰写第2章,周文斌参与撰写第4章,郎家梦参与撰写第5章,钮辰翀参与撰写第6章,许金平、张子纬参与撰写第7章,邹燕参与撰写第8章,谢贵萍参与撰写第9章。

杨宇、蓝罗浩展、黎敏琴、余为佳等在本书撰写过程中参与资料查找。在此对以上同学表示由衷感谢!

由于本人水平有限,书中错误在所难免,敬请读者指正并包涵!

贺子岳

2021 年 11 月 28 日

目　　录

1 概述

　　自数字出版产生以来,相关的概念经过了较长时间的演进,先后出现了电子出版、网络出版、互联网出版、跨媒体出版、数字出版等概念。本章首先介绍相关概念,以便厘清各概念之间的联系与区别。其次探讨数字出版的发展背景,并陈述数字出版的发展历程。最后列举数字出版物的主要类型,归纳数字出版的各种形态及特征,并在后面章节分别进行论述。

1.1　电子出版、网络出版、数字出版的相关概念

1.1.1　电子出版和网络出版的概念

　　早在 1951 年,美国麻省理工学院的 P. R. Bagley 就对利用计算机检索代码化文摘进行了可行性研究[①],这一研究和尝试促使了"电子出版物"雏形的诞生[②]。"电子出版"一词的正式出现最早可追溯到 1978 年 4 月,当时 J. A. Urqart 在卢森堡"科技社会的出版未来"会议上,首次提出了 Electronic Publishing(电子出版)的概念,即利用电子手段创建、管理、传播出版物的过程。[③] 20 世纪 60 年代,随着计算机技术的发展,美国出现了磁带版《化学题录》,这是一种新型的机读出版物,也是早期的电子出版物。[④] 电子出版最初使用的载体是磁带,后来陆续使用软盘、光盘、集成电路卡等作为载体。1994 年 12 月,新闻出版署下发了《关于加强电子出版物管理的通知》(新出音〔1994〕1048 号),指出电子出版物

　　① 谢新洲.数字出版技术[M].北京:北京大学出版社,2002:9.
　　② 徐丽芳.数字出版:概念与形态[J].出版发行研究,2005(7):5-12.
　　③ 周荣庭.网络出版[M].北京:科学出版社,2004:10.
　　④ 陈光祚.电子出版物的特征与范围[J].图书馆工作与研究,1995(3):13-16.

是指"以数字代码方式将图文声像等信息存储在磁、光、电介质上,通过计算机或类似设备阅读使用,并可复制发行的大众传播媒体。电子出版物目前的主要媒体形态有:软磁盘(FD)、只读光盘(CD-ROM)、交互式光盘(CD-I)、集成电路卡(IC Card)等"。此后,在我国出版实践中,电子出版物一直沿着以磁、光介质为主要载体的方向发展,其发行活动是对有形载体——"磁带和光盘"的售卖。而在学界,电子出版物则具有更宽泛的含义,包括通过网络传播的数字化内容产品。

互联网得到发展后,"网络出版"这个词汇渐渐流行。周荣庭在其专著《网络出版》中指出,中国在1994年引入"网络出版"概念。① 1997年黄少卿在《电子出版物与电子编辑》一文中初次谈到网络出版的定义,"所谓电子出版物,包括电子图书和电子报刊,是指以数字代码方式将图、文、声、像等信息存储在磁、光、电介质上,然后通过计算机或具有类似功能的交互设备予以阅读使用,用以表达思想、普及知识和积累文化,并可复制发行的大众传播媒体"。电子出版物包括两种形式,一种是单行电子出版物,另一种则是网络出版物。② 最初人们还无法准确地区别电子出版与网络出版。叶敢、倪波将"电子出版"定义为三层含义:最狭义的理解是指图书、期刊或报纸生产过程中的计算机排版技术,如北大方正的电子排版系统等,这实际上是指在出版物生产过程中手段的计算机化,出版的最终产品仍以纸张为载体。一般意义上的理解是指不仅生产技术采用电子技术手段,而且最终产品也是电子形式的出版物,如全文数据库就是这类出版物的典型代表。这类出版物载体形式为磁带、磁盘和CD-ROM等。最后一种理解是指以电子形式出版和传播信息的任何技术,即"无纸"出版,包括可视图文、电子邮件、电子信箱、电视和广播等。③

有人提出了狭义的网络出版,即具有合法出版资格的出版机构,以互联网为载体和流通渠道,出版并销售数字出版物的行为。④ 周荣庭认为,广义的网络出版是"利用互联网创建、管理和传递(或访问)数字内容,并为组织或个人创造价值的过程和技术"⑤。

以上对电子出版或者网络出版的定义都涉及以下几点:首先,信息是可以由图、文、声、像等多种形态组成的;其次,信息载于磁、光、电等介质上;最后,利用计算机网络将信息大范围传播,并通过一定的设备进行阅读和视听。因此,本书将"网络出版"定义为:将经过编辑的文、图、声、像信息存储在磁、光、电等介质

---

① 周荣庭.网络出版[M].北京:科学出版社,2004:5.
② 黄少卿.电子出版物与电子编辑[J].编辑学刊,1997(5):12-14.
③ 叶敢,倪波.世纪之交的编辑出版[J].编辑学刊,1997(5):2-5.
④ 高朝阳.关于网络出版中几个基本问题的探讨[J].大学出版,2000(4):31-33.
⑤ 周荣庭.网络出版[M].北京:科学出版社,2004:7.

上,通过计算机网络和无线通信网络大规模复制传播,读者凭借计算机或其他移动阅读终端设备下载或在线阅读、视听的出版活动。

对于电子出版,本书则采用业界的狭义概念,即将文、图、声、像信息存储在光盘等电子介质上,通过有形载体的售卖而传播,以供读者阅读、视听的出版活动。与电子出版相比,网络出版具有内容和载体相分离的特征,内容依靠网络来传播。按照周荣庭提出的广义网络出版,凡网上的信息传播活动都可以称作网络出版。但学界一般还是认为属于商业经营范畴内的信息传播活动才能叫作网络出版,仅仅限于信息和知识公开的行为,学界只将之作为网络传播活动研究,不认为其具有"出版"的含义。

一般在介绍网络出版时,会引出"网络出版物"的概念。匡文波在《网络出版论》一文中对"网络出版物"进行了定义,认为网络出版物是将信息以数字形式存储在光、磁等介质上,利用计算机网络高速传播,并通过计算机或类似设备阅读使用的出版物。可见,网络出版物是相应的技术发展到一定阶段的产物,是电子出版物更高层次的发展。[①] 周荣庭在其专著《网络出版》中一言以蔽之:"网络出版物是面向网络最终用户的数字内容或者数字信息资源。"[②]

综上所述,网络出版物具有如下一些特点:首先,它是计算机与网络结合的产物;其次,最终产品会以某一形态存在于某种介质中供读者使用;最后,它能以大量复制的方式传播给大众。因此,本书将"网络出版物"定义为:存储于光、电、磁等介质上,能被计算机或其他移动阅读终端设备下载或在线阅读、视听,并能够通过网络及无线通信进行大规模传播的数字内容产品。

虽然"网络出版物"已经被广泛使用,但从词义上讲,它仍是一个模糊的概念,因为"网络"的概念非常宽泛,凡是具有网状系统的组织都可以称为"网络"。为方便管理,我国相关机构曾把"网络"具体到"互联网"。我国新闻出版总署、信息产业部 2002 年颁布的《互联网出版管理暂行规定》指出:"本规定所称互联网出版,是指互联网信息服务提供者将自己创作或他人创作的作品经过选择和编辑加工,登载在互联网上或者通过互联网发送到用户端,供公众浏览、阅读、使用或者下载的在线传播行为。其作品主要包括:(一)已正式出版的图书、报纸、期刊、音像制品、电子出版物等出版物内容或者在其他媒体上公开发表的作品;(二)经过编辑加工的文学、艺术和自然科学、社会科学、工程技术等方面的作品。"随着社会和技术发展,《互联网出版管理暂行规定》已经不能涵盖网络出版的范围。2016 年,《互联网出版管理暂行规定》被废除,施行由国家新闻出版广

---

① 匡文波.网络出版论[J].中国出版,1999(2):53-55.

② 周荣庭.网络出版[M].北京:科学出版社,2004:8.

电总局、工业和信息化部颁布的《网络出版服务管理规定》。该规定指出网络出版物的范围主要包括：①文学、艺术、科学等领域内具有知识性、思想性的文字、图片、地图、游戏、动漫、音视频读物等原创数字化作品；②与已出版的图书、报纸、期刊、音像制品、电子出版物等内容相一致的数字化作品；③将上述作品通过选择、编排、汇集等方式形成的网络文献数据库等数字化作品；④国家新闻出版广电总局认定的其他类型的数字化作品。同时强调网络出版物应该具有编辑、制作、加工等出版特征，主要涵盖由传统出版物转化的网络出版物、数据库形态产品，媒体融合形态产品（游戏、音视频等），以及其他尚未定型定性的类型。对比 2002 年和 2016 年的两个"规定"，网络出版物的内涵已经扩大了，并留有进一步发展的空间。

1.1.2 数字出版的概念

数字出版是近几年流行起来的概念。目前，关于数字出版的定义有数十种之多，各家的着重点各有不同。归纳起来，有几种代表性的观点。

最早对数字出版进行研究的是北京大学谢新洲教授，他在 2002 年就出版了《数字出版技术》一书。他提出，所谓数字出版，是指在整个出版过程中，从编辑、制作到发行，所有信息都以统一的二进制代码的数字化形式存储于光、磁等介质中，信息的处理与传递必须借助计算机或类似设备来进行的一种出版形式。[①]谢新洲关于数字出版的定义得到了广泛认可和采用。徐丽芳在《数字出版：概念与形态》一文中指出："所谓数字出版，就是指从编辑加工、制作生产到发行传播过程中的所有信息都以二进制代码的形式存储于光、磁、电等介质中，必须借助计算机或类似设备来使用和传递信息的出版。"[②]徐丽芳的观点与谢新洲类似，都强调出版介质（或载体）的作用。

还有一种观点强调二进制技术贯穿整个出版流程的出版活动就是数字出版。葛存山等认为，数字出版就是采用二进制数字代码创建、存储、传输、再现和管理数字内容的出版方式与活动。[③] 进一步讲，数字出版是以计算机数字处理技术和互联网传播技术为基础，对出版的所有环节进行数字化操作，并由此带来出版产业链、出版主体、出版产品及融合产生新的数字内容产业的出版生产方式，包括原创作品、编辑加工、印刷复制、发行销售等出版流程的数字化，以及阅

---

① 谢新洲.数字出版技术[M].北京：北京大学出版社，2002：12-13.

② 徐丽芳.数字出版：概念与形态[J].出版发行研究，2005(7)：5-12.

③ 葛存山，张志林，黄孝章.数字出版的概念和运作模式分析[J].北京印刷学院学报，2008(5)：1-4.

读消费的数字化等。随着技术的发展,数字内容可以为用户带来更多的多媒体体验。一旦实现了内容、沟通和交易的全数字化,那么就实现了全数字出版。①

张立也给出了数字出版的定义:数字出版是指用数字化的技术从事的出版活动。广义上,只要是用二进制这种技术手段对出版的任何环节进行操作,都是数字出版的一部分。它包括原创作品的数字化、编辑加工的数字化、印刷复制的数字化、发行销售的数字化和阅读消费的数字化。数字出版强调的不只是介质,还包括出版全流程的各环节。随着数字化技术的进一步发展,未来将不再划分传统出版与数字出版,数字出版就是未来出版业的发展方向。② 郝振省在《2005—2006 中国数字出版产业年度报告》中指出:用数字化(二进制)的技术手段从事的出版活动就是数字出版。③

较之谢新洲关于数字出版的定义,葛存山等、张立和郝振省关于数字出版的定义强调的是技术,而非出版介质。郝振省还指出:把纸介质出版物划分为传统出版领域,把光盘、磁盘等光介质或磁介质出版物划分为数字出版领域,其实这是一种认识上的误区,因为纸介质出版物同样可能是数字出版的一部分。即不论终端阅读介质是什么,只要记录在介质上的内容是数字化的,并且记录的方式是数字化的,这种出版活动就是数字出版。④ 上述三个关于数字出版的定义显然非常宽泛。按照这个定义,数码印刷等都属于数字出版的研究范围。

另外,还有一类观点,认为数字出版强调的是出版活动的主体。郭亚军指出:数字出版是指出版机构运用数字化技术手段进行出版和销售的行为,是一种通过数字媒介对信息进行记录、储存、呈现、检索、传播、交易、阅读的信息传播行为。⑤ 祁庭林也提出:数字出版是内容提供商将著作权人的作品数字化,经过对内容的选择和编辑加工,再通过数字化的手段复制或传送到某种或多种载体上,以满足受众需要的行为。这里的载体可以是光盘、互联网、电视,甚至纸质载体。数字出版实际上包括两方面的内容:一方面是传统出版业的数字化;另一方面是新兴数字传媒的崛起。⑥ 祁庭林的观点进一步指出了数字出版的内容不仅来自传统出版商,还来自新兴的网络媒介。

2010 年,新闻出版总署指出数字出版的内涵及特征:数字出版是指利用数

---

① 张志林,黄孝章,彭文波.数字出版新业态呼唤出版复合型人才培养创新[C].2007 全国出版学学科建设高层论坛年会暨"高校出版专业学科建设协作小组"第一次会议,2007.

② 张立.数字出版相关概念的比较分析[J].中国出版,2006(12):11-14.

③ 郝振省.2005—2006 中国数字出版产业年度报告[M].北京:中国书籍出版社,2007:5.

④ 同③。

⑤ 郭亚军.基于用户信息需求的数字出版模式[M].上海:世界图书出版公司,2010:13.

⑥ 祁庭林.传统出版该如何应对数字出版的挑战[J].编辑之友,2007(4):4-6.

字化技术进行内容编辑加工,并通过网络传播数字内容产品的一种新型出版方式,其主要特征为内容生产数字化、管理过程数字化、产品形态数字化和传播渠道网络化。该定义从管理者的角度解释数字出版,但我们应该指出的是,数字内容产品的传播途径并不仅仅局限于网络。目前数字出版产品形态主要包括电子图书、数字报纸、数字期刊、网络原创文学、网络教育出版物、网络地图、数字音乐、网络动漫、网络游戏、数据库出版物、手机出版物(彩信、彩铃、手机报纸、手机期刊、手机小说、手机游戏)等。[①]

综上所述,数字出版的定义林林总总,以郝振省的数字出版定义的内涵、外延最为宽泛,只是这个定义虽然有合理性,却缺乏实用性。事实上,数字出版一直以来都是以出版介质作为判断依据的,即人们习惯于将涉及纸质媒介的出版活动视为传统出版,而将涉及光盘、网络等的出版活动列入数字出版的范畴。就连郝振省主编的《2005—2006中国数字出版产业年度报告》也并未包括所有"用数字化(二进制)的技术手段从事的出版活动"。

为明确学术研究对象,本书基本采用谢新洲的定义,并稍作修正。所谓数字出版,是指在整个出版过程中,从编辑、制作到发行,所有信息都以统一的二进制代码的数字化形式存储于光、磁等介质中,内容传播借助网络或者传统的发行方式(如光盘售卖),而读者通过计算机或其他终端设备来阅读和视听的一类出版活动。按照本书的观点,数字出版涵盖电子出版、网络出版等概念。

值得一提的是,本书虽厘清了相关概念,但业界和学界对电子出版和数字出版的区别并未达成共识,在很多情况下,人们认为电子出版和数字出版是同一概念,只是叫法不同而已。

1.2　数字出版发展概述

前一节已经指出,数字出版经历了电子出版、网络出版,直至形成数字出版,这是一个较长的演进过程。数字出版产生的时间,大致在20世纪50年代,至今已经超过半个世纪,但其中很长的一段时间内并未有什么突破,真正的发展应该是在20世纪90年代之后。本节结合载体和传播技术的变化,将数字出版的发展历程做历史阶段划分,后续各章节还将阐述不同形态的数字出版活动的发展。

[①] 中华人民共和国新闻出版总署.新闻出版总署关于加快我国数字出版产业发展的若干意见[EB/OL].(2010-08-16)[2021-03-05].http://www.gov.cn/gongbao/content/2011/content_1778072.htm.

1.2.1　磁介质时期(20 世纪 50—80 年代)

20 世纪 50—80 年代是数字出版的萌芽期,数字出版的主要技术支持是磁介质存储和独立分散的网络技术。磁介质主要有磁带、磁盘等,它们被选作早期的大型联机数据库的存储介质。

数字出版的萌芽可以追溯到 1951 年美国麻省理工学院的 P. R. Bagley 对如何利用计算机检索代码化文摘进行的可行性研究。① 这一研究和尝试促使了"电子出版物"雏形的诞生。② 1966 年,国际上著名的联机检索服务系统——DIALOG 开始建设,并于 1972 年投入商业性运营。DIALOG 拥有覆盖各行业的 900 多个数据库,其信息总量约 15 TB,在世界各国拥有检索终端,早期依靠电话线连接通信卫星网络进行人机对话和传输检索结果。上述都可以算作早期的数字出版活动。在该时期,欧美的联机检索获得迅速发展,许多二次文献如《化学文摘》(CA)和《工程索引》(EI)等都被制作成机读数据库。③④⑤

1980 年,首份电子期刊 *Mental Workload* 在美国新泽西诞生。紧接着,英国又出现了一种试验性电子期刊 *Computer Human Factors*。⑥ 支持这些期刊出版的网络是独立分散的。这些出版活动的出现意味着网络出版的曙光初现。

1.2.2　光介质时期(20 世纪 80 年代后期—90 年代前期)

光介质时期的主要成就是光盘出版。顾名思义,光盘出版即以光盘为介质的出版活动。采用磁介质进行磁记录,其记录密度有限,为此人们不停地研发新的出版介质。1985 年 10 月,德国法兰克福图书博览会首次展出了光盘。⑦ 光盘存储介质具有易用、存储容量大等特点,因而受到了人们的普遍欢迎,成为电子出版物的主要存储介质。从 20 世纪 80 年代后期到 90 年代,电子出版物的主要载体由磁介质过渡为光介质。

① 谢新洲.数字出版技术[M].北京:北京大学出版社,2002:9.

② 徐丽芳.数字出版:概念与形态[J].出版发行研究,2005(7):5-12.

③ 周荣庭.网络出版[M].北京:科学出版社,2004:14.

④ 谢新洲.数字出版技术[M].北京:北京大学出版社,2002:5.

⑤ 陈生明.数字出版概论[M].南京:南京大学出版社,2011:32.

⑥ Linda Langschied. The changing shape of the electronic journal[J]. Serial Review,1991,17(3):7-14.

⑦ 赵锦英,芦茉莉.国内外电子出版物的发展[J].中国信息导报,1997(5):9-10.

DIALOG 等出版物的发展在某种意义上体现了早期数字出版的发展历程，即早期依靠各自独立的网络开展服务，而这些独立的网络终端往往难以推广、普及。在我国，DIALOG 数据库在大城市也只拥有个位数的终端，如在互联网接入之前的武汉，只有两个 DIALOG 终端。这种状况就使得这种服务"曲高和寡"。所以，独立的检索系统在 20 世纪 90 年代逐渐为光盘服务所取代。DIALOG 在 1986—1987 年曾推出 DIALOG One Search 功能和 DIALOG 光盘。

1993 年，法兰克福国际图书博览会首次为电子出版物设立了专门展厅，这标志着人们对电子出版物重要性的认可。1994 年参展商达到 420 家，1995 年有来自 40 多个国家的 1100 家参展商向人们展示了集文字、图像、声音于一体的多媒体出版物。据 IBM 的一位专家估计，1995 年，全世界多媒体出版物的销售额达 10 亿美元，有 4000 多个品种。[①]

早在 1993 年前后，日本就有 58 家公司从事电子出版及相关的数据处理和软件开发业务。在 1995 年前后，美国已经有 940 多家公司从事电子出版物的开发和出版业务。[②] 一些著名的公司和作家的作品，如兰登书屋的《南北战争》、微软公司的《贝多芬》、拜伦普雷斯公司出版的阿西莫夫的作品《最后的机器人》、马克·布朗的《亚瑟的老师之烦恼》等，都是早期的多媒体出版物。当时有学者认为"多媒体并不是图书，而是集图书、电影、电视、音乐于一体的一种崭新的媒介，读者可以任意方式阅读、浏览，通过所有感官与之交流，可说是图书史上的一次革命"[③]。

光盘全文数据库在这一时期格外引人瞩目。全文数据库是一种集文献检索与全文提供于一体的数据库，它的优点是：①免去了检索书目数据库后还要费力去获取原文的麻烦；②多数全文数据库提供全文字段检索，这有助于文献的查全。米德数据中心（Mead Data Central）于 1973 年开发的 LEXIS 法律数据库是最早的全文数据库。接着，新闻、文学、医学、化学、专利等领域也先后推出了各种全文数据库。[④]

国内第一个中文期刊文献数据库《中文科技期刊篇名数据库》（CB ISTIC/CEPC Periodicals China Base）是重庆维普资讯有限公司的产品。该公司前身为中国科技情报研究所重庆分所数据库研究中心，成立于 1989 年。1995 年，在数据库研究中心的基础上，重庆维普资讯有限公司成立，并成为《中文科技期刊数

---

① 谢新洲.数字出版技术[M].北京：北京大学出版社，2002：7.
② 刘永强.电子出版物：方兴未艾的事业——访国家新闻出版署音像管理司电子出版处副处长毛小茂[J].多媒体世界，1995(7)：6-9.
③ 顾犇.多媒体和电子图书[J].北京图书馆馆刊，1993(Z2)：98-102.
④ 陈光祚.论全文检索系统[J].武汉大学学报（社会科学版），1989(6)：107-113.

据库》产品的运营机构。① 《中文科技期刊数据库》是在《中文科技期刊篇名数据库》的基础上研发的。2001 年经新闻出版总署批准,《中文科技期刊数据库》作为正式的连续电子出版物出版发行。1993 年,北京万方数据股份有限公司成立。在此之前,1990 年夏,万方就开发建成了容量为 1.6 万家企业的"中国企业、公司及产品数据库"②。中国知网(China National Knowledge Infrastructure,简称 CNKI 工程,早期名为"中国期刊网")于 1995 年正式立项,1996 年 12 月,《中国学术期刊全文数据库(光盘版)》发行。该产品将 1994 年以来我国 2000 多种学术期刊全文收录,研制成我国第一部大型全文电子期刊数据库。③上述三个数据库是国内光盘时代最著名的代表。

另外,国内还有许多光盘读物。据悉,1997—1999 年是我国电子出版行业发展最迅速的年代。1997 年,全国共出版 1025 种光盘,复制总数达 700 万张,平均每种光盘复制约 7000 张,比上年增长 200%,其中 540 种为国内产品,占 52.7%;110 种由出版系统引进出版,占 10.7%;非出版系统单项报批出版有 375 种,占 36.6%。④

1.2.3 网络 Web1.0 技术时期(1995—2000 年前后)

1995 年以后是数字出版快速成长的时期,互联网的快速且广泛普及促使电子出版走向网络出版。国外很多出版社纷纷将其出版发行的印刷型科技期刊转换成 PDF 或 HTML⑤(hypertext markup language)格式并同时在互联网上发行。⑥ 在美国,60%的传统期刊都推出了在线期刊,1995 年在互联网上发行电子版学术刊物 142 种,1996 年为 1465 种,1998 年增长到 5000 多种⑦。1998 年,美国商务出版社所拥有的 1200 种期刊有 90%设立了自己的网站。⑧ 国外其他重要事件还有:1990 年,爱思唯尔(Reed Elsevier,励德·爱思唯尔)旗下的 ScienceDirect 全文电子期刊数据库的前身 TULIP 项目开创;1996 年 6 月,施普

① 维普网.关于我们[EB/OL].[2020-08-05].http://www.cqvip.com/corp/about.shtml.

② 一木.中国数据库产业的开路先锋——纪念万方数据公司成立六周年[J].中国信息导报,1999(2):14.

③ 赵蓉英,邱均平.CNKI 发展研究[J].情报科学.2005(4):626-634.

④ 陈生明.数字出版概论[M].南京:南京大学出版社,2011:33.

⑤ 超文本标记语言,是用于描述 Web 网页文档的一种规范,通过和其他技术的结合创造出功能强大的网页。

⑥ 刘锦宏.网络科技出版模式研究[M].武汉:武汉理工大学出版社,2010:11.

⑦ 黄铭锋.浅谈网络电子期刊的发展[J].情报探索,2004(1):28-29.

⑧ 孔薇.期刊网络出版的优势及持续发展的对策[J].电子出版,2005(2):6-8.

林格(Springer-Verlag)数字出版业务启动 SpringerLink 项目;1998 年 2 月,实现在线优先出版功能,用户能够使用可播放视频。

1994 年,网络出版的概念被引入我国。1995 年 5 月 17 日,中国公用计算机互联网 ChinaNet 向社会开放,向用户提供所有的 Internet 服务,这标志着中国的 Internet 进入商业化阶段。1998 年起,电子出版技术开始向网络出版技术转型。

1995 年 1 月,《神州学人》电子杂志开始在互联网上发布信息,这是我国第一本上网的中文期刊。1997 年 1 月,人民日报社主办的人民网进入国际互联网。

1997 年,超星首次提出基于互联网的数字图书馆技术并研发成功,于 12 月底开通我国第一家数字图书馆——超星数字图书馆。1998 年,超星数字图书馆以 PDG 技术入选国家图书馆"数字图书馆"建设项目,帮助国家图书馆数字化 17 万种图书,并与国家图书馆合作开通"网上读书"栏目,取得了数字图书馆的初步成功。

21 世纪来临之前,光盘数据库走进了网络。1999 年,中国期刊网的开通宣告 CNKI 进入网络版时代。2001 年 4 月,北京方正阿帕比技术有限公司发布了阿帕比(Apabi)网络出版整体解决方案,陆续提供电子书、数字报、电子报刊等的技术解决方案。传统书、报、刊集成上网成就了数据库出版这种商业模式,这是数字出版行业中最先成熟的商业模式。这种模式以 B2B 为特征,由图书馆购买供读者使用,以学术出版(STM 出版)为主,是传统出版内容通过网络的再发布。

这一时期,网络出版初兴,数据库出版、期刊报纸上网及网络书店开设是这一时期的主要业绩。在技术上,以 Web1.0 为特征,网络出版仍然与传统出版一样保持精英出版的传统。虽然在 2000 年之前已经有论坛和网络文学网站(如"榕树下"等)诞生,但其真正的发展是在 2000 年之后。

1.2.4 数字出版多样化发展时期(2000 年前后至今)

进入 21 世纪之后,Web2.0 技术开始被广泛应用。Web2.0 的主要特征是用户自助提交内容,用户既是网站内容的浏览者,也是网站内容的制造者,这也意味着 Web2.0 技术背景下的网站为用户提供了更多参与的机会。Web2.0 技术被广泛应用,促使多种网络出版模式产生,主要有网络文学出版、开放获取、维基类百科全书发行、自助出版等。

20 世纪末期商界就开始了对电子阅读器的探索。以美国"火箭书"为开端,经过多次失败，最终，亚马逊凭借采用电子纸技术的 Kindle 在 2007 年底推广成功。同期，iPhone 1 诞生，标志着手机朝着智能化大屏幕方向发展，手机不再仅仅是一种通信工具，其作为移动阅读工具的功能得到拓展。此后，苹果公司的平板电脑 iPad 再获成功。这三种类型的移动终端的出现，标志着移动阅读工具的多样化发展。目前，以移动阅读终端为平台的移动阅读产业正蓬勃发展，逐渐形成了移动内容出版生态。

就传统媒介行业转型探索来说，出版物转型后形成了电子书报刊、内容数据库、音频和融合数字出版物等多种形态；传统出版商还积极参与开放获取期刊、数据出版等创新活动。此外，传统出版商积极寻求与新媒介平台的合作，在出版传播方面也卓有改进。这些成就表明传统出版业的转型已有相当显著的成效。

综上，本书认为国内乃至世界数字出版发展有四个时期，目前出版行业仍然在探索中。1995—2000 年前后这一时期，以数据库出版为主，形态比较单一，内容资源大多局限于学术文献，影响面也局限于学者和学生。第二阶段从世纪之交延续至今，呈现出多种新形态并存、载体多样化、受众面扩大和数字出版机构大量增多的局面。

1.3 数字出版物的主要形态

数字出版的第二阶段从 2000 年开始延续至今。传统出版业的转型、Web2.0 的应用和移动阅读终端技术的创新，使数字出版的创作、发布、传播及最后的产品形式都发生了变化。以下首先归纳数字出版物的主要类型。

1.3.1 数字出版物的主要类型

数字出版物主要分为两类：一是传统出版物在网络上的延伸或衍生，如电子图书、电子期刊、电子报纸等；二是网络新兴出版物，如开放获取出版物、移动出版物、维基类网络百科全书、网络文库、博客等。

（1）电子图书

电子图书，英文为 e-book，是 electronic book 的缩写，也称网络图书、数字图书。电子图书是数字出版的重要内容。随着网络技术的不断发展，电子图书的含义也在不断发展。国内学者程三国和马学海将电子图书分为 e-book1.0、e-book2.0 和 e-book3.0，并指出 e-book1.0 即传统印刷图书对应的电子版，

e-book2.0为从生产到发布都只有数字化形态的原生电子书,e-book3.0即增强型电子书。[①] 程三国等关于电子图书的划分反映了电子图书产品的三种形态,但根据业界产品的情况,本书认为目前的电子图书实际上有四种类型,即电子图书数据库、电纸书、增强型电子书和网络原生书,见图1-1。

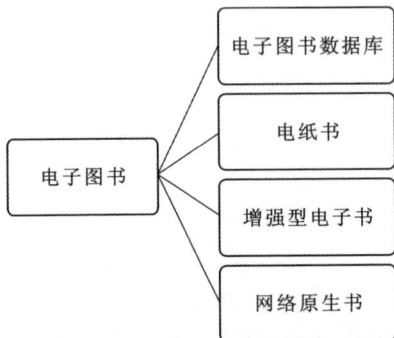

```
                  ┌─────────────┐
              ┌──→│  电子图书数据库  │
              │   └─────────────┘
              │   ┌─────────────┐
┌────────┐    ├──→│    电纸书     │
│ 电子图书 │────┤   └─────────────┘
└────────┘    │   ┌─────────────┐
              ├──→│  增强型电子书   │
              │   └─────────────┘
              │   ┌─────────────┐
              └──→│  网络原生书    │
                  └─────────────┘
```

图1-1 电子图书的主要形式

电子图书数据库是数据库出版物(含书、报、刊、会议文献、学位论文、标准等内容),指数据库出版商整合传统图书的版权资源,加工成数据库,辅以知识服务,方便读者使用的一类数字出版物。该类数据库以 B2B 模式为主,通常售卖给图书馆,再由图书馆提供给读者使用。该模式以学术出版为主,是最早成熟的数字出版模式。

电纸书是传统纸书的电子版,是数字形态(或电子形态)的"纸书",它给用户留下"电子+书"的组合印象。电纸书产业通常由产业链主导者整合传统出版资源,联合产业链上下游,并打造分销平台,形成了独特的经营模式,本书称之为电纸书模式。

增强型电子书除了文字、图、表等平面静态阅读要素以外,还集成了声音、视频、动画等,其效果如同静态图书的增强版,国外称其为 Enhanced Ebook。例如,App Store 中下载的"新概念英语"既有原文、译文、详解,还有朗读和跟读功能,另还配有辅助资料"语法大全"。增强型电子书适用于教育、儿童、科普等出版领域,其载体主要是具有多媒体功能的平板电脑和手机。

网络原生书(也称原生电子书)是指在 Web2.0 条件下,从生产到发布都以数字化形态呈现的电子书,这类产品大多不再采用传统出版延续下来的编审制度。本书中的网络原生书是指大众领域的网络出版物,在我国,这类产品以网络文学为代表。

---

① 程三国,马学海.把握电子书产业的发展步伐[J].出版科学,2012,20(2):10-14.

（2）电子期刊

电子期刊（E-magazine、E-journal），或称数字期刊，由于凭借网络传播，因此也属于网络期刊。传统期刊是连续出版物，每期设置栏目，文章长度有一定限制等。电子期刊一般具有与传统期刊类似的特征，或从某种程度上说就是传统期刊的数字化。由于技术条件不断变化，电子期刊的形式、特点与内涵也在不断变化。电子期刊的主要形式有：①期刊数据库；②电纸期刊；③增强型电子期刊；④开放获取期刊。前三种类型都能与电子图书的电子图书数据库、电纸书和增强型电子书对应。开放获取期刊从名称上看与网络原生书有很大不同，但实际上，开放获取期刊就是网络原生的学术出版物。

（3）电子报纸

电子报纸（E-paper），也称网络报纸、数字报纸，目前国内更常用的是数字报纸，为与电子图书和电子期刊保持一致，本书采用"电子报纸"的称谓。电子报纸最初从"报纸网络版"发展而来。电子报纸的主要类型有：①报纸数据库；②电纸报纸；③增强型电子报纸。其与电子图书、电子期刊的分类如出一辙。此外，还有"户外公共终端报纸"、新闻 App 客户端，等等。

（4）开放获取出版物

开放获取即 Open Access（OA），在国内也被称作"开放存取"，本书采用"开放获取"这一译法。它是一种秉承"开放""共享""自由"宗旨的学术出版模式。在西方国家，学术出版领域一般分为科学（science）、技术（technology）与医学（medicine）三个大的方向，所以西方国家一般用"STM 出版"代表学术出版。开放获取出版物包括开放获取仓储（OA 仓储）、开放获取期刊（OA 期刊）、开放数据等。开放获取是网络原生学术出版模式，但开放获取期刊和数据出版采用了传统学术出版的一些制度。

（5）移动出版物

早期的移动出版又称为手机出版，主要产品包括手机报、手机杂志等，依靠手机短信等传播内容。随着专用阅读器、智能手机、平板电脑等的发展，移动阅读终端逐渐多样化。当下的移动出版物主要包括移动阅读和移动原生出版物。

（6）维基类网络百科全书

1995 年，美国程序员沃德·坎宁安（Ward Cunningham）成立了 WikiWiki-Web 网站。他为了方便社区群交流而开发了波特兰模式知识库（Portland Pattern Repository），其设计初衷是使所有社区人员都能编辑网站中的内容以实现知识共创与共享。但是在初期，由于技术不完善，协作方式相当简陋。后来他又开发了一些辅助工具，在这个过程中，逐渐确定了 Wiki（即"维基"）的概念，维基是一种以网络为基础、多人协作写作的技术。后来,这种多人协作式的创作模式被网络百科全书之父 Jimmy Wales 注意到了,他于 2001 年创办了维基百科网站①,让维基这种多人协作式写作技术走进大众的视野。维基百科网站实质上是一"本"在线式的百科全书,它的诞生和发展推动了百科全书出版的变革。目前,《大英百科全书》已经不再出版纸质版,全面转向数字出版。维基百科的影响也是世界性的,它推动了我国的百度百科等的产生。

(7)网络文库

网络文库是指以 Web2.0 技术为基础,为所有用户提供作品分享和交易服务的一类出版平台。一般来说,平台只履行对用户上传的内容进行版权审查和删除义务,用户则自行通过这一平台进行文档的免费共享或付费获取,平台运营商和版权方按照一定的比例对所获得的收益进行分成。网络文库实际上是网络自助出版模式的一种。我国的网络文库以百度文库为代表。比之美国的网络自助出版活动,我国网络文库中分享和销售的作品主要是非正式资料。而比之开放获取仓储,网络文库又具有明显的商业化特征。

(8)博客

"博客"一词始于 1997 年 11 月,美国程序员 Jorn Barger 将这种在线日记称作"Weblog",其意是 Log on Web。而 Peter Merholz 于 1999 年将其简称为"blog",随后这一术语被广泛接受。博客是一种个性化的网页,其拥有者按年月日顺序写下文章并按文章最新日期顺序显示。自 2006 年开始,博客的应用扩散到政务、商务、社会交往等各个领域,渗透到社会生活的各个方面。博客也属于 Web2.0 条件下的自助出版。博客对出版活动有一定的影响,我国少量网络文学作品最初就是以博客形式发布的。另外,美国的"赫芬顿邮报"(The Huffington Post)也是一新闻博客网站。

1.3.2 数字出版物的主要形态归纳

1.3.1 节列举了八种常见的数字出版物,对八种出版物进行细分并深入分析后,可发现其中相当一部分的形态是重叠的,如表 1-1 所示。

---

① 维基百科官网. http://www.wikipedia.org。

表 1-1　　　　　　主要的数字出版物及其对应的出版模式

类型	子类型	特点
电子图书	电子图书数据库	数据库出版模式,以学术出版为主
	电纸书	内容来自传统纸书,以大众出版为主
	增强型电子书	以多媒体效果为特色,以教育出版为主
	网络原生书	通常针对大众出版领域
电子期刊	期刊数据库	数据库出版模式,以学术出版为主
	电纸期刊	内容来自传统期刊,以大众出版为主
	增强型电子期刊	以多媒体效果为特色,以大众出版为主
	开放获取期刊	网络学术原生出版活动,以学术出版为主
电子报纸	报纸数据库	数据库出版模式,以保存报纸资料为目的,方便未来查考研究
	电纸报纸	内容来自传统报纸,属于大众出版传播领域
	增强型电子报纸	以多媒体效果为特色
开放获取出版物	开放获取仓储	网络学术出版模式,无同行评审制度
	开放获取期刊	网络学术出版模式,有同行评审制度
网络原生电子书	网络文学作品	Web2.0 条件下的大众出版物
	博客	内容比较零散,不属于典型的网络出版活动
移动出版物	移动阅读	利用移动阅读设备对书、报、刊及网络文学等进行阅读和视听的活动,属于大众出版传播领域
	移动原生出版物	基于移动阅读工具的自媒体出版活动,主要针对大众出版领域
其他类型	维基类网络百科全书	网络免费工具书出版模式
	网络文库	免费分享和付费获取并存的出版模式,主要涉及正式资料出版领域

（数字出版物）

由表 1-1 可知,具有代表性特征的数字出版形态是:①电纸形态的出版物,内容来自传统书、报、刊,以单本的方式发布并销售,以大众出版领域为主。②数据库形态的出版物,主要内容来自传统书、报、刊,并以集成方式出版,以学术出版领域为主。③增强型形态的出版物,内容主要来自传统出版物,以数字教育出版产品为代表。④大众领域的网络原生电子书,成规模的产品主要是我国的网络文学。⑤学术出版领域的开放获取出版物,包括开放获取仓储、开发获取期刊。⑥移动出版物。⑦其他,包括维基百科、网络文库等。近年来,数字出版活动如火如荼,多在这七种基本形态下发展,或是采用综合性发展思路,或是专一性发展。

综合性的发展以亚马逊公司(Amazon)为例,亚马逊自 2007 年开始进军数字出版领域,是年推出第一代专用电子阅读器 Kindle。Kindle 很快获得成功,被认为是亚马逊整合传统图书资源,打造电纸书产业链的楷模。很快亚马逊又进军网络原生电子书。2010 年 6 月,它推出了 Digital Text Platform(DTP)项目,2011 年 6 月更名为 Kindle Direct Publishing(KDP),译为"亚马逊直接出版",顾名思义,也就是绕开传统出版商的意思。这个项目借助 Kindle 的优势取得了商业上的成功,使亚马逊成为自助电子书销量最高的平台。

再以学术出版为例来说明数据库出版的发展。数据库出版是目前最为成熟的数字出版商业模式。世界大型学术出版商爱思唯尔于 20 世纪 90 年代开始着手数字出版工作,经过数年的努力建成包含大型数据库 ScienceDirect 的信息平台,它可提供爱思唯尔期刊的在线检索和全文下载服务。爱思唯尔采用 B2B 模式,将数据库销售给图书馆,再由图书馆为读者提供查阅服务。此模式由于契合时代需求,迅速占领市场。其他数据库出版商也纷纷推出类似产品,如德国的施普林格的 SpringerLink 数据库、威利父子的 Wiley InterScience 数据库、汤姆森学习出版集团旗下的 Thomson Gale 数据库、麦格劳·希尔旗下的 Digital Engineering Library、牛津大学出版社的牛津在线数据库等。国内的数据库出版事业同样欣欣向荣。清华同方知网(北京)技术有限公司的中国知网数据库、重庆维普资讯有限公司的中文科技期刊数据库、北京万方数据股份有限公司的万方数据库、北京超星数图信息技术有限公司的超星读书、北京方正阿帕比技术有限公司的 Apabi 中文电子图书数据库等都是国内著名的数据库。

1.4　本书内容说明

在上述分析的基础上,将本书内容框架做了图 1-2 所示的安排。

首先,以内容产品的"原产地"为标准来划分数字出版产品的形态,进而形成本书的章节结构。其次,鉴于电纸形态、数据库形态和增强型出版物形态不能完全概括书、报、刊等数字化后的产业状况,因此,另列出两章对电子期刊和电子报纸进行进一步阐述。最后,本书重点陈述传统出版转型而形成的数字出版形态,

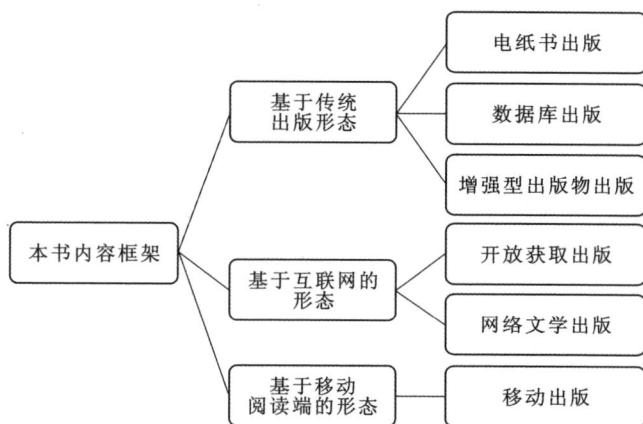

图 1-2　本书内容框架示意图

本书内容框架
├ 基于传统出版形态
│　├ 电纸书出版
│　├ 数据库出版
│　└ 增强型出版物出版
├ 基于互联网的形态
│　├ 开放获取出版
│　└ 网络文学出版
└ 基于移动阅读端的形态
　　└ 移动出版

对于基于互联网和移动阅读端的新型数字出版活动则选择"网络文学""开放获取"和"移动阅读"进行介绍,相对于其他新型数字出版类型,这三部分更加重要,与传统出版的关系更深。

目前,大多有关数字出版的研究都是按照出版实践中呈现出的不同数字出版模式进行的。而本书从产业及产品形态特征出发,划分数字出版的形态及其出版模式,更加贴近产业现状,不但充实了数字出版理论,也更具实践意义。

2 电纸书出版

电纸书,即电子形态的纸书。为避免与其他类型的电子书混淆,本章一律使用"电纸书"一词。本章节内容中诸如"文档格式""电纸书功能""内容结构化和标引""数字版权管理""定价方法"等是电子书乃至数字出版中的共性问题,并不仅仅局限于"电纸书"。本章中的"书"是泛称,实际上,电纸这类形态不仅仅只包括图书,一些电纸书平台同时也经营电纸报刊。本章将对电纸书的发展脉络、生产和制作等问题进行系统阐述,以弄清这类出版活动的原理。

2.1 电纸书概述

2.1.1 电纸书的相关概念

电子书,或称电子图书,是指将数字化的文字、声音、视频、图像等信息编辑加工后存储在磁、光、电等介质上,借助网络传播或传统图书渠道发行,并利用计算机或类似功能的阅读设备阅读或视听的数字出版物。它和传统图书一样具有一定的体量(联合国教科文组织规定 49 页以上的印刷品才可叫作图书[①]),有特定的书名和著者名,取得了版权保护。

一般认为电子书包含三要素:①电子图书的内容。其内容可以是传统纸书的电子版或网络原生图书等。②电子阅读器。它包括个人计算机、专用电子阅读器、手机、平板电脑等。③电子图书的格式及相关阅读软件。如 Kindle 电子书的格式是 AZW,国际数字出版论坛(International Digital Publishing Forum,

---

① 本定义参考了联合国教科文组织对图书的定义:凡由出版社(商)出版的不包括封面和封底在内 49 页以上的印刷品,具有特定的书名和著者名,编有国际标准书号,有定价并取得版权保护的出版物称为图书。

IDPF)规定电子书格式是 EPUB。

电子书有不同的形态(参见 1.3.1 节)。本章所讨论的电纸书,是电子书 1.0,即传统纸书的电子版,它是传统纸书数字化后的原貌再现,媒介信息形式单一,主要是文字,含少量图片。它是数字出版物的重要门类,成本相对较低,类似于纸书中的平装书,一般针对大众出版市场。

本书之所以将电子书 1.0 命名为"电纸书",与"汉王电纸书"有关。汉王科技股份有限公司将其专用电子阅读器产品注册为"汉王电纸书",其内预装有大量公版的传统纸书的电子版,配套的"汉王书城"销售的也是传统纸书的电子版。这种类型的电子书最先由亚马逊的 Kindle 推广成功,Kindle 捆绑销售的也主要是传统纸书的电子版。所以,电纸书的叫法很能反映这种"书"的渊源和特征,它实际上是随着专用电子阅读器的发展而发展起来的。

2.1.2 电纸书的特点

与传统纸书和其他类型的数字出版物相比,电纸书与阅读器相结合后有下述特点:

①具有检索的功能,可检索到文本的段落,并可以按用户要求输出或打印出来。电纸书的文本是用户控制下的具有全文检索功能的"活体",比纸书拥有更大的利用价值。[①]

②电子阅读器及其操作软件还可以帮助用户实现纸质图书无法实现的功能,如可调字体大小,可提供背光,具有生词查询功能、实时翻译功能、电子图书管理功能,等等;阅读器还可容纳数万本图书,实是一座掌上书房。

③用户可以在电纸书上进行类似对纸书的操作,如在文字边上加注、圈点、摘抄、作"书签"等。

④相较于网络原生书,电纸书内容来源于传统纸书,经过编辑的严格审查和编辑,内容优质。电纸书沿袭的精编精校的生产加工模式对于文化传承、科教发展有着不可或缺的作用。

⑤相较于多媒体出版物较强的娱乐性,电纸书是静态的,以文字为主,辅以图片,适合深度阅读。

其他优点,如互动功能强、方便购买和下载等,与其他数字出版物一致。电纸书的主要缺点是技术仍不甚成熟,例如彩色电子纸至今仍未推广,就目前而言,大多电子阅读器只能黑白显示。

---

① 谢新洲.电子出版技术[M].北京:北京大学出版社,2006:33.

2.1.3　电子阅读器

电子书都需要借助电子设备来阅读或视听。这种设备是专用的,叫电子阅读器,英文为 e-reader。它是一种专用的可浏览电子图书的硬件工具。早期的电子阅读器是液晶显示屏(liquid crystal display,LCD),后来电子纸技术得以发展,于是电子纸阅读器出现了。

国际上最著名的电子纸阅读器是 Kindle,它是专用电子纸阅读器的代表,由国际数字出版领先企业亚马逊公司推出。Kindle 于 2007 年 11 月 19 日发布,并于 2013 年 6 月 7 日进入中国市场,至今 Kindle 已经迭代十余次。国内早期的专用电子纸阅读器是由汉王科技股份有限公司推出的著名的"汉王电纸书"。专注于数字阅读器的掌阅科技股份有限公司也生产这类专用电子纸阅读器。国内把亚马逊 Kindle 翻译为"静读"或"金读",较好地反映这种阅读器的一个特点,即实现潜心而安静的阅读。

相对于专用电子纸阅读器的"静读",手机也兼具阅读功能。由于用户会随身携带手机,故手机成为用户充分利用碎片时间阅读的最方便的阅读器。另外,平板电脑也具有强大的阅读功能。苹果公司 2010 年发布的 iPad 是平板电脑发展史上的里程碑,随后,各种品牌的平板电脑不断出现,迅速"飞入寻常百姓家"。手机、平板电脑等液晶显示屏阅读器的主要弱点是伤害眼睛和只适合浅阅读,但使用人群最多。此外,学生电脑、学习机、电子书包等电子助学设备也可视为电子阅读器,但它们的用户群体局限在青少年学生中。

2.1.4　移动操作系统

移动阅读终端需要内置操作系统,即所谓的"移动操作系统",它是运行在移动设备上最基本的系统软件。目前,主要的移动阅读系统有 iOS、Android(安卓)。华为技术有限公司于 2019 年 8 月正式发布了鸿蒙系统,未来前景可期,值得关注。

iOS 是由苹果公司开发的一个封闭源代码的专有系统,用于苹果公司的硬件产品,优点在于软件与硬件整合度高、安全性强。

Android 是一个以 Linux 为基础的开放源代码的移动操作系统,主要用于智能手机和平板电脑。它是完全免费开源的,开放性和可移植性是它最大的亮点,被广泛用于智能手机、平板电脑、笔记本电脑、电视机、机顶盒、电子阅读器、汽车设备、导航仪等。

移动操作系统不一样,移动阅读终端的大小也不一样,对电子书的格式等要求也就不一样,这使得电子书的生产更具有复杂性。

2.1.5 电子纸技术

专用电子纸阅读器采用的是电子纸技术。电子纸技术实际上是一类显示技术,一般具有超薄轻便、可弯曲、耗电低的特点。电子纸阅读器的视觉效果几乎与纸完全一样,但又可以像液晶显示器一样不断刷新显示内容。电子纸的概念首先由美国施乐公司(Xerox)在 20 世纪 70 年代提出。1996 年 4 月,麻省理工学院的贝尔实验室利用电泳技术发明了电子墨水(electronic ink,E-Ink)。电子墨水是一种液态材料,因此被形象地称为电子"墨水"。它可被印刷到任何材料的表面来显示文字或图像信息,让我们完全跳出了原有显示设备的概念束缚。1997 年,麻省理工学院教授 Joseph Jacobson 创立 E-Ink 公司,开始推动电子纸技术走向商业化,电子墨水技术成为电子纸的主流技术。

如图 2-1 所示,电子墨水屏的表面附着很多体积很小的"微胶囊",这些微胶囊封装了带有负电的黑色颗粒和带有正电的白色颗粒,通过改变电荷使不同颜色的颗粒有序排列,从而呈现出黑白分明的可视化效果。省电是电子纸阅读器的一大特点,文字刷新以后,会长期停留在屏幕上,阅读的时候电池可以取掉。换句话说,在阅读电纸书的时候不耗电,只有在翻页刷新的时候才耗电,所以电子纸阅读器续航时间会很长。

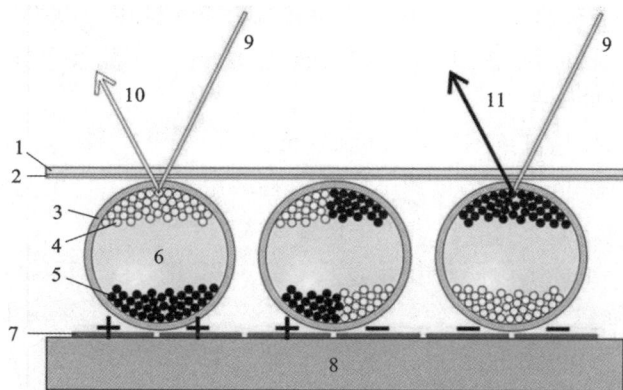

图 2-1　电子墨水屏原理图

1—上层;2—透明电极层;3—透明微胶囊;4—带正电荷的白色颗粒;5—带负电荷的黑色颗粒;
6—透明液体(油);7—电极像素层;8—基板;9—光线;10—白色;11—黑色

在 2001—2005 年间,E-Ink 公司先后与飞利浦公司(Philips)和索尼公司(Sony)合作。2005 年,飞利浦退出。2009 年,我国台湾元太科技并购美国 E-Ink 公司。在电泳显示技术的发展过程中,E-Ink 公司、施乐公司、飞利浦公司、元太科技等做出了重要贡献。元太科技至今仍是世界电子墨水技术巨头。

2.2 电纸书发展简史

2.2.1 电纸书的早期发展阶段

20 世纪 60—90 年代,这一时期是电纸书的早期发展阶段,它的发展沿着作为软内容的"书"和作为硬件的阅读器的发展展开。由于业界并未将电子图书分类细化,皆用"电子书"或"电子图书"笼统称呼,为叙事方便,本节遵从业界习惯,实际上,本节中的电子书皆为电纸形态。

1968 年,著名计算机科学家 Alan Kay 设想将电脑做成平板"Dynabook",然后作为儿童教育工具来发布。虽然时至今日 Dynabook 也未能大批量生产,但当时它已经有平板电脑的影子,为人们探寻新的阅读载体开了先河。1971 年,由米歇尔·哈特(Michael Hart)负责的谷登堡工程(Project Gutenberg)[①]正式启动,因为坚信有朝一日计算机会走进普通公众生活中,米歇尔·哈特决定将书籍电子化,并通过网络传播,让地球上的任何一个人都能够通过这种便捷的方式阅读自己心仪的图书。

在那个全球使用网络不足百人的 20 世纪 70 年代,一家专门出版恐怖小说的出版商(Bob Gunner)将部分图书内容放在网络上,供用户免费阅读。他的这一举动为网络时代的先行者提供了一份饕餮大餐。

第一部真正意义上的商业电子书诞生于 1987 年,这一年,一本名为《下午》的电子书开始通过 5 寸的软盘对外发行。1993 年,格伦(Glenn Hauman)创办的目录字节公司(BiblioBytes)成为世界上第一个电子图书出版商。从此,从事专业电子书出版的公司开始层出不穷。

---

① 谷登堡工程(Project Gutenberg)常简写作 PG,由志愿者参与,致力于文本著作的电子化、归档及发布。工程肇始于 1971 年,是最早的数字图书馆。其中大部分书籍是公有领域书籍的原本,谷登堡工程确保这些原本自由流通、格式开放、长期保存,并可在各种计算机上阅读。

实体的电子阅读器的出现可以追溯到 1996 年由美国线上出版社与 3Com 公司推出的"掌上电脑"(Palm Pilot)。由于它可以从网上下载书籍,当年推出之后,许多网站为配合 Palm Pilot 的发售,将一些不受著作权限制的书籍在网络上重新格式化,以方便读者下载。尽管 Palm Pilot 具备阅读功能,但其主要功能还是商务通信,它仍属于掌上电脑的范畴。

我国电子图书起步于 20 世纪 90 年代初。1991 年,由武汉大学图书情报学院陈光柞教授主持的课题组,在武汉大学出版社的支持下成功制作《国共两党关系通史》(150 万字)电子版。《国共两党关系通史》电子版以出版过程的中间产品——书稿的计算机排版文本——为基础,采用全文数据库的技术制作而成,不仅具有与纸本图书同样的内容,还包含由计算机自动编成的索引和检索软件。同年 11 月,武汉大学出版社将其以软盘形式连同印刷版正式发行。这是我国出版界首次推出的面向社会公开发行的电子图书,为出版界开辟了一种新的出版形式,同时也开启了我国电子图书的时代。①

2000 年 3 月 14 日,网络上出现了一本短篇小说,这是美国著名恐怖小说作家斯蒂芬·金的新作《骑弹飞行》(*Riding the Bullet*)。发布第一天,就有 40 万人成功下载,同时要求下载的用户多达 200 万人。2000 年 7 月 24 日,斯蒂芬·金推出了第二部短篇小说《植物》(*The Plant*),以连载的形式在其个人网站(www.stephenking.com)上发表,用户每次下载费用为 1 美元。在小说推出的前 15 小时,就有 4 万多人关注,下载付费率在 76% 以上。②

最初,人们通过计算机阅读电子图书,经历了纯文本阅读(TXT)和使用专业格式进行阅读两个阶段。主要的专业格式有 PDF、EXE、CHM、HLP 等文件格式。至今在互联网上仍然存在大量这些格式的免费电子书,其中部分图书是公版书,而相当一部分是盗版电子图书。这些图书涉及的主题有限,其中以大众读物及人文科学图书居多,学术出版物和科技图书少。制作这些图书的人,多数是自愿的,他们提倡资源共享。提供这些图书的网站基本不依靠售卖电子图书盈利,多采取广告盈利模式。虽然这些图书在某种程度上破坏了出版业的秩序,但这些免费资源也逐渐改变了人们的阅读习惯。最终,电子图书渐渐走入大众的视野。

以计算机为载体的阅读方式的弊端是有目共睹的,即读者不可能搬着计算机走来走去。20 世纪 90 年代,在抛弃了耗能大、不便携带的计算机后,某些"嗜书潮人"转而使用掌上电脑下载和阅读书籍,走到哪儿读到哪儿,他们称得上使

---

① 向晴.中国电子图书发展历史研究(1991—2018)[D].重庆:重庆大学,2019:22.

② 谢新洲.电子出版技术[M].北京:北京大学出版社,2006:36.

用移动阅读器的先驱,并为之后的移动阅读奠定了良好的受众基础。在这种情形下,作为内容的电子图书和作为载体的电子阅读器终于有了结合的基础,于是出现了专用电子阅读器。

2.2.2　电子阅读器的大发展时期

(1)液晶显示屏时期

第一代专用电子阅读器采用的是液晶显示屏技术,因此,这一时期可以称为液晶显示屏时期。1998 年 10 月,美国新媒体公司(NuvoMedia Inc.)推出了名噪一时的专用电子阅读器"火箭书"(Rocket Ebook)"(图 2-2)。该阅读器仅重 0.6 千克,大小等同于一本平装书,可以容纳 4000 页的图书内容,用户需要先将从网上购买的电子图书下载到本地电脑上,再导入"火箭书"里。"火箭书"成为真正意义上的电子阅读器诞生的标志。

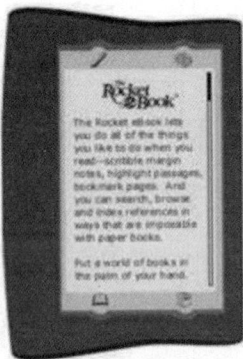

图 2-2　世界上首款专用
电子阅读器"火箭书"

1998 年 11 月,软书出版公司(SoftBook Press)开发的电子阅读器"软书"(Softbook)上市。1999 年初,Everybook 公司推出的产品 Everybook 号称是真正的电子图书。这一年,Librius 公司推出的千禧年阅读者(Millennium Reader)是当时电子阅读器中最轻便和最廉价的。2000 年 1 月,美国的 Gemstar 公司正式成立,它在股市上收购了生产"火箭书"的新媒体公司和软书出版公司。但 2002 年 6 月,Gemstar 公司宣布中止其电子阅读器的销售业务,并很快关闭电子图书内容的销售。

在我国,天津津科电子有限公司在 2000 年推出世界首部阅读不耗电电子书。2000 年 8 月 31 日,辽宁出版集团和美国秦通公司联手推出中文电子阅读器"掌上书房"。2003 年,广州金蟾软件研发中心有限公司推出易博士电子阅读器。方正科技集团股份有限公司在 2005 年推出"书行天下"(E312)、"君阅天下"(E612)等液晶显示屏电子阅读器产品。回顾中国市场专用电子阅读器的发展历程,国内厂商诸如金蟾、方正、翰林在早期发展中功不可没。

总而言之,1998—2004 年是电子阅读器产业试水时期,国内外市场曾经多次上市过不同品牌的液晶显示屏电子阅读器,它们大多昙花一现。在视觉效果上,它们与纸书相去甚远,且内存小。以"火箭书"为例,内存仅 4MB,仅能存放

10 本或加起来相当于 4000 页左右的图书内容而已。[①]

曾经在软书出版公司工作过的麦克尔·麦斯认为,第一代阅读器在 2000 年达到高峰之后就进入冬眠期。他总结失败原因有五条[②]:

①电子图书品种不多。2000 年,能够提供给电子阅读器购买者的电子书品种极度匮乏,这是当时阻碍电子阅读器公司发展的主要原因之一。

②电子图书价格太昂贵。在 2000 年,很多电子图书的价格与纸书精装本一致。高定价与品种少让很多人认为电子图书并不是物有所值。市场就这样处于停滞状态。

③电子阅读器的设计不太好。当时的电子阅读器使用液晶显示屏,和电脑一样容易引起视觉疲劳。

④定期连续出版物还没有准备好进入电子出版时代。尽管阅读器被称为"电子阅读器",但观察使用者的态度和使用模式就会发现,阅读器在很多方面更适合阅读定期连续出版物(报纸和杂志)。只是当时连续出版物的出版商还未准备进入阅读器市场。

⑤营销水平不高。缺乏与用户的有效沟通,市场根本不可能起飞。

除了麦克尔·麦斯总结的五条原因外,电子图书分销平台缺位、电子阅读器价格高昂、电子图书格式复杂繁多等,也是第一代阅读器失败的主要原因。

(2)电纸屏时期

第二代电子阅读器以电纸屏为技术特征。2004—2007 年是电纸屏阅读器出现的早期,其产品基本未获成功。2007 年之后,电子图书产业进入真正成长期。

日本索尼公司是生产电子阅读器的先驱。索尼早在 2004 年 3 月就上市了一款名为 LIBRIe 的电子阅读器(图 2-3),售价 4 万日元。索尼解释 LIBRIe 来自英文"Libreria"(书店)。索尼同时开通了电子图书的租赁服务"Timebook Town"[③],由于内容支持不力,LIBRIe 无人问津,2007 年 5 月停产。相对

图 2-3　世界上第一款
电纸屏电子阅读器 LIBRIe

---

① 赵亮. 电子书阅读器,现在与未来的桥梁——2009 年电子书阅读器产业的发展与影响述评[J]. 数字图书馆论坛,2010(6):1-19.

② 麦克尔·麦斯. 2000 年电子书为什么失败了？[EB/OL]. (2011-03-24)[2021-03-05]. http://www.bookdao.com/article/4349/.

③ 索尼推出电子书 LIBRIe 并开通"TT"服务[EB/OL]. (2004-03-26)[2021-03-05]. http://tech.sina.com.cn/other/2004-03-26/1301339730.shtml.

后来亚马逊的 Kindle,LIBRIe 也具开创意义,只是和商业价值无关——它是世界上第一款采用电子墨水技术的专用电子阅读器。①

2006 年 9 月,索尼重整旗鼓再次发布了采用电子墨水技术的电子阅读器 Sony Reader PRS-500,这在当时来说是一场阅读方式的技术革命。索尼专为用户准备了 CONNECT 电子图书商店,用户可以购买各种读物。但 350 美元的高昂售价,以及操作中的一些不便,导致市场反响不佳。2007 年,索尼又推出了升级版 Sony Reader PRS-505,它的亮度、响应时间和对比度都比第一代产品提高了 20%,支持 PDF、EPUB、TXT、LRF 多种格式的电子图书,技术上有明显进步,价格也比之前要低,在 300 美元左右。②

荷兰 iRex 科技有限公司也是电子阅读器发展道路上的探索者。iRex 公司是从荷兰皇家飞利浦公司分离出来的公司。2005 年,iRex 公司推出了电子阅读器伊利亚特(iLiad),它是首款使用全屏手写技术的电纸屏阅读器,当时引起强烈的反响。iRex 公司还以专攻大屏幕阅读器(其最小的阅读器也是 8 寸屏幕)著称,但其在 2010 年电子阅读器春天来临之际由于经费耗尽而申请破产。

在电纸屏阅读器的初探阶段,一些商家已经认识到电子纸屏幕技术的价值。索尼是这一时期的先锋。索尼等商家洞悉硬件的作用,但在依赖内容的电子阅读器领域,它们对内容产品的供应能力不足。而后来的亚马逊则更加明白内容的价值,所以一再拉低硬件终端的价格,同时绑定内容的销售。电纸屏是这一时期最大的技术创新,它的视觉效果与纸书非常相近,这为后期亚马逊 Kindle 的成功打下了市场和技术基础。

2007 年之后,产业进入真正的成长期。电子书产业成功的商业模式始于亚马逊 2007 年 11 月第一代 Kindle(即 Kindle 1)的推出。平板电脑则是液晶显示屏阅读器的代表,始于 2010 年 1 月 iPad 的上市。手机作为阅读终端,应归功于智能手机的普及。这一阶段,国外电子书商业模式已然成熟,除了专用电纸屏电子阅读器外,平板电脑和手机也被用于阅读,移动阅读逐渐流行起来,内容分销平台经营获得成功。

2007 年亚马逊推出的电纸屏 Kindle 成为世界数字出版发展史上的里程碑。同期,亚马逊还推出了 Kindle Store,为 Kindle 用户提供内容产品。随后,Kindle 产品不断迭代更新,Kindle 电子书销量也持续增长,亚马逊稳稳坐上了

① 张坚. 小书仓怎样抗衡大平台?[EB/OL]. (2011-10-23)[2021-03-05]. http://www. bookdao. com/article/29456/.

② 走进索尼第二代电子书[EB/OL]. (2007-12-22)[2021-03-24]. http://tech. sina. com. cn/s/s/2007-12-22/0129530016. shtml.

电子书霸主的地位。随着 Kindle 越来越被认可,亚马逊商业模式也日益成熟,成为电子书行业学习的典范。美国是世界上电子书产业发展最为成熟的国家。在美国,自 2007 年 Kindle 上市之后,不但 Kindle 等专用电子阅读器销量持续增加,而且其内容产品销售涨势惊人。

2009 年 10 月,美国最大的实体书店巴诺书店(Barnes & Noble,B&N)推出了电纸屏电子阅读器"Nook"。它是双屏阅读器,即屏幕由一块电子墨水屏幕加一块液晶触摸屏组成。用户可以通过小屏幕上的触摸操作来浏览图书目录或更改设置,再通过上方大屏幕看书。

种种成就说明美国电子书业已经形成了成熟的商业模式,包括上下游之间的合作模式、利润分成、定价规则等。

再谈谈国内电子阅读器的发展简况。2006 年 12 月,天津津科电子有限公司推出了我国第一款电子墨水屏阅读器产品翰林 V8 和翰林 V6(V6 是 V8 的简版,推出后不久停产)。这家从 21 世纪初就涉足电子阅读器行业的中国厂商,在投产电子墨水屏阅读器后,与日本索尼公司、荷兰 iRex 公司并称世界三大电子阅读器厂商。在 2008 年前的国内电子阅读器市场上,也一直有"南金蟾、北津科"的盛名。[①]"南金蟾"指广州金蟾软件研发中心有限公司,是一家一直致力于电子阅读器事业发展的公司,先期曾经与津科和荷兰 iRex 等公司合作销售电子阅读器,并开发了自己的液晶显示屏阅读器"易博士"。后在 2007 年推出电纸屏电子阅读器,在内容上以与期刊和报纸合作为特色。2008 年之后,参与电子阅读器产业竞争的商家骤然增加。2008 年 10 月,汉王科技股份有限公司推出首款电子阅读器产品,并将其产品命名为"汉王电纸书"。此后,"汉王电纸书"销量猛涨,到 2009 年 9 月,"汉王电纸书"单月销量超过 Sony Reader,成为排在亚马逊 Kindle 之后的全球第二大电子阅读器品牌。

2009 年被认为是中国电子阅读器市场发展元年。据百道新出版研究院《2011 年中国电子书产业研究报告》统计显示,2009 年,电子阅读器上市品种暴增到 41 种,到 2010 年,上市品种增加到 94 种。据专业研究机构清科研究中心发布的 2010 年中国电子阅读器市场报告显示,2009 年,国内电子阅读器销售量达 61.18 万台,同比增长 4 倍多。2010 年,电子阅读器市场一片繁荣。中国电子阅读器销量达 103.49 万台。

2010 年 1 月,苹果公司的 iPad 的成功上市,掀起"平板电脑热",加上大屏幕智能手机的普及,国产电子阅读器产业受到冲击。2011 年,国内市场掀起了一

---

① 环球企业家:电子阅读器十年磨一剑[EB/OL].(2010-03-01)[2011-09-21].http://tech.qq.com/a/20100302/000150.htm.

波接一波的降价狂潮。汉王电子阅读器大幅降价,最高降幅超过40%。随后,纽曼、爱国者等涉及电子书的企业纷纷跟风降价。价格调整后,国产电子阅读器陷入利润下降乃至亏损的尴尬境地。不久后,众多品牌退出市场,电子阅读器的发展进入低谷期。

2.2.3 平台竞争时期

电子阅读器的发展进入低谷期后,电子书行业从售卖终端时代走向平台竞争时期。表2-1反映的是2010年前后开始建立的国内比较有名的电子书销售平台。

表2-1　　　　　　　　　　国内主要电子书的分销平台

发起者类型	主办方	平台名称/上线时间
出版商	中国出版集团有限公司	大佳网/2011年
发行商	四川文轩在线电子商务有限公司	九月网/2010年
	上海新华解放数字阅读传媒有限公司	新华e店/2011年
终端设备商	汉王科技股份有限公司	汉王书城/2008年
	北京小米科技有限责任公司	多看阅读/2012年
科技公司	掌阅科技股份有限公司	掌阅书城/2008年
	北大方正集团有限公司	番薯网/2009年
电商	京东商城	京东读书/2012年
	当当网	当当云阅读/2011年
	亚马逊	Kindle阅读/2013年
门户网站	网易	网易云阅读/2011年 网易蜗牛读书/2017年
	腾讯	微信读书/2015年

表2-1中没有列出以网络文学和声频为主的平台。其中一些平台已经退出市场,或发展很不理想。总的来看,我国的电子阅读器市场和平台都经历过惨烈的竞争。其中,传统出版商难获成功,且科技公司、电商平台、终端设备商、门户网站等都跨界参与竞争。

2.3　电纸书文档格式

不同的电纸书文档具有不同的特点,电纸书文档可以分为版式文档、流式文档和结构化文档三种。

2.3.1　版式文档格式

版式文档是指版面固定,并且显示和打印、印刷效果一致的文档。它的字体、字号、版式、内容布局等能够与原始文件保持高度的一致性,呈现效果固定,不会因为显示设备的不同而改变。

出版社中常见的版式文档格式为 PDF 格式文档,它是 Adobe 公司于 20 世纪 90 年代开发的一种跨操作系统平台的电子文档格式。PDF 文档格式可以将文字、字体、格式、颜色,以及独立于设备和分辨率的图形图像等封装在一个文件中,既可嵌入 Web 页面提供即时浏览,也可在下载后自由定位、跳转阅读,支持书签和注解,支持特长文件,集成度和安全可靠性都较高。通过方正书版、Word、Adobe 等软件可以很方便地创建高质量的 PDF 文档。

PDF 文档因为具有诸多优势,在出版行业得到普遍的应用。然而,进入移动阅读时代后,PDF 文档格式的缺点逐渐显现出来,主要缺点如下:

首先,这种格式无法自动调整页面宽度,以适应不同大小的屏幕,即不能实现"版式重排",阅读体验很差。

其次,PDF 文档中不含结构化信息,不能以篇章、知识点、关键词等展现内容,只能按照页码顺序展现内容,难以满足用户需求。

最后,PDF 文档格式历史比较悠久,经过多个版本的发展,其数据结构过于复杂,文档的解析过程对系统的运行速度、内存等资源要求高,因而不适合移动阅读终端。

2.3.2　流式文档格式

流式文档一般不严格规定版面呈现效果,在输出时需要按照给定的格式信息对文档内容进行布局运算,然后动态生成符合当前阅读要求的版面。流式文档最重要的特性就是版式重排,它可以自如地适应不同的阅读终端,大大提高了文档内容的可阅读性。因此,流式文档是各种电子阅读器的首要选择。典型的流式文档格式有 TXT、HTML、EPUB 等。以下重点介绍 EPUB 格式和亚马逊的 Mobi/AZW 格式。

(1)EPUB 格式

EPUB 是电子书专用格式,它是 Electronic Publication 的缩写,译为"电子出版",这是一种开放的电子图书标准,由国际数字出版论坛(IDPF)发布。IDPF是数字出版方面的全球贸易和标准组织,其使命是促进全球采用开放、可访问、可互操作的数字出版生态系统,以实现创新。IDPF 至今已经发布了 EPUB 3.0。

EPUB 3.0 具有下述四个特点:

其一,具有"自动重新编排"功能。

其二,可以实现影像、声音、Adobe Flash 等多媒体文件的嵌入。

其三,可以比较容易地转换为其他文档格式。

其四,EPUB 格式中包含了数字版权管理(Digital Rights Management,DRM)相关功能可供选用。

因此,EPUB 逐渐成为电子书格式标准。常用的软件 Adobe InDesign 就能够创建 EPUB 格式。

(2)Mobi/AZW 格式

大多电子书阅读设备都兼容 EPUB 格式,但数字出版商亚马逊坚持自己的专有格式 Mobi/AZW。Mobi 是亚马逊电子书的老格式,而 AZW 可以理解为在 Mobi 上加了一个版权保护(DRM)的壳。AZW 已经发展到 AZW3 版本。2011 年,亚马逊推出 Kindle Fire 平板电脑的同时推出 AZW3,AZW3 弥补了 Mobi 对于复杂排版支持的缺陷,支持 HTML5 和 CSS3。目前,AZW3 和 EPUB 在功能方面非常接近。

那么,亚马逊为什么不采用国际数字出版论坛推出的 EPUB 格式呢? 亚马逊给出的解释是,亚马逊创新速度很快,采用私有标准格式,能够将创新成果迅速整合到产品中去。

2.3.3　结构化文档格式

若想提升电子书阅读效果,仅仅靠流式文档是不够的,其本身必须具备内容阅读顺序和文档结构等信息。结构化文档中含结构化信息,支持版式显示或屏幕自适应显示,兼有版式文档和流式文档的优点。

结构化文档格式是一种基于 XML 的格式，XML 是一种简单的数据存储语言，使用一系列简单的标记描述数据。将 XML 作为稿件存储格式可以实现一稿多用，便于数字出版物的结构化处理。因此，XML 逐渐成为信息发布和交换的事实上的标准，对 XML 进行的深入研究和使用，将会更好地推进传统出版企业数字化转型工作。

2.4　电纸书的制作

在出版机构中，将纸书转换成电纸书，首先得获得作品的信息网络传播权。由于数字出版产品离不开编辑加工，传播离不开产品的复制，在签署数字出版合同的时候，最好在合同上注明改编权、复制权、汇编权等权利的归属。没有获得作者授权的作品，不可以加工成电纸书。

签下有关权利的作品，一般交由数字出版部门处理。那么，哪些书适合加工成电纸书呢？

2.4.1　哪些书适合加工成电纸书？

电纸书从纸书转型而来，在纸书的生产过程中，出版机构已经对这个产品进行了选题策划，纸书形成后，出版机构下一步应该考虑的是，哪些书会在电纸书市场获得良好的销售业绩。

当前，电纸书销售市场不可小觑。中国新闻出版研究院发布的第十七次全国国民阅读调查显示，2019 年，我国成年国民数字化阅读方式（网络在线阅读、手机阅读、电子阅读器阅读、Pad 阅读等）的接触率为 79.3%。数字化阅读的发展，已经深刻地影响了人们的阅读偏好。因此，各出版机构应重视电纸书市场。

①据统计，针对年轻读者群的书籍更适合生产成电纸书。亚马逊中国发布的《2017 全民阅读报告》显示，"90 后"和"00 后"已经成为电子阅读的主力军。年龄越小，使用 Kindle 读书的人占比越高，其中选择 Kindle 读书的"00 后"占比高达 71%，而"50 后"的这一占比仅仅为 25%。[①]

---

① 从亚马逊《2017 全民阅读报告》来看看中国人都是怎么读书的？［EB/OL］.（2017-11-30）［2021-08-05］. https://www.sohu.com/a/207654862_100004384.

②"借风"销售的书籍适合加工成电纸书。例如,受电视剧《人民的名义》热播的影响,与上映前一周相比,纸书销量增长了21倍,而电纸书的销售增量更为显著,销量增长191倍。甚至,《人民的名义》中的侯亮平、高育良的枕头书《万历十五年》的销量也被带动,名列当当网电纸书畅销榜。《中国诗词大会》也让诗词图书火了起来,这类电纸书的销量提升了154%,其中最畅销的为《人间词话》《唐诗三百首》《宋词三百首》《元曲三百首》《海子诗歌全集》等。①

③纸质畅销书也适合加工成电纸书。比如,畅销书《巨人的陨落》《未来简史》《乌合之众》,东野圭吾的小说等名列畅销榜或热卖榜。

④经典名著受到电纸书读者群的长期喜爱,纸质长销书也可成为电子长销书,这是销售长尾的魅力。比如《百年孤独》《平凡的世界》《霍乱时期的爱情》《挪威的森林》等。

此外,小说、漫画、历史军事、大众经管类读物、外文读物等也受到读者的青睐。

必须注意,对于专业图书及教育图书,出版社不愿意加工成电纸书,其消费群体也不一定习惯在移动阅读器上读这类书籍。电纸书一般采用流式文档,表格、公式等重排会导致乱版,这是电纸书的短板。所以,一般来说,电纸书的针对性市场为大众出版市场,而且是大众出版市场中的平装书市场。

此外,阅读器适配问题也是策划电纸书时必须考虑的。商家一般会开发各种版本以争取不同终端的用户,一般都会有 iOS/安卓版等,有的厂商还会开发电子阅读器的针对性版本,如 Kindle 版。因此,哪些操作系统的阅读器受到哪些读者群的喜爱,这样的问题都是电纸书制作前应该考虑的,可以尽可能有针对性地开发版本。

也有少数品牌的阅读器商家如亚马逊、汉王和索尼,为显示固定版式的PDF 文件,开发与纸书大小相适应的大屏幕的阅读器,如图 2-4 所示,用来阅读期刊、报纸和教材,但这类阅读器价格高昂,市场非常小众。

2.4.2　电纸书应具备哪些功能?

电纸书的功能实际上是指电子阅读器软件的功能。设计得好的电子阅读器软件可以给读者提供简便且多样化的操作。

---

① 《人民的名义》纸质图书电子书销量增长[EB/OL].（2017-04-21）[2021-08-05]. http://ent. sina. com. cn/v/m/2017-04-21/doc-ifyepsch2265981. shtml.

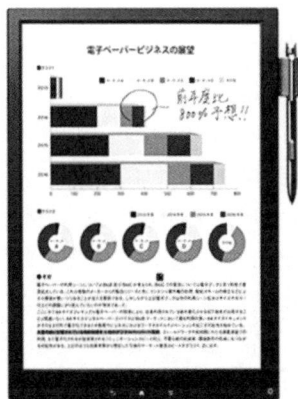

图 2-4 A4 纸大的索尼电子阅读器

一般来说,电子阅读器软件的功能是通过模块设计来实现的。最主要的是要实现"找书"和"阅读"两大功能。

(1)找书功能

电子阅读器软件主页各模块会引导读者进入相关功能页面。实现找书功能的模块主要有书城、书架、搜索、收藏、分享等。

①书城。一些电子阅读器软件称"书城"为"发现",顾名思义,其最主要的功能是帮助读者淘选平台海量的电纸书。细分选项主要有各种"推荐"(如"猜你喜欢""编辑推荐"等)、各种榜单(如"畅销榜""新书榜")等。"分类"也是书城模块重要的导航方式,类目通常有小说、诗歌散文、教辅、经管、社科历史、文学艺术等。

②书架。书架主要的功能是陈列读者已选中的电纸书,以方便读者阅读。不同的电子阅读器软件,对这一模块有不同的称呼。例如,Kindle 阅读称之为"图书馆",当当云阅读称之为"书桌"。"书架"一般又会下分出二级选项。如Kindle 图书的排序选项有"最近""标题""作者名",而显示方式有"列表""网格"等。

③搜索。为方便读者查找电纸书,一般可按照书名、作者、出版日期等检索。

④收藏和分享。读者用收藏功能收藏电纸书,以方便再次阅读;也可以点击分享按钮将电纸书的相关信息通过电子邮件或第三方社交平台分享给其他读者。

(2)阅读功能

电纸书的阅读功能非常重要,必须设计好才能吸引读者。电纸书的阅读功能通常按照两个思路进行设计:一是模拟传统纸书的阅读场景,如笔记、书签、查工具书等;二是发挥电子阅读场景的优势,实现传统纸书不能实现的功能,如文字字体的选择、文字大小的调节、行间距的调节、背光调节、搜索等。具体如下:

①书签功能:模仿传统纸书书签而设计。读者在阅读电纸书时,可选择重点关注的内容,将其添加至书签,当再次打开电纸书时,可直接进入相关的阅读页面。

②文字调节功能:包括文字字体的选择、文字大小的调节、行间距的调节等,读者可以根据阅读偏好进行选择。

③背光调节功能:背光是一种照明的形式,电子阅读器的背光可以调节,以适应阳光下阅读或黑暗中阅读的需要。

④字典功能:电纸书还可植入字典和词典,读者选中相关的字词,即可查找其释义。

⑤批注和笔记功能:该功能也是模仿传统图书而设计的。读者在阅读电纸书时可以进行添加批注、做阅读笔记、画线、复制等操作。

⑥搜索功能:电纸书内部往往还置有“查询”或“搜索”功能,包括在本书中搜索、网络搜索等。

⑦朗读功能:越来越多的电纸书平台提供语音朗读功能,包括软件朗读和真人朗读。很多电子阅读器软件还将“听书”作为单独模块列出。

⑧评论社区功能:如以社交功能见长的微信读书在电纸书的每一章末尾设有评论区和点赞按钮。读者的评论和点赞信息可以在书友圈中展示。

⑨纠错功能:一些电纸书还设置了“纠错”功能,可以向书商报告电纸书中的错误,书商核实错误并修改后,会向读者发送版本更新链接。

(3)案例:Kindle 电纸书的功能

Kindle 是世界领先数字出版商亚马逊设计和销售的电子阅读器。Kindle,意为“发亮”“照亮”,喻书籍和智慧带来光明。第一代 Kindle 于 2007 年 11 月 19日发布。2013 年 6 月,Kindle 引入中国。至 2021 年,亚马逊已经发布了十代Kindle。亚马逊也开发了“Kindle 阅读”App,在各大应用商店皆可下载,方便用户用手机阅读。

Kindle 中常见的阅读器功能应有尽有。如 Kindle 内置宋体、黑体、楷体、圆体等字体,供读者选用;字号大小、屏幕亮度、页边距和行间距及页面方向都可调节。此外,下文所列的 Kindle 功能颇为出彩。

①翻译和生词提示功能。Kindle 可以实现英语、意大利语、西班牙语、印地语等二十多种语言互译。中国读者用 Kindle 阅读英文原版书时,可以使用内置的辅助阅读的生词提示功能,让英文单词自动翻译出来(图 2-5)。其中,生词提示的频率,读者可以自行设定。Kindle 内置《现代汉语词典》(第 7 版)、《现代英

汉词典》等多本词典工具书,方便读者在阅读中遇到任何不理解的字词时,可以随时查阅释义。如图 2-6 所示,Kindle 内置词典对"鳌"的解释可谓全面、详尽,如果读者仍然不理解,还可使用搜索选项,在书内或网络中搜索"鳌"。

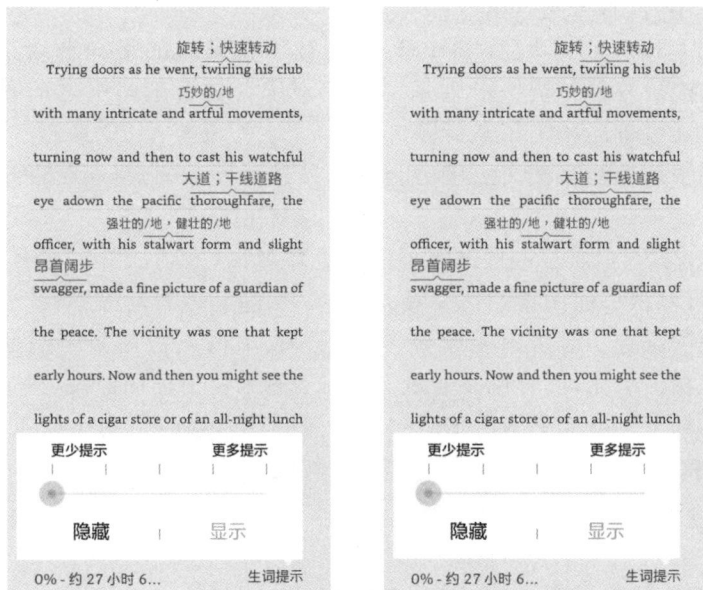

图 2-5　Kindle 生词提示功能

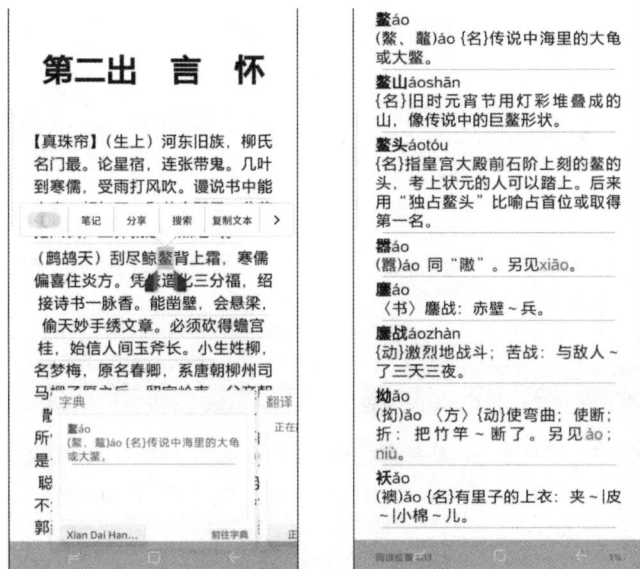

图 2-6　Kindle 词典功能示例

②标注功能。对于喜欢的句子和段落,读者可以用线标注出来。所有读者热门标注可在目录页显示,点击所标注的句子,可直接跳转至相应页面。

③笔记本功能。标注、书签,以及读书时记录的评论、感想等,皆自动纳入Kindle 笔记本,读者可随时温习。

④生词卡和记忆卡功能。Kindle 会把读者检索过的字词自动添加到生词本中,方便查看、复习。记忆卡则是用来考查读者是否记住了之前查阅过的单词。读者可通过单词和例句来猜释义。

⑤文词快跑功能。文词快跑功能每次只显示一个词,旨在帮助读者快速阅读电纸书。

⑥X-ray 功能。亚马逊预先把书中的重要名词(人名、地名、专有名词等)标引出,读者可以从目前阅读的这一页、这一章或整本书的范围中,检索这些名词在书中出现的位置。对于内容繁多、结构复杂、出场人物众多的图书,X-ray 功能的作用就相当明显,读者可以通过 X-ray 了解人物出场的片段,迅速回忆起与角色相关的场景。电纸书的 X-ray 功能是建立在内容的结构化加工基础上的。X-ray 功能如图 2-7 所示。

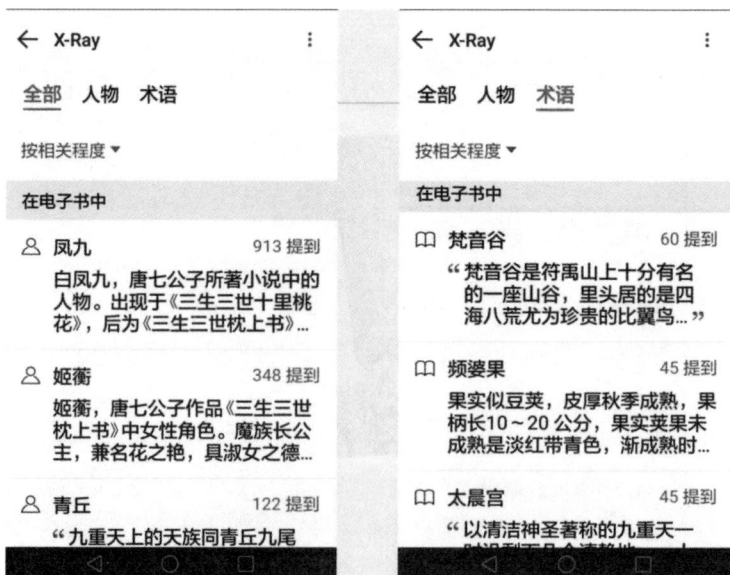

图 2-7　使用 X-ray 功能显示《三生三世枕上书》中的人物、术语

图 2-7 中,使用 X-ray 功能,凤九、青丘、太晨宫等被单独标引出,读者可以了解这些词汇在书中的相关内容。可见,X-ray 有利于深度阅读。

2.4.3 内容结构化及标引加工

2.4.3.1 内容结构化

传统纸书是以页为单位,兼之目录指引篇章结构,以引导读者阅读。电纸书的页数是随着屏幕大小而重排的,没有页码的概念,会造成阅读不便,因此对电纸书必须进行结构化加工。

所谓电纸书结构化加工,是指以内容为主线,有层级、有组织地标引电纸书的内容,以方便读者阅读。结构化加工的层级要根据读者对电纸书产品的需要来确定,可以到篇、章、节,也可以细化到段落、图表、知识点,甚至细化到词条。同时,针对不同结构单元,可根据需要标引分类和属性信息。

图书的结构通常由封面、正文、辅文组成。一般情况下,正文的结构化加工可拆分到小节;工具书可以细化加工到词条;科技类图书可以细化加工到概念、定理、公式等;教材可细化到知识点。结构化加工时要抛弃与内容无关的版式信息和样式信息,如页眉、页脚、页码、装饰性图片等。

通过结构化加工,图书可从以页为基本单元的组织形式,转换为以篇、章、节为单元的内容组织形式,为后期资源的利用提供了良好的基础。如在图 2-7 中,Kindle 电纸书中的 X-ray 功能显示了书中的人物和术语,这是基于结构化加工而实现的。同样,图 2-5 中的 Kindle 生词提示功能,读者可以自行设定生词的提示频率。要实现该功能,必须事先对生词进行标引,并且细化到不同层级。

结构化加工显然会提高电纸书的制作成本,但正是因为结构化,电纸书才更像一本"书",否则,只是数万的文字堆砌,阅读体验会极差。

2.4.3.2 元数据及标引

电纸书加工中的一项重要工作是标引元数据。元数据是对信息资源进行描述、解释、定位,或使信息资源更容易被检索、利用及管理的结构化信息。元数据经常被称作"关于数据的数据",或"关于信息的信息"。在数字出版领域中,对出版物的各方面属性进行标准化的描述非常重要。元数据具有如下重要作用[①]:

①能准确、唯一地标识出版物。如图书的 ISBN 号、期刊的 ISSN 号就是一种元数据。数字对象识别符 DOI(digital object unique identifier)也具有唯一性,它是对包括互联网信息在内的数字信息进行标识的一种工具,出版物的这些

---

① 国家新闻出版广电总局出版专业资格考试办公室.数字出版基础(2015 年版)[M].北京:电子工业出版社,2015.

标识能使出版物得到有效的管理,便于读者查找和利用。

②可提高数字资源管理及开发利用的效率。利用元数据对资源进行标引后,就能很方便地在内容管理系统中对它们进行管理和开发利用,提高数字资源的利用率。

③促进数据交换与处理。对于数字出版产业的各参与方(包括出版单位、销售商、图书馆、移动终端提供商、内容集成商等机构)而言,使用元数据标准对出版物进行描述能够促进各方的数据交换。

④方便资源的长期保存。保存元数据还要提供长期维护资源的信息,即支持数字资源长期保存过程中的可生存能力(对象的比特流是完整的)、可还原能力(可以将对象转化成能够阅读或利用的格式)与可理解能力(还原的内容能被解释和理解)的必要信息。

数字出版领域中的元数据标准涉及出版单位、销售商、图书馆、读者等参与方,贯穿出版业的整个流程,描述的资源对象包括纸质出版物、音像出版物、电子出版物等各种形式,描述信息资源的粒度既要能够描述一个资源集合,也要能够描述一个单一资源或资源内部组成部分。数字出版领域已出现多种元数据。目前,我国数字出版行业相关的元数据标准,按功能可以划分为标识类元数据标准和描述性元数据标准两大类。

标识类元数据标准的主要功能是为出版物或者内容资源提供唯一的标识,如国际标准书号(ISBN),国际标准连续出版物号(ISSN)、国际标准文本编码(ISTC)、数字对象识别符 DOI 等等。

描述型元数据标准是对内容资源的各方面属性进行描述的标准。这方面,著名的标准有传统的 MARK 标准、针对数字资源的都柏林核心元数据标准,以及图书在版编目数据标准等。

国际标准化组织于 2009 年 2 月发布 ISO 15836:2009《信息与文献　都柏林核心元数据元素集》(*Information and documentation—The Dublin Core metadata element set*),该标准由"都柏林核心元数据计划"(The Dublin Core Metadata Initiative,DCMI)组织维护。ISO 15836:2009 已经产生较大影响。

2010 年,在修改采用 ISO 15836:2009 的基础上,中华人民共和国国家质量监督检验检疫总局和中国国家标准化管理委员会发布了《信息与文献　都柏林核心元数据元素集》(GB/T 25100—2010)。该标准也同时参考了 ISO 15836:2003《信息与文献　都柏林核心元数据元素集》、都柏林核心元数据计划发布的《都柏林核心元数据元素集》(1.1 版)(2008-1-14)、ANSI/NISO Z39.85:2007《都柏林核心元数据元素集》(ISSN:1041-5635)及 RFC 5013《都柏林核心元数据元素集》。《信息与文献　都柏林核心元数据元素集》已经在图书馆和出版等领域得到推广和广泛采用。

《信息与文献　都柏林核心元数据元素集》(GB/T 25100—2010)的基本内容是一组由 15 个元素构成的元数据元素集合,即名称、创建者、主题、描述、出版者、其他责任者、日期、类型、格式、标识符、来源、语种、关联、时空范围和权限。

为了规范出版领域数据的描述,我国还颁布了《图书在版编目数据》(GB/T 12451—2001)。该标准规定了图书在版编目数据(CIP)的内容、选取规则、印刷格式等。数据内容包括著录数据和检索数据两部分。

(1)著录数据

著录数据包括 6 项:①书名与作者项。书名包括正书名、并列书名和其他书名信息。作者,即责任者,包括第一作者和其他作者。著作方式在图书在版编目数据工作单中要分别注明。②版本项。如“通俗本”“节本”“普及本”等,又如“第 2 版”。③出版项。包括出版地、出版者和出版时间。④丛书项。丛书是在一个总书名下,汇集多种单本图书成为一套,并以编号或不编号的方式出版的图书。⑤附注项。附注项是对前述各项不便或难以反映的图书特征所做的补充说明,包括翻译图书的书名原文、转译、影印、抽印、改编作品依据的原书,对图书内容和出版、发行特点、对象的说明,其他必要的说明等。⑥标准书号项。按《中国标准书号》(GB/T 5795—2006)执行。

(2)检索数据

检索数据提供图书检索途径,包括图书识别特征的检索点和内容主题的检索点两项。

①图书识别特征的检索点:第一,书名。依据著录数据中的“书名与作者项”,取书名的首字。第二,作者。依据著录数据中的“书名与作者项”,取作者的首字。

②内容主题的检索点:第一,主题词。主题词以《汉语主题词表》为标引依据,并遵循《汉语主题词表》的标引要求。一部书的主题词一般不超过 3 组;一组主题词一般不超过 4 个。第二,分类号。分类号以《中国图书馆分类法(第四版)》为标引依据,并遵循《中国图书馆分类法(第四版)》的标引要求。必须根据图书内容的学科属性或其他特征标引至专指性类目。对于多主题图书,必要时需标引附加分类号。

图书在版编目(CIP)数据示例如图 2-8 所示。

较之都柏林元数据,我国的在版编目标准不但有数据描述,而且还在“检索数据”中有内容描述,这是和我国的实际需求相符合的。我国电子图书的元数据标准则在相关国际标准和我国标准基础上结合实际需求而产生。

著录数据

检索数据

图书在版编目(CIP)数据

永远有多远/铁凝著;何向阳主编.—郑州;河南文艺出版社,
2018.3

(百年中篇小说名家经典 / 何向阳总主编)
ISBN 978-7-5559-0629-2

Ⅰ.①永… Ⅱ.①铁…②何… Ⅲ.①中篇小说—作品集—中国—
当代 Ⅳ.①I247.5

中国版本图书馆CIP数据核字(2017)第286684号

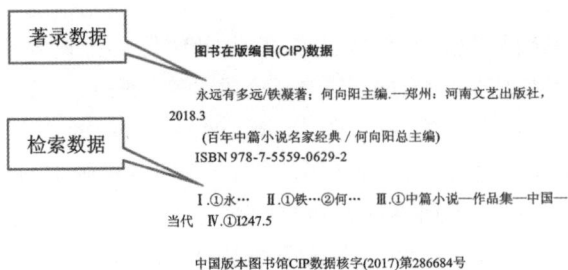

图 2-8 图书在版编目(CIP)数据示例

我国电子图书的元数据标准为《电子图书元数据》(CY/T 97—2013),由全国新闻出版标准化技术委员会(SAC/TC 527)提出并归口,国家新闻出版广电总局发布。该标准规定了电子图书元数据的构成、元素和属性,适用于电子图书产品信息的交换与管理。

《电子图书元数据》(CY/T 97—2013)规定了 20 项电子图书的核心元数据集定义,每项元数据元素由中文名称、定义、英文名称、元素标识、注释、数据类型、值域、约束/条件等组成。20 项核心元数据集定义如下:

①题名:赋予电子图书内容的正式名称。

②责任者:创作电子图书内容并负有责任的实体。

③责任方式:责任者与电子图书内容之间的责任关系。

④出版者:从事出版活动的专业机构。

⑤出版地:从事出版活动所在的地理位置。

⑥摘要:对电子图书内容的简要说明。

⑦语种:描述电子图书内容的文字种类。

⑧标识符:为电子图书分配的唯一标识。

⑨版本:同一出版者出版、同一载体、同一格式、内容相同的出版物。

⑩出版时间:电子图书首次出版的时间。

⑪类型:内容表现形式的特征。

⑫来源:对电子图书来源的描述。

⑬格式:对电子图书进行描述和封装的技术方法。

⑭权限:电子图书使用时的版权信息。

⑮学科分类:按相对独立的知识体系划分的类别。

⑯关键词:描述内容的主要词语。

⑰定价:出版者赋予电子图书的价格。

⑱制作者:从事内容制作的专业机构。

⑲制作时间:完成电子图书的日期。

⑳链接地址:可以获取电子图书的有效网络地址。

在实际著录中,20项元数据集不一定全部录入。在读者看得见的电纸书版权页等位置也没有全面的显示,但在电纸书的后台,往往有内容全面的元数据。

2.4.4 电纸书的生产流程

电纸书的制作要根据已经有的文档来进行,这些文档有三种形式:存量图书、版式文档和结构化文档。

2.4.4.1 存量图书的电纸书生产流程

存量图书是指出版社过去的存量出版资源。将存量图书加工成电纸书的流程如图2-9所示。

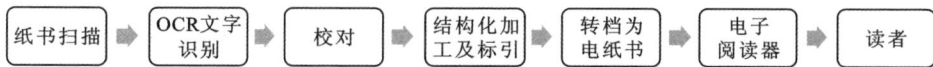

纸书扫描 ➡ OCR文字识别 ➡ 校对 ➡ 结构化加工及标引 ➡ 转档为电纸书 ➡ 电子阅读器 ➡ 读者

图 2-9　存量图书的电纸书生产流程

将存量图书加工为电纸书需要对纸书进行扫描、OCR(Optical Character Recognition,光学字符识别)文字识别、校对、结构化加工及标引,最后方可生成EPUB格式的电纸书,这其中还包括DRM(数字版权管理)环节等。其中,OCR文字识别是指用扫描仪等设备扫描纸上的字符,然后用字符识别方法将形状转换为文字的过程。扫描仪速度比较慢,加工成本高。OCR也有一定程度的误识率,达不到出版的质量标准,必须启动校对工作。存量图书是历史原因造成的,加工成本高是不可避免的。鉴于电纸书的普遍定价大大低于纸书,故一般只有存量的经典图书、长销书等才适合加工成电纸书。它们可能有较高的销量,盈利可能性较大。对于一些过时存量图书,一般可打包卖给数据库商,它们会将其做成电子书数据库出售。

2.4.4.2 版式文档的电纸书生产流程

版式文档,如PDF格式文档,在纸书印刷中占有较大优势。PDF格式文档历史比较悠久,出版社一般有部分的存量PDF版图书,即原来加工纸书时形成的PDF版。由于PDF经过多个版本的发展,其数据结构过于复杂,固版形式也不适合移动阅读终端,所以,必须加工成结构化流式格式电纸书。这类存量PDF,除了扫描外,其他流程同上述存量图书的电纸书生产流程一样。

2.4.4.3 结构化文档的电纸书生产流程

结构化文档的电纸书生产流程即合理的电纸书生产流程,它是与纸书生产融为一体的,如图 2-10 所示。

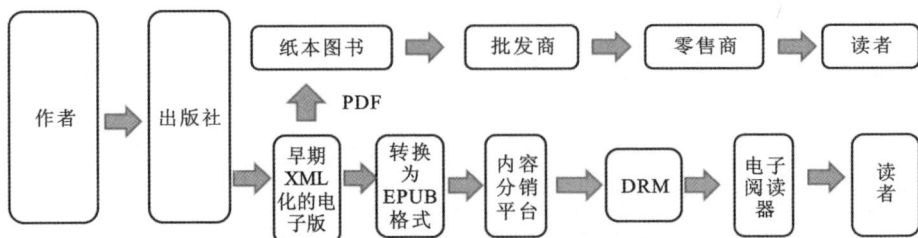

图 2-10 合理的电纸书生产流程

合理的电纸书生产流程应在编辑早期进行结构化加工,然后生成 XML 格式文件进行存储。利用 XML 格式和 InDesign 软件进行排版,可实现一稿多用。既可以将之转化为 PDF 格式,并印成纸书;也可以利用 InDesign 排版软件,将其转换成 EPUB 格式,以适应各种不同的阅读器,实现快速出版多形态、多介质的数字内容。合理的流程将大大降低成本,减少版式文档转换过程中需要的校勘、排版等工序。

然而,我国相当一部分出版社并未实现上述流程。出版社一般用方正书版排版,然后转成 PDF 格式。传统纸书生产部门与数字出版部并立。纸书生产完成后,将 PDF 电子版交给数字出版部,再启动电纸书的生产流程,如图 2-11 所示。

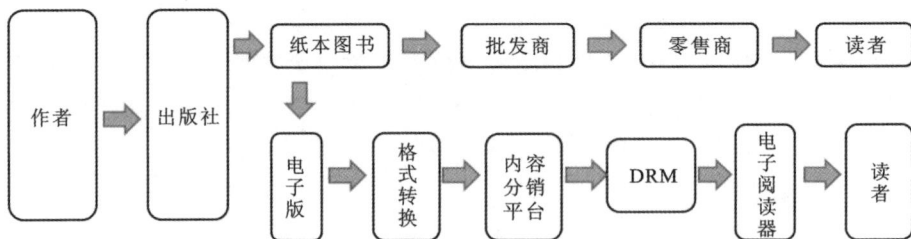

图 2-11 不合理的电纸书生产流程

在这个流程中,一则,对 PDF 进行转码,有可能因出现乱码而增加生产成本;二则,数字出版部一般将 PDF 外包加工,这也会增加成本,且其中会有较多重复劳动。

显然,出版社现今的生产流程应该围绕以 XML 格式的文档为核心进行结构化加工。目前,以版式文档为核心的图书生产流程已经成为我国数字出版发展的绊脚石。

2.4.5 数字版权管理

数字版权管理(DRM),旨在阻止最终使用者未经许可使用、复制和转换其版本格式,使数字内容只在指定的授权范围内使用。数字版权保护方法主要有两类:一类是采用数字水印技术,另一类是以数据加密和防拷贝为核心的 DRM 技术。

(1)数字水印(Digital Watermark)技术

数字水印技术是在数字内容中嵌入隐蔽的标记,这种标记通常是不可见的,只有通过专用的检测工具才能提取。数字水印可以用于图片、音乐和电影的版权保护,在基本不损害原作品质量的情况下,把著作权相关的信息,隐藏在图片、音乐或电影中,其产生的变化通过人的视觉或听觉是察觉不到的。但是,目前市场上的数字水印产品在应用方面还不成熟,容易被破坏或破解,而且数字水印技术只能在发现盗版后用于取证或追踪,不能在事前防止盗版。

(2)以数据加密和防拷贝为核心的 DRM 技术

DRM 技术是对数字内容进行加密,只有授权用户才能得到解密的密钥,而且密钥是与用户的硬件绑定的。加密技术加上硬件绑定技术,提高了非法拷贝的难度,能有效地达到版权保护的目的,当前国内外大部分计算机公司和研究机构都采用这种方法。以电纸书为例,为了保护出版各方的合法利益,DRM 技术至少要在四个方面来保护电纸书的版权:

①DRM 技术要保证电纸书不能被复制,电纸书与阅读器是绑定的,计算机文件拷贝到别的阅读器无法阅读。

②DRM 技术要保证数字出版物不能被篡改,包括电纸书的内容、定价、出版社名称等信息。

③DRM 技术要保证数字出版物可以计数。可计数性包括两个含义:第一,读者买数字出版物,按"本"购买;网络电纸书书店卖书,按"本"卖;数字图书馆按"本"买电纸书,一本一本地借给读者。第二,出版社能知道网络书店卖了几本书、图书馆买了几本书,该统计数据通过 DRM 技术保证其公正和不可篡改。

④DRM 技术可以控制电纸书的二次传播。例如图书馆购买的书,可以借给读者阅读,读者的电纸书到了归还期后不能继续阅读等。

2015 年,我国颁布了《电子书内容版权保护通用规范》(CY/T 115—2015)。该标准规定了电子书内容版权保护的保护功能、保护技术、用户及设备管理要求,适用于电子书内容版权保护功能的设计、研发和应用。

数字版权保护技术应用领域非常广泛。在电子图书、电子报刊、电子文档、数据库、图片、软件、音乐、视频文件等内容生产与加工行业都有数字版权保护技术的实际应用。

2.5 电纸书的定价

2.5.1 批发制和代理制之争

电纸书有批发制和代理制两种定价模式。美国亚马逊公司是电子图书批发制的创立者。批发制是指分销商从出版社购得电纸书，自定价格销售电纸书，出版社无权规定图书价格。亚马逊的具体做法是按照纸版书 20～30 美元的零售价格的 50% 批发电纸书。亚马逊应按 15 美元以上的盈利价格出售，但亚马逊旨在通过低价吸引用户，很多电纸书实际售价为 9.99 美元。[①] 因此批发制中，消费者获得较大实惠，但传统出版社在产业链中的话语权空前降低。

一些传统出版社抱怨难以分辨分成机制的合理性。又因为亚马逊搭建 Kindle Single 等自助出版平台，传统出版社有了空前的危机感。2010 年，苹果公司进军电纸书市场，为了与亚马逊一较高低，苹果公司与美国 5 家最大型的大众出版社（哈珀·柯林斯、阿歇特、西蒙与舒斯特、企鹅及麦克米伦）联合推出电纸书代理制定价模式。在代理制定价模式中，出版社夺回了话语权，自己制定电纸书的零售价格，一般每本电纸书的定价在 12.99～14.99 美元之间。销售后，30% 的收入归销售平台苹果公司，70% 的收入归出版社。在五大出版社联合施压下，亚马逊被迫接受代理制。

然而，代理制带来的直接结果是电纸书价格上涨，这时消费者不满意了。此后，美国司法部开始介入调查，理由是在没有通货膨胀、物价稳定的时候电纸书价格骤增，苹果公司和五大出版社涉嫌操纵电纸书价格，损害消费者利益。历时 2 年的调查和审理，最终以苹果公司败诉收尾，苹果公司和出版社要赔偿因涨价给消费者带来的损失，并且苹果公司 2 年内不能再与出版社签署代理制协议。这也意味着代理制在美国电纸书市场上败北。[②]

其实，对出版社而言，在与苹果公司签订的代理制中并不能赚到更多的钱，甚至盈利下降。出版社之所以愿意这么做，因为一是要抢夺话语权，二是要抬高

---

① 张大伟，陈璞. 亚马逊为何主导美国电子书定价——兼论美国电子书的代理制和批发制之争[J]. 编辑学刊，2014(2)：10-15.

② 同①。

消费者对电纸书的心理价位。

　　国内在电纸书肇始的时期,亚马逊中国也曾斥巨资从出版社批量获取版权,并委托青苹果数据中心加工成格式合格的电纸书,然后在 Kindle 商店中销售。当时,这一批电纸书的定价比较低。随后,代理制占上风,电纸书定价权回归出版社,每家出版社和不同种书籍的定价模式都可能不同。其结果是电纸书价格大涨,消费者的心理价位被抬高。当然,有时销售平台也会根据出版社的意愿做一些打折和发放优惠券的促销活动。就销售平台与出版社之间的分成机制来说,比之美国的电子书产业,国内销售平台更加强势,甚至有些平台会得到收入的 60%,而出版社只获得收入的 40%。

2.5.2　电纸书的定价方法

　　我们再来了解一下电纸书的定价所采取的策略和方法。一般来说,电纸书定价的常用策略有以下几种。

　　(1)单位定价法

　　单位定价法,即按照阅读的字数、次数、页数和阅读时间进行定价。对图书馆销售的电纸书常采用这个方法,目的在于控制用户的并发数,减少对纸书销量的影响。

　　(2)成本定价法

　　成本定价法是一种最基本的定价方法,它是按照单位完全成本加上一定百分比的加成作为商品销售价格的方法。

　　(3)心理定价法

　　心理定价法是指利用用户心理,有意识地将产品价格定高些或低些,以增加销售量。心理定价策略主要包括尾数定价、声望定价、招徕定价等方法。

　　①尾数定价是指在确定零售价格时,利用消费者求廉的心理,制定非整数价格,以零头数结尾,使用户在心理上产生便宜的感觉,或者价格尾数取吉利数,从而激起消费者的购买欲望,促进商品销售。例如,美国亚马逊电子图书常常采用九九定价法则,通常价格为 9.99 美元。根据调研,尾数为 9 的定价会大大地促进商品销售。

　　②声望定价是指企业利用买方仰慕品牌的心理来制定远远高于同类商品的价格的定价方法。一些名牌店或著名企业,故意把商品定成高价,有意提高客户购买商品的身份和地位的门槛,创造一种高端产品的印象。有品牌效应的电子图书,在读者中已树立了良好的口碑形象,可采用声望定价法。例如,获诺贝尔文学奖的图书等。

③招徕定价就是利用消费者对低价商品的兴趣,将少数几种商品的价格降到市价以下,甚至低于成本,以招徕顾客,增加对其他商品的连带性购买,达到增加销售量的目的。采用招徕定价的"特价图书"通常是大众型图书。

（4）高价定价法

高价定价法,又称掠取定价法、撇脂定价法,是指在没有竞争对手的情况下,为了在短时间内迅速收回投资和获得尽可能大的利润而采取的定价方法。

针对大众市场的图书,诸如文学和文艺类图书,以及面向社会大众的管理学和科普类读物等,一般电纸书市场状况较好,电纸书定价也比较高。如当当网的《新媒体运营指南》（全七册）售价 159.99 元。① 部分电纸书定价会超过纸书的50%,可以说是高价位定价。如《人民的名义》电纸书定价为 19.99 元,而其平装书价格为 35.00 元。②

电纸书定价高,主要是因为出版社顾虑电纸书定价低会影响纸书的销售。一些纸书的脱销也会导致电纸书价格上升,如《人民的名义》电视剧上映期间,同名图书脱销就属于这种情况。采用高价定价法会直接使出版社获得更高的利润,但大部分电纸书不可能采用这样的方式定价。

（5）低价定价法

低价定价法又称渗透性定价法,其特点是追求电纸书对市场的占有率。例如,在亚马逊电子图书初入市场的时候,普遍定价较低,以吸引更多的读者接触和使用电纸书。因低价而减少的收入,可通过广告等方式弥补。但随着读者对电纸书市场的认可,低价定价法并不值得提倡。过低的价格会使读者普遍认为内容贬值。

（6）成套定价法

系列图书打包定价,能达到促销和增收的目的。如《人民的名义》畅销期间,作者周梅森走红,出版社适时推出套装电纸书共 8 册,Kindle 定价 72.32 元。成套定价销售带动了周梅森其他作品的销售。③ 又如"上海译文 TOP30 名家名作大套装",包含《洛丽塔》《渴望之书》等 30 余部全球顶级畅销经典名作,Kindle 电纸书定价高达 999.00 元。显然,这是利用品牌声望定价,有助于整套图书促销。

（7）折扣定价法

纸书的定价会印在书上,不能随意变化。营销推广时只能通过降低折扣来进行售卖,书的实际售价只能降低,不能提高,电纸书也可采用这种方式定价。

---

① 该书售价统计时间为 2022 年 1 月 13 日。
② 所列纸书和电纸书价格统计时间为 2017 年,彼时《人民的民义》电视剧开播。
③ 同②。

如中译出版社的《元宇宙大投资》电纸书定价为 49.00 元,对应的纸书价格为 58.50 元,在促销活动中,"满 30 减 15"(图 2-12),因此这部书的实际价格并不像标价那么高。

(8)捆绑定价法

捆绑定价法,顾名思义,就是将两者捆绑起来定价。可以把电纸书的价格包含在纸质图书的价格里面,买纸质图书,送电纸书,反之亦可;或分别定价,买电纸书后再买纸质图书时给一定的优惠。这样做的目的是利用优惠的价格吸引更多的顾客,同时带动了纸质图书和电子图书的销售,降低电纸书对纸质图书的负面影响。

(9)包月包年定价法

包月包年定价也是电纸书主要的定价方式,每个月(季度或年)交一定数额的资金,看一定时长的图书。例如,当当云阅读的"悦读套餐",年卡为 228 元,月卡为 25 元,季卡为 60 元。开卡后的"悦读特权"为免费读电子书、免费听书等(图 2-13)。

图 2-12 当当云阅读中《元宇宙大投资》定价
(截图时间:2022 年 1 月 13 日)

图 2-13 当当云阅读中"悦读套餐"定价
(截图时间:2022 年 1 月 13 日)

（10）波动定价法

波动定价法是指在电纸书的销售周期内，根据不同时间点的读者和市场反馈，配合不同的销售策略，提高或降低电纸书定价，以达到销售业绩最优的方法。例如，严歌苓的《陆犯焉识》，最初 Kindle 电纸书价格为 0.99 元，后因张艺谋的改编电影《归来》上映，《陆犯焉识》电纸书价格上涨为 2.99 元。后来该书被纳入 Kindle Unlimited 服务中，但如果读者不愿购买 Kindle Unlimited 服务，则该电纸书的价格为 10.50 元。可见，价格波动的幅度非常大。为了减少电纸书对纸书市场的冲击，出版界还形成了一种波动的定价模式，即在精装书问世的时候，以高价推出电纸书，待到平装书出版时，再降低电纸书的价格。

（11）歧视定价法

歧视定价法，即在经济发达地区与不发达地区，同一本书采取不同价格销售。

总之，由于网络可以随时更新，价格调整非常方便，市场经济允许书商进行各种定价的试验。网络读者都要先注册后买书，网络销售电纸书都有详细的记录，这都是传统图书销售无法比拟的优势。对读者数据库、读者近期购买电纸书的记录进行分析，可了解大多数读者需求的变化，以随时调整电纸书的价格。

2.6　电纸书的分销平台

电纸书分销平台作为数字内容卖场，具有资源整合、建立渠道、产品交易、运营管理、营销推广等功能。国外常见的电纸书分销平台有美国亚马逊公司的 Kindle Store、苹果公司的 iBook Store、谷歌公司的 Google Play Store 等。国内有汉王书城、掌阅（iReader）、微信读书、网易蜗牛读书等。这些网站各具特点，具体归纳如下：

①亚马逊是全球数字出版领先公司，是电子纸类专用阅读器的普及推广者。亚马逊公司位于美国华盛顿州的西雅图，是网络上最早开始经营电子商务的公司之一，成立于 1995 年，其创始人是杰夫·贝佐斯（Jeff Bezos）。最初，亚马逊是一家网络书店，随后开始了迅速扩张的历史，其在线销售产品几乎囊括了所有行业，并进入欧洲、亚洲等各大洲及各国市场。

数年来，亚马逊在图书销售行业不菲的业绩使其掌握了大量读者需求方面的信息，并与传统出版商建立了密切的合作关系。在此背景下，亚马逊决定进军数字出版领域。2007 年，第一代电子阅读器 Kindle 开始销售并取得成功。Kindle 内置电纸书分销平台 Kindle Store,内含丰富的电子书报刊,用户可以直接购买。在 Kindle 取得成功的基础上,亚马逊开拓了自助出版、App 产品、数字音乐、流媒体服务等板块,成功打造了一个内容出版的生态圈。

②苹果公司的 iBook Store 是著名的电纸书分销平台,苹果公司也是手机阅读生态的缔造者之一。苹果智能手机第一代 iPhone 于 2007 年 1 月 9 日发布。2010 年 1 月,苹果公司的 iPad 成功上市。2008 年,苹果公司还创建了 App Store,允许第三方针对苹果移动终端开发应用程序。苹果公司获得应用程序销售收入的 30%,开发者分得 70%。用户将在应用商店付费或者免费下载移动应用程序。苹果公司性能优越的终端产品也为 App Store 和 iBook Store 奠定了良好的用户基础。苹果也因此形成了内容产品消费的良好生态。

③谷歌是电子书开放模式的先行者。2004 年之前,谷歌与出版商就已达成了合作协议 Google Print Publisher Program,收集这些出版社已出版或即将出版的出版物。2004 年 12 月 14 日,为了获取更多的图书资源,谷歌推出与美国纽约公共图书馆、哈佛大学图书馆、斯坦福大学图书馆、密歇根大学图书馆以及牛津大学图书馆的合作计划(Google Print Library Project),将这些图书馆的馆藏图书扫描制作成电子版,建立谷歌数字图书馆。Google Print Publisher Program 和 Google Print Library Project 构成著名的 Google Print 服务的内容。谷歌通过这些活动收集了大量公版书和有版权的图书,并与传统出版商建立了良好的合作关系。2010 年 12 月,谷歌电子书店(Google eBookstore)推出,其电纸书品种有 300 万种左右,其中 10 万种为收费品种,超越当时亚马逊电子图书品种,内容资源空前丰富。并且,谷歌电子书店采用开放式模式,将海量图书转化为多种格式的电纸书,并不刻意将读者绑定在某一种阅读器上。这就打破了亚马逊和苹果把电纸书都绑定在自制阅读终端上的弊端。Google eBookstore 后更名为 Google Play Store。美国多年电纸书市场份额统计显示,谷歌电纸书并不算成功。究其原因,与海量资源中多为公版书、商业价值不足有关。这些都是电纸书产业发展过程中应该牢记的教训。

谷歌还和苹果公司共同促成了在手机上阅读电纸书的习惯。在移动终端行业,经过多轮产业竞争,在移动操作系统界形成了苹果的 iOS 系统和谷歌的安卓(Android)系统两大主流。早在 2007 年,谷歌就将安卓系统开源,并迅速为各大手机和平板电脑厂商所采用,这样就形成了 iOS 系统应用商店和安卓系列应用商店,方便了用户下载阅读软件。而在大屏幕智能手机和应用商店普及之前,电纸书产业严重依赖阅读器的推广。

④汉王电纸书是中国硬件模式的代表。2000—2010 年前后,国内众多电子阅读器如汉王、翰林、方正、盛大、爱国者等纷纷上线抢滩市场,商家们都想学习

亚马逊用阅读器绑定用户的模式。应用商店的方便性，打破了亚马逊的绑定模式，从而在中国形成了多个电子书分销平台并立的局面。

硬件模式是指以硬件赚钱为主的商业模式。在硬件模式中，阅读器一般以高价出售，为了弥补用户的心理落差，则"补贴"一定数量的预装书，从而使用户感到"物有所值"。

汉王科技股份有限公司于 2008 年 10 月推出首款电子阅读器"汉王电纸书"。2009 年 9 月，汉王电纸书单月销量排在亚马逊 Kindle 之后，成为全球第二大电子阅读器品牌。在营销方面，汉王投放大量广告，走礼品路线，利用中国人爱互赠礼品的习惯，将阅读器推广成为一种时髦的礼品。当"礼品"到达用户手中时，汉王试图通过其预装的免费电子书培养用户的阅读习惯，吸引用户到公司自建的"汉王书城"购买有偿电子书，从而将硬件模式转换为绑定模式，实现软件模式（以软件/服务赚钱为主的商业模式）。

硬件模式主要出现在我国。当时，我国电子阅读器产业链中存在一个尖锐矛盾：因为阅读器的销量不高，没有较大的利润空间，出版社不肯冒着被侵权的风险轻易与技术商合作。同时，缺乏内容支撑的阅读器销售又难以为继。无奈之下，许多阅读器厂商不得不自己"搭台唱戏"，向用户赠送公版电纸书，以弥补内容资源方面的缺陷。

虽然硬件模式在一定时间里对于产品的宣传和销售起到了促进作用，但从企业发展的角度来说，硬件模式并不利于企业的持续发展。对于读者来说，预装图书以旧书和公版书为主，吸引力并不大。就其本质来说，电纸书预装是以硬件销售为导向的，无视电纸书内容价值，违背了电纸书的市场规律，是一种存在先天缺陷的临时策略。① 另外，汉王是出版业的"外来妹"，在经营内容产业上，上游出版商多持观望态度，读者对汉王书城的认可度也较低，致使汉王电纸书很难实现从硬件盈利模式向内容盈利模式的转变。2010 年之后，国产电子阅读器受到 iPad、iPhone、Kindle 等产品的冲击，汉王电纸书迅速衰落。

⑤掌阅是国内领先移动阅读 App。掌阅科技股份有限公司（以下简称"掌阅科技"）成立于 2008 年 9 月，并于 2011 年 1 月推出移动阅读平台"掌阅"。该平台与国内外近 600 家优质的版权方合作，能提供数字版权出版物 50 万余册，为全球 150 多个国家和地区的数亿用户提供阅读服务。至 2016 年，用户累积人数达 6 亿，截至本书定稿，掌阅活跃用户达 1.1 亿。掌阅科技一直致力于推广正版阅读，获国家版权局授予的"全国版权示范单位"称号。2015 年 6 月，掌阅科

---

① 百道研究. 2011 年中国电子书产业十大趋势[EB/OL]. (2011-01-03)[2021-08-05]. http://www.bookdao.com/article/13356.

技获"第四届世界知识产权组织版权金奖",同年,掌阅电子阅读器上市,2017年9月21日,掌阅科技在上海证券交易所上市。目前,掌阅拥有出版、网络文学、有声书、在线课程、漫画、杂志、自出版等正版内容。截至2020年8月18日,仅在"应用宝"中,掌阅下载量就超过2亿次。

⑥微信读书是具有社交特色的阅读App。2015年,腾讯公司推出了微信读书——一款基于微信关系链的阅读App。微信本身的用户资源非常庞大,用户数量超过10亿,使得微信读书App的推广相对容易。

微信读书App的特点非常显著。首先,基于腾讯公司的雄厚实力,微信读书在收费上采用"利润让步模式",为读者预留了较大的优惠政策。它将一部分书籍免费开放给读者,并提供热门图书部分章节免费试读服务。微信读书采用读书币购买电子书的方式,为激励用户,新注册、阅读时长等都可以兑换读书币,并可以用这些读书币去购买心仪的图书。此外,微信读书还推出了"买一赠一"的服务,即用户可以在购买一本图书后赠送其他用户一本图书。通过利润让渡,微信读书留住了用户资源,并逐渐培养了用户购买习惯。

其次,基于微信关系链运作,创新了"社交阅读"。很多移动阅读App都融入了社交元素,以书评为主,呈现单向社交状态,在陌生人之间建立了弱社交关系。而基于微信社交软件的微信读书App则真正创新了传统的社交阅读,它不同于其他阅读App依赖于陌生人之间暂时性或短时间内建立起来的交往,其主要根植于QQ、微博、手机通讯录等多重与现实生活有着密切交流或熟悉的人,开辟了具有自身风格的以熟人与熟人之间强关系为基础的线上阅读生态圈,展现了与其他同类应用不同的功能。[1][2]

最后,腾讯公司拥有丰富的内容资源。腾讯公司原有腾讯阅读频道,2015年以后,腾讯又收购了盛大文学,组成阅文集团。不但拥有丰富的网络文学资源,而且与多家传统出版社有合作关系。这些都是微信读书内容资源的基础。

⑦"售卖时间"[3]的网易蜗牛读书App于2017年上线,此时的移动阅读市场早已被QQ阅读、掌阅、咪咕阅读等App占领。针对市场上只是按书本、章节收费的模式,网易蜗牛读书App另辟新径,采用按阅读时长进行收费的模式。用户每次登录网易蜗牛读书App,可免费领取一小时的阅读时长,如需增加阅读时间,可通过写书评或付费的方式购买(一小时一元)。这一模式下,用户的付费

① 高媛媛.微信读书:构建线上阅读生态圈[J].戏剧之家,2019(25):210-212.

② 邓绪娟.当读书遇见社交——从微信读书App看阅读形态大改变[J].新闻研究导刊,2015,6(20):242.

③ 梁旭艳.网易蜗牛读书App的创新及其启示[J].编辑之友,2018(9):23-25,34.

操作被后置,降低了阅读风险。虽然市场上的 QQ 阅读、掌阅等 App 也允许用户试读,但自由比较有限,用户很可能会买到"束之高阁"的图书。采用网易蜗牛读书模式,用户有如进入了一座图书馆,可以随意翻阅,直至找到心仪的书籍为止。另外,网易主打的"每日免费阅读一小时",也能激励用户充分利用碎片化的时间,提高了用户碎片化时间的利用率。

网易蜗牛读书还开设"领读人"制度,目的是帮助用户快速、精准地找到想看的书。"领读人"的主要功能包括为用户推荐好书、制作书单、发表书评,目的是帮助用户快捷地找到好书和获取更多交流和输出的机会。为保证领读人的推荐、书单及书评确实能对用户找书起到作用,网易蜗牛读书对领读人的审核有着非常严格的标准,不仅需要领读人提交个人简历,还需领读人持续发布优质、有效的推荐内容。目前,已有诸多知名人士(如吴晓波、梁文道、周鸿祎、鹦鹉史航、梁鸿等)和来自不同领域的机构(如书店、公众号、阅读社群、读书会、出版社等)入驻网易蜗牛读书,成为领读人。网易蜗牛读书也非常重视普通书友发表的书评。网易蜗牛读书 App 中设有"写书评"的功能,每个普通阅读者都能写书评,并公开发表,如果内容被大家认可、喜欢,普通读者也可以成为领读人。网易蜗牛读书的若干得力措施,使其成为移动阅读类 App 中的一匹黑马和差异化竞争的代表。

3 数据库出版

本章论述的数据库专指内容数据库，它是重要的数字出版物，主要针对学术市场(STM市场、专业市场)。数据库出版是历史悠久、极具生命力的数字出版模式。甚至可以说，在数字出版的概念产生之前就已经有了数据库出版的实践。本章的讨论涉及数据库出版的方方面面，其中诸如标引、信息检索内容的应用并不仅仅局限于数据库出版，而是数字出版的通用知识。

3.1 数据库出版概述

3.1.1 数据库的定义

关于数据库的定义，可谓众说纷纭，从不同的角度可做出不同的阐释。这些定义又可进一步分为狭义和广义两种。无论是狭义还是广义的定义，都揭示了数据库某一方面的特征，能够帮助我们更好地理解和认识数据库。

狭义的数据库定义是从计算机科学的角度做出的解释。王亚平在其主编的《数据库系统工程师教程》中，对数据库做了定义：数据库是指长期存储在计算机内的、有组织的、可共享的数据的集合。数据库中的数据按一定的数学模型组织、描述和存储，具有较小的冗余度、较高的数据独立性和扩展性，并可为各种用户共享。[①]

J. Martin 为数据库下了一个比较全面的定义：数据库是存储在一起的相关数据的集合，这些数据是结构化的，无有害的或不必要的冗余，并为多种应用服务；数据的存储独立于使用它的程序；对数据库插入新数据、修改和检索原有数据，均能按一种公用的和可控制的方式进行。当某个系统中存在结构上完全分

---

① 王亚平.数据库系统工程师教程[M].北京：清华大学出版社，2004：365.

开的若干个数据库时,则该系统包含一个"数据库集合"。①

其他一些从计算机科学角度阐释的定义在此不再赘述。虽描述各有特色,但其实质是一样的,那就是:①数据库是一个有穷的集合体。②数据之间有较复杂的逻辑关系。数据库不仅存储数据,而且连同其间的逻辑关系一起存储。③数据库具有数据共享和数据独立等特性。④数据冗余小,可检索。

广义的数据库定义是从社会科学的角度对数据库做出的解释。本书借鉴的是法律意义上的数据库的概念。1992年5月13日,欧盟在《欧盟理事会数据库法律保护指令草案》中第一次从法律意义上定义数据库。该草案第1条第1款规定,数据库是指以电子方式编排、存储和访问的作品或材料,以及数据库的运作所必需的电子材料,例如获取或表达数据的分类词汇汇编、索引或系统等的集合。② 这里的数据库仅指电子数据库。

1996年3月11日,在经过多次修改后,欧洲议会和欧盟理事会颁布了《关于数据库法律保护的指令(96/9/EC)》。其中第1条第2款规定:"'数据库'是指经系统或有序的编排,并可通过电子或其他手段单独加以访问的独立的作品、数据或其他材料的集合。"这是法律上第一次明确提出数据库的概念,其中第1条第1款规定:"本指令涉及任何形式的数据的法律保护。"这表明法律意义上的数据库比技术意义上的范围大了许多,不仅包括电子数据库,还包括传统意义上的非电子数据库,如词典等。

随着计算机技术、互联网技术和通信技术的飞速进步,数据库得到了极大的发展。国外数据库的理论知识和实践成果传入我国,我国数据库建设进展顺利,在各行各业开花结果。国内学者也纷纷联系实际,对数据库进行定义。

杨晋萍认为,"所谓数据库,一般是指文学、艺术、音乐、书目、录音资料、图像、数字、事实、数据或其他形式的作品的数字化汇集,但须特别指出的是,它不包括建立或操作数据库所使用的计算机程序。"③

李敏认为,数据库是指按一个特定目的收集起来的、供一个和几个数据处理系统使用,按一定规则组织存放在计算机存储设备中,以供检索的一大批信息的集合。④

寿步认为,数据库是指"在计算机存储设备上合理存放的相互关联的数据的集合,这些数据按照一定的数据模型组织、存储,并能以最佳的方式,最少的数据

---

① 王伟.数据库的法律保护问题研究[D].重庆:西南财经大学,2010:17.
② Proposal for a Councial Dirctive on the legal protection of databases,Article 1(1).
③ 杨晋萍.话说网络的著作权[J].中国青年科技,1999(11):33-35.
④ 李敏.数据库与知识产权保护[J].现代图书情报技术,1998(5):32-35.

重复,被用户共享使用"。[①]

从我国学者对数据库的定义中可以看出,他们认为数据库仅指电子数据库,而本章研究的也是这种形式的数据库。由此,结合《关于数据库法律保护的指令(96/9/EC)》中的定义解释,笔者认为数据库是指经系统或有序的编排,并可通过电子手段单独获取的独立的作品、数据或其他材料的集合。

值得一提的是,电子数据库和非电子数据库之间的鸿沟并不是不可逾越的。非电子数据库是指用传统的纸介质等非电子形式编排、存储和使用的数据库,例如词典、百科全书、年鉴等。如今,随着扫描仪的广泛应用,非电子数据库很容易被转化为电子数据库。从另一个层面来说,非电子数据库资料可能是制作电子数据库的素材。

3.1.2　数据库的类型

我们按以下的方式来划分数据库。

(1)按照信息层次划分

按照信息层次划分,数据库可分为参考数据库和源数据库。

①参考数据库,指存储一系列描述性信息内容,指引用户到另一信息源获取完整的原始信息的一类数据库,主要包括指南数据库和书目数据库。

指南数据库也称事实型数据库,是指存储有关某些客体,如机构、人物、产品、法律法规、基金、疾病、活动等对象,只做一般性事实描述的数据库。

书目数据库又称二次文献数据库,是指存储目录、题录、文摘等书目线索的数据库,相应的数据库出版物为图书馆目录数据库、题录数据库、文摘数据库等。书目数据库的作用是为用户指出获取原始信息的线索。书目数据库是最早出现的数据库。1961 年,由美国化学文摘服务社利用计算机编制出版的《化学题录》,不仅是最早成型的数据库出版物,也是公认的最早的数字出版物的雏形。

②源数据库,指存储全文、数值、结构式等信息,能直接提供原始信息和具体数据,用户不必再查询其他信息源的数据库,主要包括数值数据库和全文数据库。

数值数据库是指存储以自然数值形式表示的数据或以信息为主的数据库。数据库生产者把数据收集起来,经过加工整理,按一定方式组织起来,利用计算机进行存储和检索,就成了数值数据库。如"EPS 全球统计数据分析平台"就是数值数据库。数值数据库可以提供各类统计数字,如人口统计资料、气象数据、

---

① 寿步.计算机知识产权法[M].上海:上海大学出版社,1999:278.

地质资料、科学技术实验数据、市场调研数据等。数值型数据是人们从文献资料中分析提取出来的，或者是从试验、观测、统计工作中得到的，能够直接加以利用的原始事实性信息。

全文数据库是存储原始信息全文或主要部分的一种源数据库，如图书全文数据库、期刊全文数据库、学位论文全文数据库、会议论文全文数据库、专利全文数据库等，用户按照某种检索条件，使用某一词汇或短语进行检索，便可直接检索出含有这一词汇或短语的原始信息全文。1973年，美国米德数据中心（Mead Data Central，MDC）建成了世界上第一个面向公众查询的大型全文数据库——Lexis 法律全文数据库。此后，全文数据库成为全球文献数据库的重要发展方向，也是目前发展最快的数据库。

（2）按照传统出版物的类型划分

按照传统出版物的类型划分，数据库可以分为图书数据库、期刊数据库和其他类型文献数据库。

①图书数据库，如超星中文电子图书、书生之家数字图书馆和 Apabi 电子教学参考书，它们是我国三大电子图书数据库。

②期刊数据库，如我国的龙源期刊网、中国期刊网、维普资讯中文期刊服务平台、博看期刊网等等。期刊数据库是我国最早诞生的内容数据库之一。中国期刊网现名"中国学术期刊网络出版总库"，是同方知网系列数据库中最重要的产品。

③其他类型文献数据库，其他类型的文献主要有报纸、学位论文、会议论文、标准文献、专利、法规、地方志、科技报告等。这些文献有单一的数据库，但它们常常存在于诸如"中国知网"和"万方数据"这样的综合性平台中。如中国知网有著名的"中国博士学位论文全文数据库"和"中国优秀硕士学位论文全文数据库"，这两个数据库是我国博士生和硕士生攻读学位的重要学习工具。万方数据和中国知网也都有会议文献数据库、专利文献数据库、标准文献数据库等等。

（3）按照信息表达方式划分

按照信息表达方式，数据库可分为文本数据库、图片数据库、视频数据库、多媒体数据库等。上述数据库都是文本数据库，视频数据库有"超星学术视频"，声频数据库如"盛大有声数字图书馆"，等等。多媒体数据库产品逐渐受到重视，是较好的学习资料，如我国的"新东方多媒体学习库"。

其他特定类型的数据库还有特色文献数据库、专题数据库、古籍数据库等。

3.1.3　数据库出版的概念

什么是数据库出版？数据库出版是指运用数据库技术,集成零散的作品或其他内容材料,经过系统有序的编排而形成数据库产品,依靠网络进行传播,并通过阅读终端阅读或视听的出版活动。数据库之所以与出版挂上钩,是因为以下几个因素:一是数据库出版的产品是数据库本身,它是一种内容产品,其资源多来自出版商;二是数据库采用类似图书的发行和售卖方式;三是数据库出版商较多是由传统出版商转型而来;四是尽管技术性强,但数据库仍然需要编辑加工,这些编辑加工活动与传统出版物的编辑加工过程有类似之处。总而言之,数据库出版的基础之一是传统出版,表面上它是"技术活",实则生产原理与传统出版原理相通。更准确地说,数据库出版是数字出版活动之一。

3.1.4　数据库出版的特征

(1)数据库出版是一种集成式出版

首先,集成式出版的表现之一是产品拥有海量的内容。如中国知网,截至2018年12月,中国知网累计整合国内外期刊文献2亿多篇、题录3亿多条、统计数据2.6亿条、知识条目10亿条、图片5000万张,日更新数据达24万条,内容覆盖理工农医、哲学、人文社会科学等各个领域。又如爱思唯尔的ScienceDirect数据库收录的期刊超过2500份,后来更是耗资4000万美元启动Scopus项目,将所有收录的期刊都回溯到创刊年。

其次,数据库的内容是有机统一的。数据库中的每一个词条、每一篇文章、每一份数据都是可以单独下载或在线阅读的;也可以对数据库中的内容或数据进行添加或删除的操作,但不影响数据库中存储的其他内容或数据。同时,组成数据库的材料之间也有着某种相关性。因为数据库并非是内容杂乱无序的集合,而是根据一定的目的和要求,按照一定方式,经过系统筛选、编排而形成的有机统一体。

(2)检索功能强,信息挖掘程度深

可检索是数据库相对于纸质出版物的优势所在。尽管一些大型数据库内容庞杂、层次繁多,用户的检索目的和角度也不同,但是数据库能够通过多种检索方式,如初级检索、高级检索和专业检索,提供不同的检索字段,如主题、关键词、著者、期刊等,以满足不同用户的需求。近年来,随着数据挖掘、人工智能、数据推送等新技术的发展,数据库还可以推测读者感兴趣的信息,进而有针对性地推送给相应读者,实现智能检索。

同时,借助数据仓库等技术,数据库产品还能进一步揭示文章间的相互关系。例如,期刊文章之间可能存在多种相关性,或是出自同一本期刊,或是同一作者写就,或是采用了相同的关键词,或是引用了同一篇文章,又或是被同一篇文章引用等。数据库系统本身能够深入地挖掘出这些文章间的各种可能的联系。

以 SCI(*Science Citation Index*,《科学引文索引》)为例,SCI 原本只是一种强大的文献检索工具。它打破以往数据库按主题或分类途径检索文献的常规做法,设置了独特的"引文索引",即将一篇文献作为检索词,通过收录其所引用的参考文献(即"越查越旧")和跟踪其发表后被引用的情况(即"越查越新")来掌握该研究课题的来龙去脉,从而迅速发现与其相关的研究文献。"越查越旧,越查越新,越查越深"是 SCI 当初建立的宗旨。[①] 中国知网(CNKI)推出的"知网节"服务,从某种程度上可以看作对 SCI 这种检索模式的一种学习和模仿。

(3)数据库销售以 B2B 模式为主

数据库的销售对象是团体用户,主要是图书馆、科研机构、政府机关、公司企业等。图书馆为建设资源和充分利用资源,会组成图书馆联盟。特别值得一提的是,我国部分高等学校图书馆组成的联盟——中国高等教育文献保障系统(China Academic Library & Information System,CALIS),在购买数据库产品时具有很强的议价能力。在面对国外爱思唯尔等数据库出版巨头的涨价风波时,CALIS 发挥了协商和沟通作用。随着团体用户市场竞争越来越激烈,市场趋于饱和,数据库出版商开始重视个人用户这一"长尾"市场,个人用户的比重呈现逐步增长的趋势。但是团体用户,特别是高校图书馆、科学院系统图书馆和大型公共图书馆的购买资金稳定,购买力较强,仍然是购买数据库的主力军。

(4)编辑修订方便

首先,数据库出版不必等所有的资料都齐全后才开始出版活动,可以边采集资料边出版发行,这极大地促进了知识的积累和传承。其次,数据库修订也比较快捷,免去了传统出版修订的冗长环节。在数据库出版中,排版是由系统自动完成的,而且可以实现对一些错误数据的整体替换和修改,大大提高了工作效率。再者,可方便地添加或删除数据库条目。数据库的基本组成单位是一个个词条,这些词条都是独立的,可以单独访问。数据库出版者可以对某一数据条目进行添加或删除,且不会影响数据库中存储的其他数据。最后,在互联网时代,只要有相应的终端设备,数据库出版者可以随时随地对数据库进行各项更新、修改的操作。

---

① 徐菊. 商业性文献数据库的营销策略研究[D]. 上海:华东师范大学,2008:23.

（5）具有较强的文化保存与传播功能

数据库是保护文化遗产、促进文化传播最直接、最有效的手段之一，成功的数据库出版对人类知识的积累和传承起着非常重要的作用。数据库可以通过文字、图片、声音、视频等多种形式，对文化遗产进行全面和系统的记录。特别是在一些非物质文化遗产的保护问题上，构建数据库已经成为非物质文化遗产保护工作的重要环节，也是迅速了解、掌握各地非物质文化遗产资源情况的重要方式和途径。

以我国正在建设的"中国语言资源有声数据库"为例，这是在国家语言文字工作委员会主持下正在开展的一项工程，该工程的目标是将中国各县域的语言（包括地方方言和地方普通话）记录下来，永久保存。随着普通话的推广和普及，以及使用方言的老一辈的离去，以后很多地方方言和地方普通话可能将不复存在，而数据库能够将这些语言文化很好地记录和保存下来，供后代学习和研究。再比如说现在很多地方都在建设的地方文献数据库就是反映某一地区的政治沿革、经济发展、文化源流、风俗民情等的出版物。做好地方文献工作，对建设有特色的图书馆和保护当地的文化遗产具有极其重要的意义。

3.2 数据库出版发展历程

按照产业发展特点来划分，数据库出版的发展历程大致可以划分为三个阶段，即数据库出版产业形成阶段（1951—1980 年）、数据库出版产业成长阶段（1980—1995 年）和数据库出版产业成熟阶段（1995 年至今）。

3.2.1 数据库出版产业形成阶段（1951—1980 年）

（1）形成阶段发展概述

1951 年，美国麻省理工学院的 P. R. Bagley 利用该校的旋风（Whirlwind）计算机检索代码对文摘进行的可行性研究，被视为数字出版的萌芽。[①]

1954 年，美国国防部研究所海军兵器中心研制了基于 IBM701 计算机的信息检索系统，将计算机首次用于批式检索。[②]

---

① 谢新洲.数字出版技术[M].北京:北京大学出版社,2002:9.
② 张文毅.关于数据库发展史的回顾与思考[J].图书与情报,1989(3):47-50.

1959 年,美国匹兹堡大学卫生法律中心建立了全文法律信息检索系统。①以上事件都是对数据库出版的有益尝试,为 20 世纪 60 年代数据库发挥出其真正的实用价值奠定了基础。进入 60 年代后,按字母顺序排列的以磁存储器为载体的书目数据库登场。

1961 年,美国化学文摘服务社(CAS)利用计算机编制了《化学题录》,这是公认的数字出版物的雏形,也是最早的数据库产品。《化学题录》属于数据库中的书目数据库。

1964 年,美国国家医学图书馆(NLM)正式对外发行了知名的《医学文摘》数据库磁带 MEDLARS,并使用该系统进行医学文献的批式检索。② 这是早期比较有代表性的数据库出版物。而 MEDLARS 系统是美国国家医学图书馆自 1960 年就着手设计的。

1965 年,美国化学文摘服务社首先出版了磁带形式的《化学与生物领域》(CBAC)。③ 同年,美国国家科学基金会、国家卫生协会和国防部联合建立了 CAS 化学注册系统数据库。

1967 年,美国生物科学情报服务社设立了磁带版发行机构。

1969 年,美国工程信息公司也建立了同样的机构,《工程索引》(EI)被制作成机读数据库。同年,美国国会图书馆发行了 MARC 书目磁带。④

1971 年,美国国家航空航天局(NASA)实验室使用修改过的软件在纽约州的医学图书馆对 MEDLARS 数据库实现了最早的联机检索。也是在这一年,美国国家医学图书馆生产的联机系统 MEDLINE 投入运行。

1972 年,始建于 1966 年的洛克希德公司开始运用其生产的历史最悠久的联机信息服务系统——DIALOG,为多家数据库生产者提供 DIALOG 服务,步入了商业性运营的轨道。截至 1974 年,洛克希德服务的数据库生产者达到了 18 个。⑤ 也是在 1972 年,系统开发公司(System Development Company,SDC)旗下的 ORBIT 检索服务社也将其开发的 ORBIT 系统投入商业性运营。ORBIT 检索服务社于 1965 年建立,ORBIT 系统逐渐演变成后来的 ORBIT 数据库。

1973 年,米德数据中心开发出了 Lexis 法律全文数据库,提供给法律界使用。这是最早的全文数据库。

---

① 徐丽芳. 数字出版:概念与形态[J]. 出版发行研究,2005(7):5-12.

② 刘冬亮. 我国数据库产业发展与战略研究[D]. 长春:东北师范大学,2009.

③ 徐菊. 商业性文献数据库的营销策略研究[D]. 上海:华东师范大学,2008.

④ 同①。

⑤ 同①。

总之,在 20 世纪 60 年代后期到 70 年代,欧美发达国家的数据库出版产业获得了快速发展,许多具有重要参考价值的学科目录和文摘数据库问世。

(2)形成阶段的主要特点

①数据库生产者主要是政府机构。首先,纵观 20 世纪 80 年代以前各国不同数据库生产者所占的比例,均是以政府机构为主。政府机构自身拥有内容,同时将内容组织、加工,形成数据库产品,向一些团体用户出版。其次,非营利性组织也参与了这一阶段的数据库出版活动。它们以图书馆、学会及大学里面的机构为主,如美国国家医学图书馆、美国国会图书馆、匹兹堡大学卫生法律中心等。少数的营利性组织如美国化学文摘服务社、工程信息公司、生物科学情报服务社等,开始生产、出版和发行数据库。

②美国数据库产业发展遥遥领先于其他国家。美国在各种科学技术方面及综合国力方面位居全球第一,这为其发展数据库产业创造了良好的条件。20 世纪 70 年代起,英国、法国、德国等欧洲国家也开始意识到数据库在数据存储、处理信息资源方面的强大功能,政府部门开始作为主导者和投资者进行数据库的生产。数据库生产和联机检索在这些国家也迅速发展起来。但由于起步本就晚于美国,再加上经济、科学、技术等各方面实力弱于美国,故这些国家的数据库产业发展水平与美国差距明显。

③数据库产品不成熟。形成阶段数据库产品主要以磁带、磁盘为载体。此外,还呈现出以下特点:

a.数据库数量少、规模小、主题有限。以美国为例,美国杰奇门(Gechman)参考许多资料后,分析得出了以下结论:1969 年,美国书目和非书目数据库的总数为 25 个,1970 年在 50~100 个之间。虽然在 20 世纪 70 年代投入生产数据库的政府机构增多,数据库数量迅速增加,可到 1975 年,其总数也只有 301 个而已。1975—1980 年,数据库数量超过了 600 个。① 总之,这一时期的数据库数量仅以百个为单位。数据库的主题也很局限。美国早期数据库的生产者是美国国防部、美国国家航空航天局等政府机构或者部门,它们投资和生产数据库的目的是存储科学研究中日益庞大和复杂的数据,帮助科研人员更快地进行运算、做出决策,进而促进国防技术和航天技术的发展。早期数据库的生产者及其生产目的,决定了数据库主题的局限性。

b.数据库类型单一,以书目数据库为主。早期的数据库受到计算机技术和通信技术的限制,只能提供简单的枯燥死板的文字信息,并且多是文摘和书目信息,即以二次文献数据库为主。如美国化学文摘服务社利用计算机编制的磁带

---

① 徐菊.商业性文献数据库的营销策略研究[D].上海:华东师范大学,2008:19.

数据库《化学题录》和《化学与生物领域》(CBAC),工程信息公司出版发行的《工程索引》(EI)数据库,美国国会图书馆发行的 MARC 磁带数据库,都是书目数据库。虽然米德数据中心开发出了 Lexis 法律全文数据库,但这一阶段全文数据库的类型还是比较单一的。

c. 数据库检索功能薄弱。该阶段经历了批式检索和联机检索两个阶段。批式检索又称脱机检索,是指用户将检索要求送往检索中心,由专职操作计算机的人员进行检索,然后将检索结果返回给用户的一种检索方式。这是当时在磁带上进行信息检索的唯一方法。在这种检索方式中,用户与系统缺乏直接交流,检索要求表达不清,导致最终的检索质量受影响。联机检索是指用户使用终端设备,通过通信网络或线路,在联机检索中心的数据库中直接进行检索并获得信息的过程。在这种检索方式中,用户通过通信网络与相关信息检索系统的终端计算机直接连线进行"人机对话",能较好地表达检索需求,从而提高了查全率和查准率。联机检索相对于批式检索来说是一种进步,但联机检索仍然比较麻烦,需要使用特定的命令,且检索者需要接受专门的培训。

3.2.2　数据库出版产业成长阶段(1980—1995 年)

进入 20 世纪 80 年代之后,美国的数据库产业突飞猛进,高速发展。由于更多的商业性机构和公司纷纷投资和生产数据库,使得市场竞争日趋激烈。仅1980—1984 年期间,数据库总量就增加了 3 倍,由 20 世纪 80 年代初的 600 个一跃超过了 2400 个。成长阶段的大致时间范围为 1980—1995 年。

(1)成长阶段发展概述

1980 年,米德数据中心继 1973 年推出 Lexis 法律全文数据库后,又生产了Nexis 数据库,在全球范围内为企业提供商业和法律全文信息服务,米德数据中心借以取得了巨大的成功。紧随其后,医学、文学、化学、新闻、专利等领域也都推出了各种全文数据库。

1982 年,美国书目检索服务公司(Bibliographic Retrieval Services,Inc.,BRS)开发出名为 BRS/SEARCH 的检索包,为用户提供了一套简便的指令系统。该公司成立于 1976 年,总部位于纽约。它最初提供医学数据库信息服务,以后逐步提供专业性数据库检索服务。发展到 1986 年 2 月,BRS 拥有公用数据库 110 个,私人数据库 40 个,信息存储量达 5000 万篇,其中包括不少全文记录。①

---

① 龚国伟.BRS 公司及其联机检索系统简介[J].情报科学,1987(5):80-84.

随后,数据库技术一直处于前列的两个服务机构——DIALOG 和 BRS 均建立了面向卫星通信网络终端用户、可使用个人计算机采用简单提问语言查找大众化数据库的服务机构。①

这一阶段,数据库产业也日益为社会所承认。美国情报科学学会杂志于1980 年刊登了《展望》这一论述科技联机系统论文丛书中的文章。《科学》杂志也发表了以电子数据库为主题的长篇论文。②

1983 年,日本的索尼公司和荷兰的飞利浦公司联合生产出世界上第一张只读光盘。存储技术的发展,使数据库出版实现了又一次的跳跃。光盘凭借着存储容量大、体积小、要求设备简单、易于操作、使用方便、检索费用低等诸多优点,很快被运用到数据库出版中,成为数据库产品的新载体。加上这一阶段计算机的普及,光盘数据库凭借成本低廉、检索便捷等优势吸引了更多的使用者,也使得数据库产业化、商业化成为可能。

光盘数据库从问世到 20 世纪 90 年代中期,在文献信息检索中一直发挥着举足轻重的作用。SCI CDE、EI Compendex、DAO、CA on CD、INSPEC 等是这一阶段最具代表性的数据库。③

(2)成长阶段的主要特点

数据库出版产业成长阶段的主要特点体现在以下几个方面:

①数据库的生产由营利性组织领跑。20 世纪 80 年代以来,数据库生产者中,商业性公司所占的比例越来越高,逐步领跑数据库出版产业。虽然政府数据库所占比例逐渐下降,但商业数据库的迅速增长是建立在政府数据库基础之上的。换言之,政府数据库促进了商业数据库的繁荣发展。

②美国垄断的局面被打破。20 世纪 80 年代,英、法、德等国家逐渐认识到数据库产业作为信息产业的组成部分的重要性,纷纷建立自己的数据库产业。在欧洲诸多国家中,法国推行独立自主方针的表现最为坚决。法国生产数据库的机构超过 100 个,其中 58% 为政府机构。法国共有情报中心 15 个,QUESTEL中心和 G. CAM 中心是其中最重要的两个,各拥有数据库三四十个之多。亚洲国家中做得比较好的则是日本。截至 1985 年,日本拥有的 1290 个数据库中,1/6 为本国生产。并且从 1986 年起,日本政府还向制作数据库的民间企业在资金方面提供财政支持,以促进数据库产业的发展。④

① 张文毅.关于数据库发展史的回顾与思考[J].图书与情报,1989(3):47-50.
② 同①.
③ 林佳,杨毅.文摘索引型数据库检索系统的现状与发展趋势[J].图书情报工作,2003(10):68-73.
④ 张文毅.关于数据库发展史的回顾与思考[J].图书与情报,1989(3):47-50.

③数据库产品在这一阶段变化显著。从载体来看,光盘数据库在这一阶段占主导地位,磁盘数据库少量存在。此外,数据库产品的其他特点如下:

a. 数据库数量激增、容量扩大。以美国为例,Kathleen Young Marcaccio 在其专著《计算机可读数据库:一份目录与数据资料书》(*Computer-Readable Database:a directory and data sourcebook*)中提供了 1975—1990 年间美国数据库的增长情况,如表 3-1 所示。

表 3-1　　　　　　　　　**1975—1990 年美国数据库数量统计**

年份	1975	1977	1979	1985	1988	1989	1990
数据库数量/个	177	208	259	2016	2696	3338	3982

从表 3-1 我们可以看到,从 1979 年到 1988 年,数据库的数量增加了九倍多。1990 年,数据库产量达到了近 4000 个,超过世界数据库总量的 60%。[①]

这一时期,随着数据仓库技术应用于数据库,容量在几百个吉字节以上的超级数据库出现了。[②] 表 3-2 是美国 1975—2000 年间数据库记录条数。从中可以看出,20 世纪 70 年代数据库的记录条数还只是以千万计;到 80 年代则以十亿计;90 年代时,则是以百亿计了。

表 3-2　　　　　　　　　**1975—2000 年美国数据库记录条数统计**[③]

年份	1975	1985	1996	1997	1998	1999	2000
记录条数/亿条	0.52	16.8	108	110.3	120	128.6	152.5

b. 数据库类型多样化,数据库主题延伸。有关数据显示,1990 年,图像、图形数据库的数量比 1988 年增加了 47 倍。[④] 同时,声音型数据库从 1988 年的 1 种增加到 1995 年的 300 种。[⑤] 文献数据库的比重仍然是最大的,其中,以 1980 年米德数据中心的 Nexis 为开端,文献数据库的重要类型之一的全文数据库在各种文字型数据库中异军突起。据统计,1985 年,全文数据库所占比例只有 28%,而到 1995 年时,其在文字型数据库中所占比例达到了 50%。书目数据库的比例则从 1985 年的 57% 下降了 33 百分点,只占 24%。[⑥] 数据库的主题也大范围延伸,这一阶段的数据库几乎涉及每一个主要领域及成百上千个细分领域,

① 谢新洲,一凡.欧美数据库产业的发展现状[J].情报学报,1997(6):34-42.

② 同①。

③ 表中数据参见 Gale Directory of Databases,Detroit,Gale Co.,2002.

④ 董小英.国际数据库产业发展:历史与现实[J].计算机世界,1991(3):15.

⑤ 同④。

⑥ 谢新洲,一凡.欧美数据库产业的发展现状[J].情报学报,1997(6):34-42.

如商业、经济、金融、文学,乃至音乐、电影、饮食等。

除了上述特点以外,数据库检索功能增强,服务模式也有所突破。这一阶段,数据库出版商开始推出了一些个性化的服务,如定题服务、文件索引服务、联机订购服务、存储服务等。但从整体来看,数据库出版商提供的仍然是简单的文献查询和传输服务。另外,光盘数据库仍然是一种过渡产品,有待发展。

总的来说,这一阶段,由于政府积极引导、合理调控,以及个人计算机的普及和光盘的出现,数据库出版赢得了广泛的用户,使得数据库产业全面商业化与市场化成为可能;关于数据库保护的法律也越来越多,并出现了专门针对数据库的数据库保护法。

3.2.3 数据库出版产业成熟阶段(1995 年至今)

兴起于 20 世纪 90 年代的互联网给数据库产业注入了新的活力。数据库与互联网结合后,信息内容变得广阔而深刻,并能实现及时更新和全天候传播,数据库的优势在互联网时代极大地体现出来。从 1995 年开始,数据库出版产业借助互联网的发展走向成熟。

(1)成熟阶段发展概述

1993 年是世界信息资源开发史上具有重要意义的一年。这一年的 9 月 15 日,美国克林顿政府率先颁布了"国家信息基础结构:行动计划"(即 NII 计划),其主要内容为以互联网为雏形建设"信息高速公路"。这是美国在全面步入信息化社会之际实施的一项长远的、具有划时代意义的重大战略决策。在这一信息资源开发战略中,一项重要的内容为重点建设数据库资源,促进网络信息资源的开发和利用。

到 1999 年,美国在册的数据库已有 3 万多个,且数据库的规模大,容量大,功能齐全,更新速度快,商业化程度极高。[①]

紧随其后,英、法等欧洲国家和以日本为首的亚洲国家也提出了类似的政策,鼓励在本国建立"信息高速公路"。

1990—2000 年前后是网络数据库逐渐增加的时期,前期光盘数据库仍然具有优势地位,后期网络数据库表现出了强劲的增长势头。尤其是 2000 年前后,我国互联网和个人计算机呈现普及之势,通过 B2B 模式,即图书馆出资购买,供图书馆用户查阅,使求知者便捷地接触各种数据库。这一时期,数据库出版趋于稳定,成为数字出版中最成熟的商业模式。

---

① 范晓虹.新时期美国政府的信息资源开发战略[J].中国信息导报,1999(3):15-17.

（2）成熟阶段的主要特点

这一阶段，完善的风险投资机制为数据库出版的发展提供了良好的环境和充足的资金；传输媒体技术、存储媒体技术、感觉媒体技术、表示媒体技术、显示媒体技术等数字出版技术及检索技术等全面发展，加之各项技术标准逐渐统一，加快了数据库出版产业做大、做强的进程；同时，互联网时代侵权泛滥，为保护数据库出版商和作者的权益，相应的法律制度也应建立起来。

从内容提供商与集成商方面来看，数据库出版产业成熟阶段内容提供商更为丰富。营利性组织中，拥有内容资源的众多传统出版机构积极参与进来；非营利性组织中，学术团体和图书馆的表现突出。这一阶段还诞生了专业性的集成商，不仅集成独立的内容产品，还集成数据库产品；拥有原始内容资源的组织和机构参与数据库出版，使得内容提供商与集成商的界限逐渐消失，走向融合。也正是在这一阶段，涌现出不少国际性数据库出版商巨头，它们引领了这场变革。数据库出版商之间虽有合作，但竞争十分激烈。为了在新一轮的洗牌中胜出，数据库出版商尝试了优先数字出版、开放获取等新型出版模式。

从产品和服务方面来看，网络数据库逐渐取代光盘数据库成为主流；数据库出版商由提供文献服务转向提供更高层次的知识服务。同时，数据库的结构和功能大大优化，服务方式更为多样。

从终端和用户方面来看，由于移动通信技术的发展和多种便携式终端的出现，数据库也实现了移动阅读。数据库移动阅读也是未来数据库出版产业发展的又一重要趋势。多种便携式终端的出现，加上电子商务走进大众的生活和数据库出版商对个人用户的重视，这一阶段的个人用户较前一阶段在数量上有了更大增长。

总的来讲，在这一阶段数据库出版产业链成熟，产品及服务呈现多样化和差异化发展态势，市场成熟且一定程度上趋于饱和。

3.3　数据库出版模式分析

结合行业的特点，我们认为数据库出版模式包含以下几个方面的内容：一是产品生产或服务提供的主体，即各种各样的企业，有着各自的定位和价值主张；二是企业的经营内容，即企业必须提供具有竞争力的产品和服务；三是企业必须有明确的服务对象；四是企业必须有合理的收入来源。笔者基于以上归纳总结，构建了图 3-1 所示的数据库出版模式图。

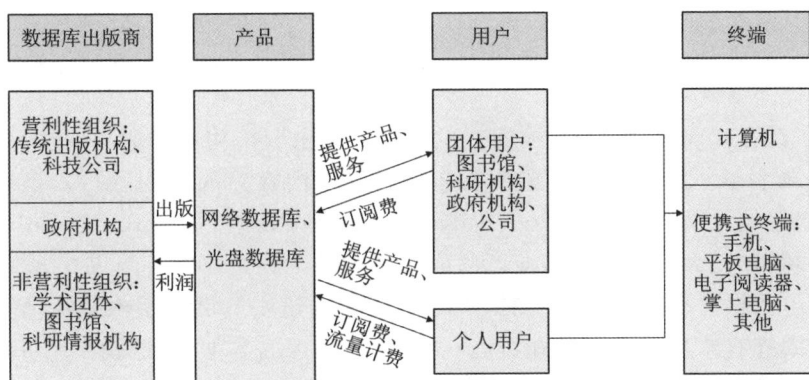

图 3-1 数据库出版模式图

图 3-1 所示的数据库出版模式图中,数据库出版的主体是数据库出版商;产品即数据库和各种服务,服务对象即团体用户或个人用户,合理的收入来源包括团体用户订阅费、个人用户订阅费,以及其他一些盈利,如流量计费等。图 3-1 所示的数据库出版模式图中的各个环节构成比较复杂,以下将逐一对之进行阐述。

3.3.1　数据库出版商

数据库出版商的构成比较复杂。早期数据库生产者以政府机构为主,当时政府机构有实力和需求进行数据库生产。1980—1995 年,数据库生产者中,商业性公司所占的比例越来越高,逐步领跑数据库出版产业,而政府机构和非营利性组织的比例则在下降。这是商业化的数据库出版的成长阶段,众多商家已经意识到这个模式的商业价值。

1995 年以后,数据库出版产业链真正走向成熟,表现在更多的拥有内容资源的传统出版社、期刊社和报社加入内容提供商队伍。非营利性组织中,学术团体和图书馆也有非常突出的表现。例如,美国科学信息研究所(Institute for Scientific Information,后文多直接称其为 ISI)通过其科学网(Web of Science)提供世界三大引文索引——《科学引文索引》(*Sciences Citation Index*,SCI)、《社会科学引文索引》(*Social Sciences Citation Index*,SSCI)和《艺术与人文科学引文索引》(*Arts & Humanities Citation Index*,A&HCI)的检索;[①]又如美国联机计算机图书馆中心(Online Computer Library Center,Inc.,OCLC)旗下的

---

① 徐丽芳.网络科技期刊发行模式研究[J].出版科学,2009(6):79-85.

联机联合目录数据库 WorldCat(the OCLC Union Catalog)上线,这是世界上最大的书目数据库。这些内容提供商的加盟使数据库内容范围扩大,产品日渐丰富。

20 世纪 90 年代末,随着内容提供商中传统出版机构的加盟,一批专业内容集成商诞生了。集成商的主要任务是整合传统内容商的期刊、图书、报纸等资源,将之集成上网,并提供一站式的知识服务,如 EBSCO 的 EBSCO Online 等。国内的超星、北大方正等就是典型的内容集成商。

随着数据库出版产业的发展,国际出版集团纷纷开展数字出版活动。这些出版集团拥有丰富的内容资源,自身能够生产庞大的数据库,这就是图 3-1 中的"数据库出版商",如爱思唯尔就是集内容提供商和内容集成商双重身份于一体的代表。爱思唯尔旗下有多家出版社和期刊社,且资金实力雄厚,技术过硬,所以能够将自身拥有的海量内容资源集成数据库形式。其过刊数字化项目——Scopus,更是将其之前近 200 年内出版的 400 多万篇文章全部电子化。

图 3-1 中,未将内容提供商和内容集成商分割成两个角色,而是将它们统称为数据库出版商,目的是反映二者融合的趋势,方便后文的讨论。

3.3.2 产品

(1)数据库的载体与类型

从数据库的载体和类型方面来看,早期的数据库产品以磁带、磁盘为载体,以书目数据库为主。进入 20 世纪 80 年代以后,世界各国的数据库数量增长速度加快,光盘数据库在这一阶段占主导地位,磁盘数据库少量存在。到了数据库出版产业的成熟阶段,随着互联网的快速发展,网络数据库所占的比例大幅度增加,其他载体形式的数据库产品式微,而全文数据库成为骨干产品,同时书目数据库仍然存在,还有一些数据库混合了全文形式和书目形式。

网络数据库以互联网为信息管理和传输平台,使得数据管理、发布及传输能力得到极大的提高,其优势日益突显:一是数据更新速度快,能够实现周更新,甚至日更新;二是数据量大,一次文献多;三是以网络为平台,理论上能实现全天候服务,可打破时间和地域的限制;四是网络数据库检索界面形象直观,操作简单。

从数据库收录的出版物类型来看,期刊全文数据库是最主要的,其次是报纸和图书数据库,另外如专利文献、会议录、学位论文、工具书、多媒体资料等,这些文献类型都有数据库产品。

(2)数据库内容

数据库内容覆盖面极其广泛,包括综合性数据库、各种专业数据库及特色数据库。EBSCO、施普林格和爱思唯尔，以及我国的CNKI、万方、维普等都是内容覆盖面广泛的综合性数据库，在数据库产业中"挑大梁"。与此同时，数据库产品朝细分化方向发展。专题（主题）数据库是指关于某一特定学科、特定主题或某一专门问题的数据集合的数据库。专题（主题）数据库可以提供专业性、专题性服务。CNKI就包含专题（主题）数据库，如"'三新农'视频库""中国城建数字图书馆"等。特色文献数据库是建库单位根据自身特色文献资源和用户特定需求开发的、有着独特内容的数据库，具有专业学科、区域特征、地方文化、馆藏特色等诸多特点，如存储潮汕地区丰厚的历史文献资源的"潮汕文献数据库"。

3.3.3　服务

数据库产业除了生产数据库产品之外，服务也是重要的附加产品。产品因服务而增值，服务和产品不可分割。重要的服务方式包括"知识服务"和"一站式检索服务"等多样化的服务方式，下面逐一进行阐述。

（1）知识服务

早期（数据库出版产业形成阶段）数据库产品提供的服务为"文献服务"，即简单的文献查询和传输服务。到数据库出版产业的成熟阶段，数据库内容激增，加之数据挖掘、知识库、数据推送、智能代理等技术的推动，数据库出版商开始将自己的角色定位为知识服务商。这一阶段，从服务的角度讲，可以称为知识服务阶段。数据库出版商的主要责任不再是单纯地进行数据的堆积，而是理解用户的目标、想法和工作模式，化解用户的困扰，帮助用户筛选数据，快速、准确地找到有价值的信息，让数据库平台成为提高用户效率的工具、帮助用户节省时间的手段。数据库出版商越来越积极地参与用户知识生产、创新活动，与用户资源管理者（图书馆）合作，共同应对知识服务模式的变革。

知识服务，就是将知识从文章中分离出来，并用来解决用户问题的高级阶段的信息服务。在这种服务模式下，数据库管理和处理的对象不再以文献为单位，而是深入文献包含的知识中，挖掘文献背后众多知识单元之间的联系。

例如，中国知网推出的"知网节"，就是建立在对文献信息的分析、重组基础之上的典型的知识服务。知网节，是指提供单篇文献的详细信息和扩展信息浏览的页面。知网节不仅为研究者展示了节点文献的元数据（摘要、关键词、作者等），还挖掘出节点文献的引证文献、相似文献、相关作者、相关机构、相关检索词、合著作者、研究基金等，以及向研究者推荐节点文献所在研究领域和主题的核心文献，从不同层次揭示知识的演化过程，比较和分析知识的发展脉络。通过知网节，我们可以一目了然地看到文献之间的关系，这有助于我们快速地获取和发现知识。

以关键词检索为例,在普通的文献服务模式下,检索"数据库"一词,结果仅仅为含"数据库"关键词的文章;在知识服务模式下,检索"数据库"一词,结果中不仅包含这些文章,而且能链接到反映节点文献的"来龙去脉"的文献,包括参考文献、二级参考文献、引证文献、二级引证文献、共引文献、同被引文献等。节点文献是指研究者搜索到并打开的那篇文献。参考文献是指作者写节点文献时参考过的文献。二级参考文献是该文参考文献的参考文献。引证文献是指引用该文的文献。二级引证文献是指该文引证文献的引证文献。共引文献是指与该文有相同参考文献的文献。同被引文献则是指与该文同时被作为参考文献引用的文献。

知识服务模式体现了数据库出版商对用户获取信息和使用信息行为模式的准确理解及把握。知识服务的目的是帮助用户在使用信息时做出判断和解决问题,用户需要的不再是庞大的文献资源,或某一篇文献等,而是隐藏在文献中的信息和知识。

知识服务以用户为中心,这使得数据库平台也必须进行一系列的变革,对不同类型、不同来源的信息和文献进行整理与归纳,以便用户从一个知识入口就能获取所有相关知识。

(2)一站式检索服务

一站式检索服务,即将所有数据库产品汇聚在同一个信息平台上,用户在这一个平台上通过统一的检索就能够查找到并且阅读相应的文献,实现数据库信息检索与原文获取的一体化。一站式检索服务使数据库更具开放性、扩展性、动态性与整合性,数据库系统的扩展整合方式更为灵活多样,扩展整合技术更为先进,扩展整合的资源与服务的范围更广。在数据库与纸质资源、数据库与网站资源、二次文献与一次文献、同一开发商的不同数据库间、不同开发商的不同数据库间及图书馆的不同信息服务(数据库检索、馆际互借、原文订购等)之间实现无缝链接将易如反掌。用户通过同一平台即可迅速检索、获取各种不同的信息资源,享用各种信息服务。一言以蔽之,一站式检索服务为用户提供了一个集成化的资源利用环境,化解了信息资源不断增长给用户带来的诸多资源利用方面的困扰。

一站式检索服务的设计理念被数据库开发商广为采用,但实行一站式检索服务的先锋是 DIALOG 公司。该公司最初由美国洛克希德公司(1995 年与马丁·玛丽埃塔公司合并,并更名为洛克希德·马丁公司)所属的一个情报科学实验室建立,建成后获得了巨大的发展。DIALOG 作为世界上规模最大和历史最悠久的联机信息服务系统,自 1972 年开始提供检索服务以来一直称雄于世界信息服务业。DIALOG 系统包含 900 多个联机数据库,收录的数据库来源于世界各国,收录文种主要为英文,收录的数据库类型包括目录型、全文型、数值型、名录指南型等多种类型,收录数据库的主题涉及社会科学、科学技术、知识产权等多个领域。

(3)丰富的个性化服务

数据库出版商定位于知识服务商之后,针对团体用户中的个人使用者或管理成员,以及个人购买用户,提供许多个性化和智能化的服务,主要包含定制服务和存储服务两大类。

定制服务是指用户向系统输入自己的信息需求,然后由系统或人工进行有针对性的搜索,最后定期将有关信息推送给用户。因为定制服务多借助于电子邮箱、RSS(Really Simple Syndication,简易信息聚合)或其他方式进行信息推送,所以也有学者将这类服务称为推送服务或定制推送服务。存储服务是指数据库系统通过一定的技术手段,为用户开辟一定的存储空间,帮助用户保存在操作过程中对自己有用的信息。根据定制和存储的内容,定制服务和存储服务又可细分为多个类别,见表 3-3。

表 3-3　　　　　　　　　　数据库个性化服务方式一览表

服务方式	服务名称	服务内容
定制服务	定题推送	也称专题推送,指根据用户定制的学科、主题、课题等,把相关的最新进展推送给用户
	刊物定制	也称目次推送,指系统定期把用户选定期刊的最新目次发送给用户
	引文提醒	也称引文推送,当数据库中有新文献引用了用户指定的文献时,系统便会通过邮件通知用户
	产品信息通告	也称产品信息推送,指定期向用户发送有关数据库服务和产品的最新消息,如数据库更新信息、新增功能及用户培训资料等
	检索式定制	用户在对检索策略进行保存的同时,可以进行邮件或者 RSS 定制,每当数据库有新增文献时,系统会筛选出与保存检索式匹配的文章发送给用户
	界面定制	用户可以根据自己的习惯、偏爱、关注内容设计个性化界面,包括栏目、布局、显示方式、语言、颜色等
存储服务	检索策略存储	用户可以保存经常使用的检索策略,任何时候,无须重复输入检索式即可执行检索,获取检索结果
	检索结果存储	以 PDF 格式、HTML 链接或导出至文献管理工具的方式将检索结果存储起来
	常用刊物存储	把用户最关注的期刊或图书存储起来,用户可以随时点击题名进行浏览
	操作历史存储	操作历史是用户操作行为的记录,为用户回溯自己的操作过程提供了线索

值得说明的是,MyLibrary 服务系统是图书馆提供以上个性化、智能化服务最常用的方式。如 ISI Web of Knowledge 要求用户注册时填写姓名、密码、邮箱、职称、学科等项目,这些信息很好地支撑了其多样化、个性化服务功能的实现。MyLibrary 服务系统类似于现在的一些电子商务平台推出的个人账户管理平台,如当当网的"我的当当"。

针对团体用户,数据库出版商则推出了"机构图书馆"服务系统。此外,数据库出版商还为团体用户提供数据库的"在线管理"。通过"在线管理",数据库能够为团体用户的管理者提供使用统计报告、事项通知、在线服务热线等服务。在线管理功能是图书馆电子资源建设(是否续订该数据库)的重要参考依据,图书馆通过报表进行馆藏电子信息资源的评价与分析。

(4)开放性和互动性服务

Web2.0 互联网模式提倡交流、分享和自组织。网络数据库正在继承并发扬这种精神,且越来越具有开放性和互动性。以爱思唯尔为例,为了帮助用户实现对学术资源最大限度的挖掘和使用,增强用户与期刊之间的互动和使用黏度,全方位满足用户需求,爱思唯尔围绕高端的内容资源开发了各种数字化产品。爱思唯尔采用了基于最新语义网技术的 Reflect(反映),这项技术可以自动标注论文中的科学术语,集中展示来自多个常规生命科学领域数据库的内容资料。之后,为了增强论文的可视化,提高作者科研探索的成效,使他们与内容的互动更为高效,爱思唯尔还将谷歌地图引入在线期刊库。这些在线解决方案和产品可以有效促进科研人员对内容资源的获取速度和效率,共建学术出版的创新社区。[①]

在我国,开放性和互动性方面做得较好的数据库要数维普数据库。维普社区是维普数据库最具特色的板块,也是其相较于 CNKI 和万方等数据库的一个亮点。用户可以在社区中讨论当前的热点问题,进行学术交流。维普社区还设有问题悬赏栏目,与百度"知道"、新浪"爱问"提供同种性质的服务。回答对了问题,可以兑换一定数额的账户资金,这些资金能够用来购买维普数据库的其他产品。这种方式很好地刺激了用户,提高了他们的参与度。

其他很多数据库在它们提供的个性化服务中也融入了相似理念,如设置收藏共享服务,让有共同研究兴趣的用户分享资源;提供基于标签的收藏管理服务等。

---

① 方卿,王清越.关于数字出版模式的思考(一)——内容资源主导模式[J].中国出版,2011(17):35-37.

（5）信息解决方案服务

由于各种各样的信息越来越多，人们工作时使用资讯的时间也越来越多。特别是对一些专业人员来说，不仅要花时间收集、整理信息，更要花时间分析信息。人们对信息资讯的要求越来越高。过去，用户只要求出版商提供的资讯数据库具有全面、权威的内容，信息的检索获取方便、快捷；现在，他们还会要求信息资讯具有可操作性，能直接帮助他们在工作或者学习中作分析和判断，并为特定的问题提供可能的答案。这也是当今知识服务的一种重要实践形式——提供信息解决方案，这是一种非常高层次的知识服务。目前，爱思唯尔、汤姆森等数据库出版巨头正在往这一方向发展，致力于成为信息解决方案提供商。

以针对医疗的信息解决方案为例，医生看病的工作流程可以分解为阅病历、问症状、下诊断、开处方等步骤。爱思唯尔针对医生的工作流程开发了相应的产品：医生看病时，可以先在爱思唯尔的 EmpoweRx 电子平台提取病人的病历，然后在电脑上输入病人的症状，从 MD Consult 数据库提取有关的诊断信息和参考资料。MD Consult 是爱思唯尔开发的美国最大的临床和诊断信息数据库。医生还可回到 EmpoweRx，连线爱思唯尔的药品数据库，针对症状，EmpoweRx 会列出各种同类药及其副作用，提醒医生哪些是与名牌药有同等效力但价格便宜的普通药。最后，医生再使用爱思唯尔的 First Consult 在线诊疗系统，将处方传到病人所在地的药店。[①]

除此之外，数据库出版商还能将数据库产品嵌入律师、会计师、投资人和风险管理人员的工作流程里去，为他们工作中的多个环节提供信息解决方案。而这些工作人员一旦在工作流程里用了某个数据库出版商的产品和服务，便会被"套"住，再要更换其他公司的产品就十分困难。这种服务方式不受经济形势或图书馆经费的影响，在这个新市场，数据库出版商收入更稳定，盈利率更高。

3.3.4　用户和终端

数据库的用户主要是政府机构、图书馆、资料室、情报所等团体用户，一般由机构用户如图书馆购买，再提供给图书馆的读者使用，多借助计算机阅读。近年来，个人用户数量增长速度较快，一是因为数据库出版商在以图书馆为代表的团体用户市场已趋近饱和的情况下，对个人用户日益重视，在定位为知识服务提供商之后，推出了许多个性化服务，受到了更多个人用户的青睐；二是因为数据库出版商针对个人用户提供多种支付手段，方便了用户付费查阅。

---

① 练小川.专业出版的三个阶段[J].出版参考，2008(24)：36.

另外,还有一个重要原因:2007 年以后,各种便携式移动阅读终端纷纷面世,如专用电子阅读器、平板电脑和手机。针对这一形势,各数据库出版商也推出了适合在这些终端上阅读的内容,如可以在 i-Touch、iPhone 上查询、阅读和购买施普林格数据库的内容,而我国的 CNKI 也于 2012 年推出了手机知网和中国知网手机报。载体的方便性和数据库出版商针对移动应用的推广措施,促进了用户对碎片化时间的利用,从而促使了个人用户数量的增加。

3.3.5 收入模式

在数据库出版产业成熟阶段,收入模式由单一走向多元,既有基于产品的一次销售收入模式,也有基于服务等的二次销售收入模式等。只不过不同性质和背景的数据库出版商在收入模式上会有所偏重。施普林格和爱思唯尔这样的营利性公司会偏重基于产品的一次销售收入模式,这样它们才能获得较高的利润。而非营利性的数据库出版商则会以二、三次销售收入模式为主,如收取广告费、赞助费、论文版面费、审理费等。

(1)一次销售收入模式

数据库出版商针对团体用户和个人用户的收费方式是不一样的。

对于团体用户,主要是收取订阅费,这是一种预付费模式。数据库出版商为团体用户提供包库和镜像两种服务方式。订阅数据库的时长,一般分为半年、一年或者两年,多数团体用户会选择一年期,第二年再续订或者购买数据库出版商新增加的内容,所以也有学者称这种订阅付费形式为年费模式。团体用户的订阅费受订阅的数据库、订阅者规模、订阅时间和同时使用的用户数量(又称并发数)等方面的影响。规模和并发数越大的团体用户,所支付的订阅费当然也越高。在团体用户购买图书数据库时,订阅费除了受订阅时间、订阅者规模的影响外,还会受到"复本数"的影响,有学者将其称为复本数销售模式。"复本数"这一概念本用于纸本图书采购,指购买同一本书的本数,电子书数据库销售沿用了纸本书复本数计算模式。例如,某图书馆购买两个复本,则同一本电子书在同一时间段内只能被两个人借阅,后来的读者只能等待先借者"还回"这本书后才能借阅。图书数据库中的"复本数"概念与期刊数据库中的"并发数"有异曲同工之妙,是对同一时间使用同一文献或同一数据库的人数的限定。

对于个人用户,则有订阅费和流量计费两种收费方式。订阅费在图书数据库和大众期刊类数据库中比较常见,如超星图书就可以提供包月,或者包两个月的订阅服务。龙源期刊网的用户则可以选择订阅某一份期刊一个季度、半年或者一年。

在学术类数据库方面,个人用户一般会选择流量计费模式。流量计费是一种按篇或按页计费的方式。流量计费模式又可分为三种:

一是预付费模式。用户需要注册和登录后再进行支付操作,支付时账户中应有足够的余额,用户可以通过多种方式充值账户。如 CNKI 的个人用户可以通过购买知网卡给账户充值,也可以通过支付宝、财付通、银联、汇付天下、神州行卡充值,或者通过移动(联通、电信)短信充值,还可到邮局或银行汇款。在流量计费的预付费模式中,阅读卡模式是一种单列出来的模式。不同数据库出版商都会推出自己的阅读卡,如 CNKI 的知网卡、维普的维普阅读卡、超星图书的星卡。

二是即时付费模式。用户无须注册和登录,检索到相关文献时,可以通过手机支付单篇文献费用,支付后获得全文提取码就可以方便、快捷地获得文章了。即时付费是随着电子商务的普及、支付手段的多样化才得以实现的。

三是后付费模式。也就是先使用、后付费的模式。如 FirstSearch(OCLC 旗下的数据库产品)下面的一些全文数据库,用户可以选择按月结算方式获得阅读 FirstSearch 文章全文的服务。[①]

最后值得注意的是,由于技术带来的便利性和可能性,数据库出版商允许用户根据自己的需要选择合适的付费方式,如混合付费的方式。同样以 First-Search 为例,用户如果要使用未订阅的数据库,可以选择阅读卡支付的预付费方式或者信用卡付费的即时支付方式。如果某一段时间内会经常使用某一数据库,下载其全文时,就可以选择根据阅读量月结算的后付费方式。

(2)二次销售收入模式

二次销售收入模式是指出售版面费以换取收入的模式。数据库出版商既可以将版面出售给广告主发布广告以获得收入,也可以将版面卖给作者以获得论文版面费或者处理费。

广告收益模式,也称"第三方"赢利模式,即凭借免费的数字内容吸引受众,最终通过网络广告和其他收费的增值服务获得收入。比如我国的 CNKI 和维普都提供广告服务,维普网还特别整理出了适合在自己的平台上发表的广告形式,如期刊征稿广告、教育培训招生广告、会议会展广告、企业品牌推广广告等。而国外数据库出版商的广告收入模式更为健全,有多种广告形式,如网站横幅广告、竖幅广告、关键字赞助、E-mail 直邮广告等。美国生物医学中心一年的广告收入可达上百万美元。

收取版面费和论文处理费的收入模式在开放获取出版模式中更为常见。数

---

① 刘锦宏.网络科技出版模式研究[M].武汉:武汉理工大学出版社,2010:92.

据库出版商在积极尝试开放获取模式,并收购一些开放获取公司之后,也会有一部分收入是来自这种模式。

（3）三次销售收入模式

三次销售收入模式是指数据库出版商利用自身的品牌影响力来获得赞助、开发附加产品以增加销售收入的模式。赞助费是非营利学术团体的主要收入来源。增值或衍生产品收入也有较多案例,如在便携式终端普及、人们养成通过手机等阅读的习惯后,CNKI 于 2012 年推出了知网手机报这一衍生产品。知网手机报的内容很丰富,主要是按学科、专业分类,包括期刊、图书、有声书、课程、工具书、文集、数据透视等产品。如《高效人士的问题解决术》一书售价22.21元。[①]

此外,数据库出版商还可以通过举办会议、培训、展览等活动来增加收入。

3.4　数据库产品的策划

数据库产品的策划主要包括以下三个方面:第一,市场调研;第二,设计数据库产品的结构和功能;第三,优化选题并立项。

3.4.1　市场调研

首先,要了解数据库产品的购买者。数据库产品的购买者主要是机构用户,且以图书馆为主,所以,要了解数据库产品的市场,就得对图书馆系统有更多的了解。图书馆系统如图 3-2 所示。

图书馆系统主要包括五个子系统:公共图书馆、教育系统图书馆、专业系统图书馆、工会系统图书馆、军队系统图书馆。其中,教育系统图书馆又包括高等学校图书馆、中小学图书馆(室)等,专业系统图书馆包括学院及分院图书馆和研究机构图书馆。各类型图书馆有自己的服务宗旨,如高等学校图书馆的宗旨是为科研和教学服务,专业系统图书馆的宗旨是为科研服务。为了满足服务对象的需求,图书馆会投入较大比例的经费购买数据库。以高等学校图书馆为例,全国高等学校近 3000 所,这个数据可以作为数据库产品市场中高等学校图书馆这块蛋糕的总尺寸。

其次,不是所有高等学校图书馆都会购买所有的数据库。各高校会基于自

---

① 见手机知网 App 上《高效人士的问题解决术》页面。价格记录时间为 2022 年 1 月 13 日。

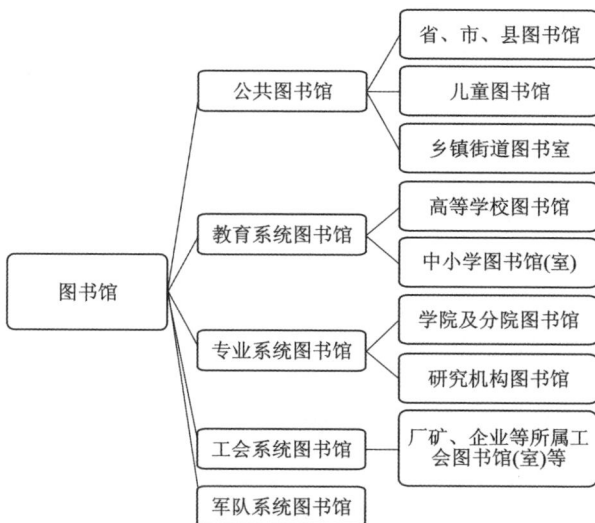

图 3-2　图书馆系统

身特色,有针对性地购买数据库产品。比如,以化学化工为特色的高校的图书馆会注重化学化工数据库产品,重视科研的高校的图书馆会重视拥有权威内容的数据库产品。

再次,图书馆的市场容量有限,用户一般不会重复购买同样类型的数据库。一些不能确定读者是否需要的数据库,图书馆常常采用试用的方式,以下载量大小、读者使用多少为依据来确定是否购买。这种情况下,数据库产品所提供的服务就非常重要。好的信息服务对读者的下载量有促进作用,如中国知网的下载量长期在高校购买的数据库中名列前茅。

最后,要了解同类产品,最好是填补数据库产品的空白,依据策划机构自身拥有的独特资源,做出特色的产品,这样才容易卖给图书馆等机构。例如,人民卫生出版社就利用本社的资源生产了"西医图书数据库"。

如果市场上已经有同类产品,那么,正在策划的产品就应具有比现有产品更先进的服务方式,如此才能获得用户的青睐。否则,在既定规模的市场中,很难打开局面。

3.4.2　设计数据库产品的结构和功能

为了实现数据库的各种功能,数据库必须先建设好内容资源,对内容资源进行规范化描述,参照都柏林元数据计划(DCMI)描述元数据,便于资源的识别,以及检索功能的实现。

然后,开始设计信息服务的方式,包括检索服务、定制服务、存储服务、知识服务等。一些数据库常常设置初级检索、高级检索等不同的服务,以满足用户需求。

数据库还需要设计导航方式,一般是采用分类导航的方式。可根据《中国图书馆分类法(第四版)》对数据库的内容进行分类,或在《中国图书馆分类法(第四版)》的基础上进行一些类目的调整,形成新的分类框架。这些也是在数据库产品策划中应该重点考虑的。

3.4.3　数据库选题的优化和立项

策划好上述内容后,开始选题的论证过程,对产品定位、技术路线、进度计划、产品方案等进行优化,完善产品。

数据库立项后,要对资源进行遴选。根据数据库产品的覆盖范围要求,从多个不同的资源库中遴选内容。对选出的内容进行规范化,让所有的内容结构统一到一个标准上。

3.5　数据库的元数据和内容标引

第2章已经提到了元数据,它是对信息资源进行描述、解释、定位或使信息资源更容易被检索、利用及管理的结构化信息。元数据经常被称作“关于数据的数据”或“关于信息的信息”。文献不同,元数据不同。我国的万方数据库采用都柏林元数据描述内容资源,下面我们以万方数据库中对学位论文的描述为例来解释元数据。

3.5.1　不同类型文献的元数据

万方数据库对学位论文元数据的描述有篇名、文摘、作者、学科专业、授予学位、学位授予单位、导师姓名、学位年度、语种、分类号、关键词等,如图 3-3 所示。万方数据库对期刊论文元数据的描述有篇名、文摘、作者、作者单位、刊名、年卷期号、分类号、关键词等。对会议论文元数据的描述有篇名、文摘、作者、作者单位、母体文献、会议名称、会议时间、会议地点、主办单位、语种、机标分类号、关键词等。

通过对三种不同类型文献的元数据进行分析,我们可以看出,部分元数据是

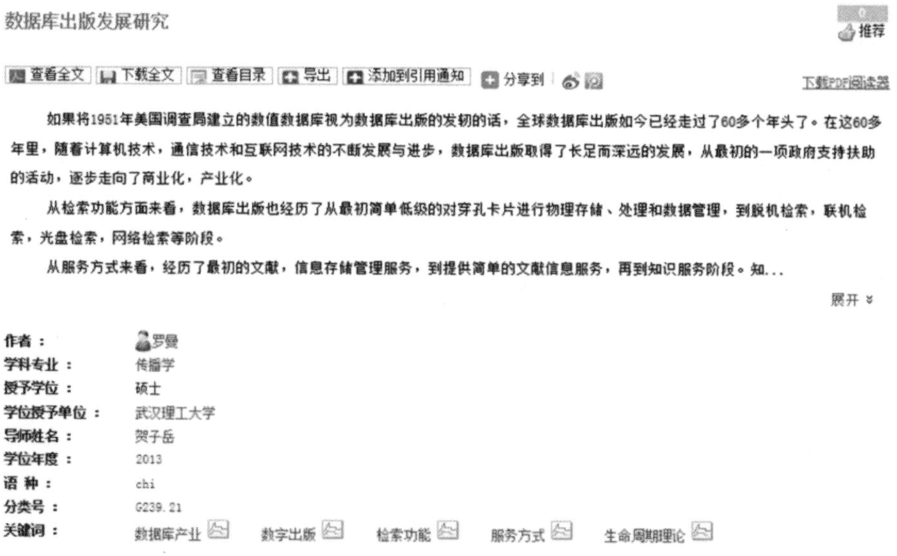

数据库出版发展研究

查看全文　下载全文　查看目录　导出　添加到引用通知　分享到　　　　　　下载PDF阅读器

如果将1951年美国调查局建立的数值数据库视为数据库出版的发轫的话，全球数据库出版如今已经走过了60多个年头了。在这60多年里，随着计算机技术，通信技术和互联网技术的不断发展与进步，数据库出版取得了长足而深远的发展，从最初的一项政府支持扶助的活动，逐步走向了商业化，产业化。

从检索功能方面来看，数据库出版也经历了从最初简单低级的对穿孔卡片进行物理存储、处理和数据管理，到脱机检索，联机检索，光盘检索，网络检索等阶段。

从服务方式来看，经历了最初的文献，信息存储管理服务，到提供简单的文献信息服务，再到知识服务阶段。知…

展开 ˅

作 者：	罗曼
学科专业：	传播学
授予学位：	硕士
学位授予单位：	武汉理工大学
导师姓名：	贺子岳
学位年度：	2013
语 种：	chi
分类号：	G239.21
关键词：	数据库产业　数字出版　检索功能　服务方式　生命周期理论

图 3-3　万方数据库学位论文元数据截图

通用的，如对所有文献类型的描述都必须有篇名、作者、文摘、关键词、语种、分类号等，不同的只是对最能代表文献特征的那一部分的描述。学位论文的特征部分是学科专业、授予学位、导师姓名和学位授予单位，而期刊论文的特征部分则是期刊的名称，文章所在的年、卷、期号等。对于会议文献，其最具特征的部分是会议论文集的名称，会议的名称、时间、地点、主办单位等信息。在描述元数据时，我们必须执行《信息与文献　都柏林核心元数据元素集》（GB/T 25100—2010）。

3.5.2　数字内容标引

标引是检索服务的基础和前提，对内容资源的开发和利用具有重要意义。标引所依据的文献特征以内容特征为主，外部（形式）特征为辅。

标引过程主要包括两个环节：一是主题分析，也就是提炼出文章的主题概念。二是转换标识，即用特定的标识语言表达主题概念，构成检索标识。具体意思是，标引必须规范化，应选用规范化的检索语言作为标引的工具。

3.5.2.1　分类标引

分类标引就是为分类的对象分配一个或多个分类号，以便用户通过分类索引找到这个内容对象。分类标引的第一步是建立分类体系。我国标准的分类体系是《中国图书馆分类法(第四版)》,数据库的建设者可以直接使用这个分类体系,也可以构建自己的分类体系。

确定分类体系以后,还要给每个类目一个分类号,可以使用字母和阿拉伯数字相结合的方法,分类号之间要有跳号,为将来扩充或调整类目预留空间,这样的分类法才能长久使用。

分类必须遵循以下原则:第一,准确和全面。归类不能简单地"顾名思义",应尽量全面。多学科内容要从多个角度分配分类号,便于用户从多个途径找到该内容。比如"数字传播",我们可以从传播学的角度分配一个分类号,也可以从信息科学的角度分配一个分类号。第二,分类号要保持一致。同一主题的分类标引保持一致,不能因标引人员不同而导致结果的不同。第三,分类要适用。分类必须兼顾科学性和实用性,满足机构自身需要的同时也要满足用户的需要。举一个例子来说明实用性,书店可以根据销售情况调整类目的级别。英文读物、教辅图书在《中国图书馆分类法(第四版)》中属于二级类目,但很多书店都把它们列为一级类目,因为这两类书进货量大,销售码洋可观,将其列为一级类目有利于工作的开展。

3.5.2.2 主题标引

主题标引就是将主题词赋予内容对象。它广泛用于数字内容组织,检索的直接性和专指性都很强,与分类标引互补。用来表达内容主题的词语称为主题词(subject)。它通常是自然语言经过人工规范后的词语,也可以是来源于出版物的经过人工选择的关键词(key word)。主题词和关键词是有区别的,仅仅从出版物中选出没有经过规范化处理的词汇叫关键词,经过规范化处理的词语叫主题词。人们在搜索中普遍使用的是关键词,它通常出现在文献的篇名、章节名、摘要和正文中,对表征文献内容具有实质意义。用主题词和关键词表征出版物的做法都叫主题法。

为了规范主题标引时选用的词汇,避免错标,标引人员可以选择《汉语主题词表》或《中国分类主题词表》中的规范主题词,尽量保证标引用词的一致性。比如,如果我们用主题词标引"共享单车",大多数人可能会使用"单车"一词,但"自行车"也是同义词。具体该怎么样标引,就可依据主题词表来确定。一旦选定了主题词,以后这类事物,如小黄车、摩拜单车、哈罗单车等,都要用同样的词汇标引。这就叫主题标引,其目的是将同类事物归于同一主题词之下。

分类标引和主题标引是两种最基本、最常见的信息组织方法,其中,分类标引系统性强,主题标引直观性强。分类标引和主题标引都有跟不上时代发展的可能,所以,常常需要数据库生产者在权威的分类标引和主题标引的框架下进行扩展或调整。

3.6 信息检索服务

数据库服务中还有一项非常重要的内容——信息检索服务。

3.6.1 信息检索的基本方法

信息检索需要用到布尔逻辑(Boolean logic)、字段限制检索(field limiting)、截词检索(truncation/wildcats)、模糊检索(fuzzy search)等方法。

(1)布尔逻辑

布尔逻辑的主要运算符有逻辑与、逻辑或和逻辑非。逻辑与用"and"或者" * "表示,"A and B"表示 A 集合和 B 集合相交的部分为命中文献;逻辑或用"or"或者"+"表示,"A or B"表示 A 集合或者 B 集合都是命中文献;逻辑非用"not"或者"—"表示,"A not B"表示 A 集合减去 B 集合后为命中文献。

下面举例说明三种逻辑关系的运用。为了更清楚地说明检索原理,我们先用英文单词来做检索提问式。假如我们的课题是"陶瓷的烧结",我们可以用"陶瓷"(ceramic)和"烧结"(sintering)两个词汇作为检索词,"陶瓷的烧结"应该使用逻辑与表示为 ceramic and sintering,即命中文献既含有 ceramic,又含有 sintering。这是最初级的检索提问式。但是 ceramic 有同义词和相关词,china(瓷)或 porcelain(瓷),它们也有可能是我们需要的文献,要表示这些词之间的关系,应该用逻辑或,所以检索"陶瓷"文献集合就可以表达为 ceramic or china or porcelain。

检索提问式也就扩展成(ceramic or china or porcelain)and sintering。

用符号表示为(ceramic+china+porcelain) * sintering。

如果我们担心与比较粗糙的"陶"(ware)有关的文献出现在命中文献中,可使用逻辑非减去它们。所以,检索提问式就可这样表示:

$$\{(ceramic+china+porcelain)-ware\} * sintering$$

注意:布尔逻辑的运算顺序是先 not,再 and,然后 or,如果有括号则括号优先。搜索引擎都支持布尔逻辑检索,但表现形式不尽相同。

(2)字段限制检索

在上述案例中,china 是一个很容易让人误解的词汇,如果不对它进行一些限制,就很容易误检索为"中国",这时我们就需要对检索的字段进行限制。字段,是指检索词出现在文献描述的那一部分。在加工一个数据库时,我们事先就已经按元数据的标准设计好各个字段,并进行了规范的标引,所以,按字段检索是可以实现的。常见的字段表示有:AB＝文摘,TI＝篇名,AU＝著者,SU＝主题,KY＝关键词,FT＝全文,CLC＝中图分类号,PY(或 YE)＝出版年,JN＝刊名,DT＝文献类型,LA＝语言,RF＝参考文献。

在上述检索式中加入字段限制,表示如下:

{(TI＝ceramic＋SU＝china＋KY＝porcelain)－SU＝ware} ＊ AB＝sintering

此检索式表示检索主题词字段中含 ceramic、china 和 porcelain 的文献,并在文摘字段中含 sintering。这样就较好地避免了检索出地名属性的 China。同样,检索关键词字段的"长江",就可较大限度地避免检索出人名属性的"潘长江";检索主题词字段的"日照",就可较大程度地避免检索出地名属性的山东省的日照市。

(3)截词检索

截词符号用"?"表示,指同一词根,但前后缀不同的词。例如 sinter?,表示该词可以为 sintering 或 sintered 等情况,问号应跟在词根处。用截词符号,可以免去用户多次输入一个英文单词的不同形式。使用截词符号"?"后,"陶瓷的烧结"这个检索提问式表示为:

{(SU＝ceramic＋SU＝china＋SU＝porcelain)－SU＝ ware} ＊ AB＝sinter?

将上述检索提问式提交到数据库检索对话框中,数据库通过计算后,就可显示出我们需要的文献。值得注意的是,过于短的单词不适合用截词检索。如rat?,可以检索出 rat 和 rats(鼠),但也可以检索出 rate(比率)这样意义完全的不同的词汇。所以,短单词一般用"逻辑或"来表示:rat＋rats。

还要注意,截词检索主要适用于外文文献的检索,中文文献的检索可以用模糊检索来实现。

(4)模糊检索

模糊检索又称概念检索。如搜索引擎的检索结果中,不仅包括精确的内容,还会显示意义相近的词的内容。例如,用百度检索"著作权侵权"一次(图 3-4),就可检索出"著作权的侵权""著作权直接侵权""版权侵权"等关键词。之所以出现这样的结果,是因为百度在数据库的后台词表中将相关词汇进行了关联。

(5)邻近检索

邻近检索是指检索词出现在相邻的位置,又称位置检索。英文中常常用"W"来表示,W 即 with,表达词与词之间必须按顺序排列,但之间可以插入一个空格或者标点。例如,information（W）retrieval,表示的就是 information

图 3-4　百度搜索"著作权侵权"的结果

retrieval 和 information-retrieval。

　　在中文文献检索中,这个功能常常用于诸如"句子检索"中,即两个或两个以上的检索词同时出现在一个句子中,这就是典型的邻近检索的实践。中国知网的检索服务就有这个功能。

3.6.2　"检索服务"的有关知识

　　设置检索服务的时候,常见的检索服务有初级检索、高级检索和专业检索。

　　以中国知网为例,初级检索是指读者简单地在对话框中输入一个检索词,并选择检索字段(又叫"检索项")而进行的检索。这种方式不能同时输入两个及两个以上的检索词,不然命中文献太多,需要读者耗费大量精力进行筛选。图 3-5所示的检索字段有主题、全文、篇名、作者、单位、关键词、摘要、参考文献、中图分类号和文献来源。新版的中国知网还有"篇关摘"等选项。

　　以中国知网为例,图 3-6 为中国知网的高级检索对话框。对话框中的下拉菜单中的"并含"表示逻辑与,"或含"表示逻辑或,"不含"表示逻辑非。读者再填写发表时间、文献来源等检索条件,就能实现高级检索。

图 3-5　中国知网的初级检索

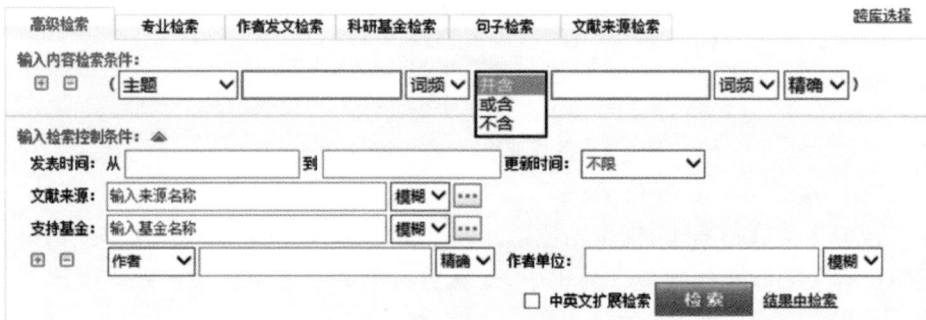

图 3-6　中国知网的高级检索

专业检索是为掌握了信息检索专业知识的用户设计的。如图 3-7 所示，检索时必须填写检索提问式，如"SU＝'北京'＊'奥运' and FT＝'环境保护'"，可以检索出主题包括"北京"及"奥运"并且全文中包含"环境保护"的信息。

图 3-7　中国知网的专业检索

3.7 数据库出版发展中的重要策略

国际性数据库出版商的成功并不是一蹴而就的,在这些公司的发展过程中,下列发展策略值得我们注意。

3.7.1 重组和并购策略

国际性数据库出版商在数据库出版发展过程中诞生,它们引领时代变革,从而使产业走向成熟。而国际性数据库出版商中的相当一部分是传统出版商,它们在新技术条件下,率先实现了从传统媒介向数字出版商的转变。在这个过程中,为整合内容资源、吸收新的技术,传统出版商们采取了并购、重组等策略,这些策略是它们转型成功的重要因素。

以爱思唯尔、施普林格、约翰·威利等传统出版商为例,十余年来,这些公司通过在全世界范围内的并购和重组,使得它们的作者、编辑队伍,以及销售市场,都呈现全球性分布的格局。如 2005 年 1 月,德国的施普林格出版社收购荷兰的克鲁维尔出版社后,通过 Springer-Link 提供网络全文服务。施普林格的这次收购举措,巩固了自己国际出版商的地位。2007 年,美国 ProQuest 与 CSA(*Cambridge Scientific Abstracts*,《剑桥科学文摘》)重新组合成立 ProQuest CSA。

国际性数据库出版商不仅会收购一些小型的历史悠久的出版社、期刊社,还会收购那些原本就极其知名的数据库出版商。如 1999 年,爱思唯尔收购了创建于 1884 年的美国工程信息公司,后者早在 1969 年就生产出《工程索引》机读数据库。爱思唯尔在这一轮的竞争和洗牌中后来居上,成为数据库出版商中的翘楚。

3.7.2 合作策略

合作也是产业发展的重要策略。数据库出版商之间的合作包括两方面:一是数据库出版商将其他数据库产品整合到自身的平台上,二是本数据库产品入驻到其他数据库平台。前者是数据库提供商为了满足用户不断增长的对信息规模和品质的双重要求;后者是数据库提供商为了增加自己的产品与用户的接触机会,保证自己数据库中的资源能够被用户通过不同的渠道轻易地搜寻和获取。

简言之,数据库出版商之间的界限被打破,互相渗透融合。如 DIALOG 不仅提供数据库,还是一个平台,一个数据库超市。其之所以能够成为超市式的平台,得益于与其他数据库出版商的合作,仅靠一家公司是无法生产出数以千计的数据库产品的。加入 DIALOG 平台的其他数据库则增加了自己被检索的概率。也正是出于扩大内容传播范围的考虑,2012 年 6 月,爱思唯尔与 EBSCO Publishing 达成了合作协议,爱思唯尔旗下的 ScienceDirect 数据库入驻 EBSCO Discovery Service™(EDS)服务平台。EBSCO Information Services 与 7.9 万家出版社合作,提供 30 多万种学术资源,是一家提供完整横跨纸本与电子订购使用及管理、研究数据库的供应商。①

为了争夺用户,数据库出版商还与搜索引擎功能强大的公司合作,这种合作也是互联网时代的一种营销方式——拉动式网络营销。数据库出版商通过与以谷歌为代表的搜索引擎公司合作,把终端读者拉到自己的数据库出版平台上来。这种营销方式针对性强,效果好,也不会大量占用和浪费营销资源。例如,2006 年 10 月,施普林格与谷歌建立技术合作关系,用户通过谷歌可以检索到 SpringerLink 2.0 中相关文献资源。2006 年,SpringerLink 2.0 平台的全文下载量比 2004 年增长了 300%,2007 年第一季度全文下载量甚至与 2006 年全年持平。至此,谷歌成为 SpringerLink 最大的访问者来源。②

数据库出版商还与数据挖掘软件公司合作。早前,爱思唯尔旗下数据库 ScienceDirect 整合了 NextBio 独特的基于本体的语意工具及高质量的公共数据,为研究者提供了一个更能提高发现力和生产力的知识平台。2012 年 6 月,爱思唯尔又与全球知名的图书馆自动化软件公司艾利贝斯集团(Ex Libris® Group)达成合作,将艾利贝斯的资源发现与获取系统 Primo Central 应用于爱思唯尔的科技医学全文数据库 SciVerse ScienceDirect 中。③

数据库出版商还直接与用户携手合作,共同举办学术创新活动,成立学术社团组织。通过这种合作,数据库出版商既能使自己的数据库产品更好地融入用户的学习、生活中去,也能更好地理解用户的行为,了解他们的需求,指导自身更好地进行产品和服务设计。

而针对图书馆、研究机构等团体用户,数据库出版商的合作方式比较丰富,如提供数据库与馆藏资源的无缝链接;举办学术研讨会,促进国内外图书馆交流

---

① 周益. 爱思唯尔大力拓展专业数据库内容的传播[EB/OL]. (2011-06-08)[2021-08-05]. http://www.bookdao.com/article/23211/.

② 代杨,俞欣. 施普林格:从传统出版向数字出版跨越的策略分析[J]. 出版发行研究,2008(10):11-14.

③ 同①。

沟通；积极参与图书馆的教学研究项目，并对个案进行科学分析；提供各种统计分析工具（如机构用户成员或学生对某一数据库的使用数据分析报告）、评估工具，为用户在进行科研创新和制定发展决策时提供数据支撑。只有参与用户的科研工作，对科研工作的环节、流程与具体步骤了如指掌，数据库出版商才能根据不同流程的不同需求，提供相应的信息产品与服务。

3.7.3 对内容发布模式的创新

数据库出版商在内容发布方面不断创新出版模式，主要包括以下几方面：

（1）优先数字出版

优先数字出版，也称 On-line First，是指以互联网、手机等数字出版方式提前出版印刷版期刊或图书的内容。《科学》杂志的优先数字出版平台"Science Express"对优先数字出版的定义是：一种在印刷之前选择部分论文进行电子出版的预出版服务。①

期刊的优先数字出版走在图书的前面，因为对于期刊内容来说，时效性更为重要。优先数字出版不仅在学术上具有价值，在经济上也有很大意义。其优势体现在：

①提高了学术研究成果的查询速度和利用效率，解决了学术论文发表的时滞问题。优先数字出版节省了等待期刊版面时间、排版印刷时间、邮发邮寄时间、图书馆编目上架时间，作品一般可以提前半年与读者见面，增强了学术期刊的竞稿能力和影响力。

②开辟了学术期刊个人网络订阅市场，扩大了学术研究成果的影响。优先数字出版的稿件可以被广大读者通过互联网、手机等多种途径订阅、检索、下载，也可以由出版者通过电子邮件和手机短信主动向读者推荐、推送。

③拓展了学术期刊的网络广告市场。由于拓展了用户市场，期刊主办单位可以尝试在网络平台和手机下载平台上投放广告。

④为创办纯电子期刊奠定了基础。出版印刷版学术期刊令期刊成本居高不下，如果优先数字出版模式逐渐为广大读者所接受，那么降低期刊成本、实现主办机构和读者双赢的局面则不远了。

---

① About Science Express[EB/OL]. (2013-06-08)[2021-08-05]. http://www.sciencemag.org/site/feature/express/introduction.xhtml.

⑤编辑发稿方式比较灵活。以 CNKI 优先数字出版平台为例,其既可以出版经编辑定稿的稿件,也可以出版编辑部决定录用但尚未经编辑定稿的稿件;既可以以期为单位出版稿件,也可以以篇为单位出版稿件。

优先数字出版方面的实践成果较多。早在 2010 年上半年,爱思唯尔等数据库出版商就创办了"优先数字出版期刊或图书",出版内容包括录用稿、单篇定稿。爱思唯尔在 ScienceDirect 平台上将优先数字出版命名为"In Press"。

施普林格的期刊优先数字出版项目名为"Online First"。施普林格不仅进行期刊的优先出版,还涉足图书优先数字出版。在进行图书优先数字出版时,施普林格依然坚持其专业化、特色化路线,将电子图书的重点放在 IT 领域。

其他如 Nature 的优先数字出版项目"出版物在线预出版"(Advance Online Publication)、Science 的优先数字出版项目"Express"等。我国的 CNKI,在原国家新闻出版总署的支持下,于 2010 年 10 月正式启动了中国学术期刊优先数字出版,开启了中国学术期刊数字出版的新纪元。中国期刊网是"优先数字出版"的集成性出版平台,它是目前中国优先数字出版项目中最典型的案例。

我国学术期刊印刷出版普遍滞后,电子版期刊都是在纸质版期刊出版之后扫描上传后才进行网络传播,这样不利于期刊自身发展和各行各业的知识创新与应用。为了改变这种落后和被动局面,中国知网学术期刊优先数字出版平台应运而生。

中国知网学术期刊优先数字出版平台提供录用稿出版、单篇定稿出版、整期定稿出版三种优先出版模式。其中,录用稿出版是指在中国知网上出版期刊编辑部正式录用的稿件(此功能暂不开放)。系统提供了采编平台,包括编辑加工和主编审发两个步骤,发行方式有 10 种。中国知网制定符合国际标准的 DOI 著录规范,并为优先数字出版期刊文献标注 DOI,保证优先数字出版期刊文献网络出版时间、出版网址的唯一性,期刊编辑部保证在期刊印刷版上进行相应著录。中国知网还提供编辑部自主出版平台,期刊可以自行独立操作,随时随地进行出版。论文在中国知网学术期刊优先数字出版平台一经出版,国内外用户和读者即可同步在中国知网所提供的多种数字通道获取最新文献。[①] 图 3-8 是中国知网学术期刊优先数字出版平台示意图。

---

① 陈世华,韩翠丽.优先数字出版浅析[J].中国出版,2011(16):55-58.

登录系统

选择出版模式

单篇定稿出版 | 整期定稿出版

单篇转整期 | 整期直接出版

编辑加工

标注单篇定稿稿件检索信息

导入单篇稿件，补充封面目次

导入/新增单篇稿件，标注整期排版页和电子目录

校核单篇定稿稿件检索信息　修订

校核整期定稿稿件检索信息　修订

主编审发

单篇定稿审定 | 整期定稿审定

单篇定稿签发 | 整期定稿签发

实时出版科技论文 | 2日内出版社科论文 | 政治审查 | AMLC检测

数字出版10大通道

各刊数字出版门户 | 中国学术期刊出版总库及光盘网络版 | 中国学术期刊网络出版总库 | 机构数字图书馆 | 个人数字图书馆 | CNKI手机出版平台 | CNKI创新与创新管理服务平台 | CNKI学术搜索 | CNKI系列知识仓库 | 中英文学术文献创新点数据库

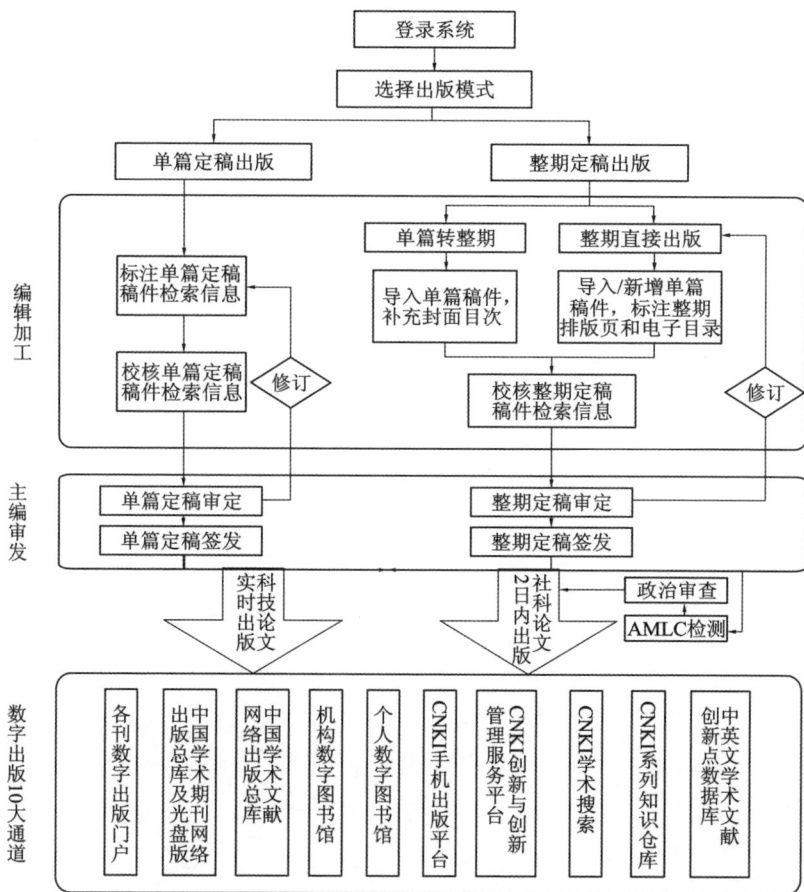

图 3-8　中国知网学术期刊优先数字出版平台示意图①

需要强调的是，优先数字出版期刊有主办单位、编辑单位和出版单位，其出版内容属于正式出版。这是与开放获取模式有所区别的地方。

(2)开放获取出版

施普林格是商业数据库出版商中第一个认可并支持开放获取模式的出版企业。2004 年 7 月，施普林格创建并实施了"开放选择"(Springer Open Choice)的出版模式。② 这一模式一经施普林格提出，就受到世界出版界的关注。Springer

---

① "中国知网"学术期刊优先出版发布系统帮助文档[EB/OL].[2021-08-05]. http://caj. cnki. net/EAPF/help/help. htm.

② 代杨,俞欣. 施普林格:从传统出版向数字出版跨越的策略分析[J]. 出版发行研究,2008(10):11-14.

Open Choice 是对开放获取出版理念的进一步发展。在施普林格的"开放选择"套餐中,作者必须同意该文献开放共享,并支付 3000 美元的出版费用。施普林格对开放获取的文章也坚持严格的同行评议原则和程序。与广义上"开放获取"不一样的是,施普林格推出的"开放选择"并不意味着用户"免费获取"。施普林格拥有其开放获取出版物的完全版权,只允许文章作者将发表的文章放在机构指定的数据库中。而在 2008 年,施普林格为了获取优质的内容资源,也为了巩固自身在开放获取领域的地位,用数倍于并购传统期刊出版社的交易额完成了对 BioMed Central(英国生物医学中心,BMC)的并购。[①]

---

① 王轶帅,陆思霖.国外综合性网络全文数据库的特点及其对图书馆的启示[J].科技情报开发与经济,2009,19(30):5-7.

4 增强型出版物出版

增强型出版物主要针对教育市场、电纸书主要服务的大众市场、数据库出版主要服务的学术市场。早期的增强型出版物是纯数字出版物,随着业界的探索,增强型出版物的形态越来越灵活多样,不但包括增强型的电子书,还有增强型的纸书。

4.1 增强型出版物概述

4.1.1 增强型出版物的概念及特点

4.1.1.1 增强型出版物的概念

增强型电子书(enhanced ebook),也称为多媒体电子书、富媒体电子书、互动电子书等,是指除了文字、图、表等平面静态阅读元素以外,还集成了声音、视频、动画、实时变化模块、交互模块等要素的电子书,是对电子图书内容的重塑和开发。除图书外,还有增强型电子期刊和增强型电子报纸,因此,人们常用"增强型出版物"一词来统称。

增强型出版物不仅仅涉及数字出版物,现阶段已经产生大量增强型纸书,即在纸书上印制二维码,读者通过手机等移动阅读工具扫码,获取附加在纸书上的声音、视频或交互模块等内容。增强型纸书在保持纸质出版物的优势的同时,发挥了数字出版的特长,实现了"视觉+听觉+互动"的阅读体验。增强型纸书是出版融合发展的结果,形成了"纸书+多种媒体+交互等元素"的模式,是一种纸电融合出版产品。

4.1.1.2 增强型出版物的特点

①增强型出版物具有多媒体属性。电纸书以文字和图片元素为主,而增强

型出版物可以集成所有多媒体元素,因此,开发制作增强型出版物是一件复杂的工作。除了传统的内容编辑工作之外,它还要用到多种媒体编辑工具,以便将各种多媒体素材组织起来。

②增强型出版物具有交互性。交互性的体现可以是发生在人与人之间的对话,也可以是发生在人和计算机程序之间的对话。在增强型出版物中嵌入游戏元素,以超文本和超媒体作为互动的入口,能增强用户的参与感,激发用户的兴趣。

③增强型出版物主要应用领域为教育市场,面向儿童群体。一则教育是市场刚需,用户愿意为价格较贵的增强型出版物买单;二则儿童等读者群体对多媒体有所偏爱,增强型出版物趣味性强,更能吸引用户,满足特定需求。并且,教育市场中儿童群体自身也有"视觉+听觉+互动阅读"表达的必要。

④增强型出版物有多重"增强"模式,形式复杂多样,既对电子出版物进行"增强",又对纸书进行数字化赋能。

⑤增强型出版物的版权状况更为复杂。插入的音乐、视频及多媒体效果等,都可能涉及版权问题,因而成本较高。

4.1.2　关于出版融合

当下,出版业面临极大的挑战已是不争的事实。

从外部来看,移动互联网的迅猛发展对传统纸书的冲击是巨大的。首先,受众的信息获取方式发生重大改变。作为传统知识载体的书、报、刊的受众已大量流失,移动智能终端及应用已成为大众日常获取信息、消遣娱乐的主要载体和渠道。其次,知识付费产业兴起,不断蚕食纸书市场。信息技术的成熟与应用革命性地提升了人与信息的连接效率。以喜马拉雅、得到、分答为主的移动内容平台大举开拓音频课程、专业问答、说书等形式的知识付费服务市场,获得大批受众。通过这些平台,大量头部作者、意见领袖选择跳过出版社,直面受众,占据更大市场,赚取更多收益。传统纸书出版周期长、盈利能力弱、作者与读者割裂、形式单一等弊病在对比中被放大,传统纸书在市场竞争中面临更大的挑战。

从内部来看,纸书商业生态呈现不良状态,具体表现在以下几个方面:首先,赊销风险巨大。"赊销"为出版社的主要交易方式,即"卖后结算"。这种交易方式将近乎所有的市场风险都压在出版社一方,长此以往,结款周期越来越长,出版社资金回笼困难,严重影响出版机构良性运转。其次,出版业在恶性竞争的泥潭中越陷越深。面对市场压力,出版商每年不得不依靠增加新品种来寻求利润,导致市场上书的品种不断增加,利润不断摊薄,单品种利润继续下降,书业市场陷入恶性循环的竞争中。最后,过度依赖某单一品类。大量出版社由于定位细分和渠道等方面的优势,某单一品类图书在特定市场的销售收入成为其主要利润来源,这种经营模式盈利方式单一,抗风险能力弱。因此,在"内忧"与"外患"之中,出版产业生态中的企业效益普遍不佳,"盈利难"问题十分突出。而出版融合发展是解决传统纸书"外患"与"内忧"的良药。

出版融合是建立在移动互联网技术基础上的从内容生产到传播技术,从产品形态到信息服务的革命性变革,表现为一个内容多种创意、一个创意多次开发、一次开发多种产品、一种产品多个形态、一次销售多种渠道、一次投入多次产出、一次产出多次增值。[①] 目前,在学界和业界,"出版融合"和"融合出版"的概念基本是相通的,未做明显区分。

出版融合是数字出版赋能传统出版业的结果,是解决传统出版和数字出版融合发展问题的新兴出版范式[②]。2015 年 5 月,国家新闻出版广电总局联合财政部下发的《关于推动传统出版和新兴出版融合发展的指导意见》(新广发〔2015〕32 号)(以下简称《出版融合指导意见》)指出,"出版融合"的总体目标是立足传统出版,发挥内容优势,运用先进技术,走向网络空间,切实推动传统出版和新兴出版在内容、渠道、平台、经营、管理等方面深度融合,实现出版内容、技术应用、平台终端、人才队伍的共享融通,形成一体化的组织结构、传播体系和管理机制。

出版融合战略表明,未来,纸质书的行业基础性、全局性的作用不会发生根本变化,纸质书仍将是思想教化、舆论导向、文明传承、文化普及的重要阵地;纸质出版物作为知识物化的产品,其高沉浸式、场景化的阅读体验在知识的接收、内化的过程中依旧具有不可替代的价值。虽然新媒介发展如火如荼,使传统出版业面临巨大挑战,但媒介发展史证明了不断更迭的媒介之间并非简单替代关系,而是共存互补的交互融合关系。[③] 纸质出版物在移动时代拥有极大的价值,出版社必须重视自身核心优势和根本业务并谋求融合转型。

4.1.3 教育融合出版及相关概念

增强型出版物诞生于 20 世纪 90 年代,它并没有沿着最初的光盘形态发展,而是逐渐从纯电子出版物走向纸电融合形态。究其缘由,其加工过程比较复杂,

---

① 鲁培康.融合:图书产业内容创新的战略思维[J].中国编辑,2015(3):60.

② 曹继东.基于数字化技术和互联网思维的"融合出版"[J].科技与出版,2014(9):15.

③ 蔡翔.传统出版融合发展:进程、规律、模式与路径[J].出版科学,2019,27(2):5-14.

产品成本高,价格难以和市场预期匹配。经过二三十年的发展,业界充分认识到这类出版物的主要实践在教育出版物、儿童出版物、科普出版物等方面。业界一般认为,从市场的角度看,现代出版业由教育出版、专业出版和大众出版三大板块构成。教育出版是指学习、教育及培训过程中所牵涉的出版活动,它是一种产品最模式化、标准化,而过程最复杂、计划性最强的出版。[①]

2000 年以来,数字媒介的兴起掀起数字化浪潮。传统的教育手段、教学场景,以及教育出版的用户获取知识的需求和方式均发生了变化,导致数字教育出版新形态的涌现。数字教育出版,简单地讲就是将教育出版物数字化的出版活动。具体来说,指在数字出版和数字教学及学习逐渐兴起的过程中,为适应新时代用户的需求,将传统教育出版物加工成数字教材,提供知识增值服务,并借助网络传播,或借助传统出版物的渠道发行(如数字教材光盘版必须借助传统出版渠道发行),用户通过个人计算机或移动阅读终端设备使用的出版活动。[②]

数字教材(eTextbook),亦称电子教材,是主要的数字教育出版产品。数字教材主要包含两种:一种是传统纸质教材的电子版,即电纸形态的教材,是将纸质教材数字化后尽量保持印本原貌,甚至页码等与纸质教材完全一致的数字化教材。另一种是增强型数字教材,一般内嵌音频、视频、动画,可非线性阅读,有的还提供互动活动供学生练习与实践,甚至有 3D 版的增强型数字教材。这种产品是在基础性数字教材的基础上,经过复杂加工而形成的富媒体化数字教材。增强型大众电子图书和大众娱乐的界限比较模糊,产品价格不菲,市场前景不明朗。而增强型数字教材正好符合教学的需求,有助于提高教学效果。

随着数字阅读的日益兴起,读者更愿意使用带有数字资源扩展功能的纸质书籍,于是教育出版进入融合出版阶段。《出版融合指导意见》明确表示,要"坚持正确处理传统出版和新兴出版关系,以传统出版为根基",再次从顶层设计层面强调了传统纸质出版物的价值和重要性。这一阶段,区别于过往简单的数字化转型,一批新的融合出版模式产生并应用于实践。例如,外语教学与研究出版社依托自身丰富的出版、教育、国际合作经验,融入汉语文化、人工智能技术,打造基于混合模态的数字教育产品,实现"传统出版＋数字产品＋文创周边"的多向融合出版模式。国家新闻出版署出版融合发展(武汉)重点实验室共建单位武汉理工数字传播工程有限公司(数传集团)研发的 RAYS(readers at your system)系统,为出版社提供出版融合解决方案;河南大象出版社推出 ADP5 融媒出版与智慧教育融合平台,通过教育机构和学校,配合教材教辅的使用,为受众提供教

---

① 刘灿姣.我国教育出版发展现状与趋势[J].出版与印刷,2007(1):7-9.

② 贺子岳.数字出版形态研究[M].武汉:武汉大学出版社,2015.

育内容资源和应用服务。总体来看,融合出版已经成为教育出版的发展方向。

本书所述的教育融合出版指的是,立足纸质教材教辅出版物,运用先进技术,向线上进行场景延伸,与在线教育、知识付费等新兴教育内容和服务形态深度融合,形成一体化传播体系的出版方式。①

4.2 增强型出版物的演进

本书在 1.2 节中陈述过数字出版在磁、光介质时期的发展,增强型出版物就肇始于这一时期,早期的增强型出版物是以磁、光介质为出版载体的。1.2 节"数字出版发展概述"中对国外的发展情况稍有提及,以下着重介绍国内增强型出版物的发展。

(1)多媒体光盘产生

1992 年,北京金盘电子有限公司在北京成立,成为我国(不含港澳台)第一家多媒体光盘电子图书开发研制公司并着手研发光盘电子图书。② 1992 年底,经新闻出版署批准,中国出版工作者协会电子出版研究会正式成立。1993 年,清华大学光盘国家工程研究中心正式推出多媒体光盘《邮票上的中国——历史与文化》,这是我国(不含港澳台)第一张自主版权的多媒体光盘电子出版物。③1994 年 12 月,新闻出版署下发了《关于加强电子出版物管理的通知》(新出音〔1994〕1048 号),标志着我国电子出版物的管理纳入正规化、法制化。

《关于加强电子出版物管理的通知》(新出音〔1994〕1048 号)下发后,新闻出版署着手管理电子出版物的出版。当时的电子出版机构有图书出版社、音像出版社、杂志社、报社等新闻出版机构,出版的产品有电子图书数据库、报纸合订本及多媒体电子出版物等。新闻出版署对这些机构进行了清理,符合条件的机构予以登记。人民出版社、中国大百科出版社等成为首批 21 家电子出版物出版单位。④

1996 年,《电子出版物管理暂行规定》颁布,电子出版呈现快速增长的势头,这其中包含大量的多媒体出版物。1997 年,在《多媒体世界》杂志举办的优秀多

---

① 周文斌.场景视域下教育融合出版路径研究[D].武汉:武汉理工大学,2020.

② 向晴.中国电子图书发展历史研究(1991—2018)[D].重庆:重庆大学,2019:19.

③ 陈生明.数字出版概论[M].南京:南京大学出版社,2011:32.

④ 刘永强.电子出版物:方兴未艾的事业——访国家新闻出版署音像管理司电子出版处副处长毛小茂[J].多媒体世界,1995(7):6-9.

媒体光盘评测活动中,《邓小平》光盘获得特别奖,《侵华日军南京大屠杀》等 11 种光盘分别被评为"十佳"和最佳单项奖。① 在 1997 年、1998 年和 1999 年的第 6、7、8 届巴黎"莫比斯"多媒体光盘国际大奖赛上,中国的作品《故宫——世界文化遗产》《颐和园》《宇宙之谜》《中国书法大典》《文渊阁四库全书》先后获评特别奖、文化奖、教育奖、教育鼓励奖和文化鼓励奖②。这些作品代表了当时我国多媒体出版的水平。

(2)随书光盘盛行

2000 年前后,随书光盘进入人们的视野,增强型出版物在相当程度上成为传统纸书的副产品。外语教材、儿童出版物、计算机类图书等常常附带光盘。这种文字、图片配合光盘的模式实现了"听觉＋视觉"的感官融合,满足了读者多方位的阅读需求,因此可以看作增强型出版物发展的一个阶段。但近年,这种情况发生了变化,电脑商家为了减轻笔记本电脑的重量,已基本取消了光驱设置,致使随书光盘的阅读平台大量减少。

(3)App 类型的增强型出版物的出现

2007 年,苹果推出了智能手机及应用商店,2010 年,苹果公司的 iPad 上市,带动了全球范围的平板电脑的"升温"。应用商店的商业模式很快就得到内容提供商的青睐。App 应用同增强型出版物结合带来了全新的交互式阅读体验,形成了以数字化、轻量化、交互性、多终端为特征的 App 类增强型电子出版物。早在 2010 年,河北少年儿童出版社与香港港嘉国际科技有限公司合作,将该社畅销图书中的 8 个系列 36 册新书以 App 电子出版物的形式在苹果应用商店上线,以按次收费的方式进行结算。同年 8 月,外文出版社的"中国城记"等系列丛书的多语言版本也在苹果应用商店上线。2012 年,凤凰出版集团和广州出版集团分别委托国内某知名技术公司制作 App 类电子出版物。③ 2012 年 8 月,接力出版社和法国伽利玛少儿出版社共同开发的"第一次发现丛书"《瓢虫》和《森林》的富媒体互动体验版电子书,在苹果应用商店正式上架,这两本书应用了仿 3D 技术、触控感应技术、移动定位技术等多项数字出版技术,从而使阅读更富互动体验性。为了将这两部电子童书打造成精品,接力出版社投入制作成本近 10 万元,随后的宣传推广经费也在 2 万元以上。④ 我国的《中国国家地理》等期刊和一些报纸也曾在苹果的应用商店上线增强型版本。但任何新生产品都必须经历

① 毛小茂.规范管理 繁荣发展[J].多媒体世界,1998(4):10.

② 毛小茂.电子出版现状及其发展[J].中国电子出版,2000(5):11-12.

③ 郭晶,张志强.我国出版社 App 类电子出版物的发展历程及其评价[J].科技与出版,2014(2):66-69.

④ 晓武.接力出版社进军童书数字出版 精品化战略首推"第一次发现"[J].出版参考,2012(24):30.

市场的考验，App 类增强型出版物的市场答卷并不太优秀。究其原因：其一，制作不易，成本偏高；其二，体量小的内容浅，体量大的不利于网络传播和下载。

（4）多媒体印刷阅读出版物的出现

多媒体印刷阅读出版物（multimedia print reader，MPR）也是一种增强型出版物。它是以 MPR 码将音视频等数字媒体文件与印刷图文关联，实现同步呈现，满足读者视听需求的一种复合形态出版物。由 MPR 书报刊等印刷品、音视频等数字媒体文件和使二者建立精确关联的 MPR 码组成。[①] 2009 年，新闻出版总署颁布的"MPR 出版物行业标准"，使 MPR 出版物受到业界及社会各方的关注。MPR 出版物通过在纸质图书中印制 MPR 码，实现了传统出版物的有声听读，调动了读者视觉和听觉的参与。[②] MPR 出版物技术具有编码容量巨大、成本低廉、可靠性强、印制便捷等特点，与数字出版实现了良好的衔接，将对我国传统出版产业完成改造升级、平稳转型发挥重要的支撑作用。[③] 至今，MPR 出版依然在发展中。截至 2020 年 10 月 9 日，已在 MPR 中心注册的机构（以出版机构为主）达 1638 家，已经出版的 MPR 出版物有 5888 种，制作中的 MPR 出版物有 2046 种。[④]

（5）基于二维码技术的纸电混合增强型图书的出现

除了 MPR 码，二维码技术也在出版中迅速普及应用。二维码技术表现出比 MPR 码更强大的灵活性和易操作性。二维码是指二维条形码，常见的二维码为 QR（Quick Response）Code。二维码最早发明于日本，它是某种特定的几何图形按一定规律在平面（二维方向上）分布的黑白相间的图形，用来记录数据符号信息，在代码编制上巧妙地利用构成计算机内部逻辑基础的"0""1"比特流的概念，使用若干个与二进制相对应的几何形体来表示文字数值信息，通过图像输入设备或光电扫描设备自动识读以实现信息自动处理。二维码能够在横向和纵向两个方位同时表达信息，因此能在很小的面积内表达大量的信息。[⑤] 在电脑商家大量取消笔记本电脑光驱设置以后，很多出版社将随书光盘模式切换成了二维码获取电子资源模式，即在纸书上印制二维码，读者通过手机扫码方式获得视听内容资源。早在 2010 年，中国轻工业出版社在其推出的《骑车游北京》一

---

① 中华人民共和国国家质量监督检验检疫总局，中国国家标准化管理委员会. MPR 出版物第 1 部分：MPR 码编码规则：GB/T 27937.1—2011[S]. 北京：中国标准出版社，2011.

② 王珍珍. 我国富媒体出版研究[D]. 开封：河南大学，2016.

③ 中华人民共和国新闻出版总署. 关于贯彻实施《MPR 出版物》系列国家标准的通知（新出字〔2012〕305 号）.

④ MPR 注册中心. http://www.mpreader.org/mpr/mcrs-portal/mvc/portal/index.

⑤ 二维码定义来源于《在线汉语字典》. http://xh.5156edu.com/html5/z68m32j372140.html.

书中就加入了大量的二维码,该书被视为我国第一本二维码出版物。2013年,该社又推出了全国首套二维码菜谱图书,在每个菜谱旁边都设置了二维码,用户可以在做菜时同步观看大厨教学的视频,免去一边做菜一边翻书本的慌乱。在教辅方面,以人民日报出版社出版的公务员考试用书《2015年行政能力测验》为例,其每一个知识点旁都添加了二维码,读者在一般阅读时可完全专注于文本内容进行思考,对于难点问题则可以通过扫描二维码获得名师在线讲解的视频,有利于读者对于知识内容的把握。在专业书籍领域,人民卫生出版社最早推出了医学类二维码图书《腹腔镜胃癌根治术淋巴结清扫技巧》,它体现了外科医学注重实践的特点,在对应的文字内容旁插入相关手术视频的二维码,更便于读者理解。

2014年,致力于融合的RAYS系统产生。该系统同样采用的是QR二维码,根据实际应用需求,对QR二维码进行了技术革新,发明了空码技术和无重码技术。空码技术可以使二维码所承载的信息实现随时的增减变化;无重码技术实现了每个图书中的二维码无重复,满足亿万图书的二维码应用需求。RAYS系统推动了"现代纸书"的产生,本章末详细介绍了这个案例。

(6)AR技术和VR技术的应用

AR(Augmented Reality)技术和VR(Virtual Reality)技术在出版领域的运用更加丰富了出版物的形态。AR技术即增强现实技术,是利用电脑技术将真实的环境和虚拟的物体实时地叠加到同一个画面或空间之中。利用AR技术看到的世界是真假参半的,需要通过电脑技术在真实世界与虚拟世界间相互转换。[1] VR技术即虚拟现实技术,是一种可以创建和体验虚拟世界的计算机仿真系统,它利用计算机生成一种模拟环境,使用户沉浸到该环境中。虚拟现实技术就是利用现实生活中的数据,通过计算机技术产生的电子信号,将其与各种输出设备结合使其转化为能够让人们感受到的现象。

2013年江苏书展上,中国矿业大学出版社推出国内首部AR纸数互动阅读技术图书《采掘机械与液压传动》,读者持移动终端扫描图书,即可看到齿轮转动的3D立体挖掘机。2014年,上海国际童书展上,华东师范大学出版社推出的儿童4D绘画图本,是国内首款把涂色与AR技术相结合的儿童涂鸦绘本。[2]

VR技术在图书出版产业活动中的应用能够有效地弥补传统出版产品纯文本传播的不足,通过创造虚拟环境将抽象的文字内容图像化,加深读者对图书内容的理解,提高出版产品的传播效果。因此,越来越多的出版产品都在加入VR

---

[1] 范军. 新闻出版与VR/AR的邂逅[J]. 传媒,2016(24):1.

[2] 王珍珍. 我国富媒体出版研究[D]. 开封:河南大学,2016:16.

技术,丰富其内容呈现形式,如专业的医学、机械工程类教学书籍和科普类书籍等。通过 VR 技术将抽象的专业内容形象化,读者在阅读的过程中,能够通过智能终端设备获取更加丰富的内容呈现形式,从而更好地理解出版物内容。同时,随着 VR 眼镜等设备与手机、平板电脑等智能终端之间连接技术的不断发展,信息传输更加稳定和快捷,用户在使用过程中由数据延迟引发的使用不适感得到有效降低,这也在一定程度上促进了 VR 技术在图书出版活动中的运用。

综上所述,增强型出版物经过 20 余年的发展,已经从最初的多媒体光盘电子书形态走向纸电混合形态,形式更加灵活,形态更加丰富,盈利模式多样。增强型出版已经不是简单的数字化,而是一种融合出版形态。随着 5G、大数据等信息技术的快速发展,增强型出版必将得到更充分的应用。

4.3　增强型出版物的策划

为规范产品研发过程,增强型出版物立项之前必须进行选题策划,以明确产品定位和内容主题导向,从而加强产品的影响力,给出版企业带来切实的经济效益和社会效益。增强型出版物的策划主要分为以下步骤:

第一,编辑人员在进行增强型出版物的选题策划时,要进行市场调查。增强型出版物生动、直观,互动性强,价格也比较高,一般读者必须有比较强烈的需求才会为它买单。例如,物流行业是当今社会经济发展中的朝阳产业,现有物流人才已经不能满足社会需求,尤其是中高级专业人才,物流行业对之的需求更为迫切。物流师职业资格证书作为国家推行的职业资格证书之一,是物流行业从业人员的"职业绿卡",行业发展快,报考条件宽,证书含金量高,吸引越来越多的人加入物流师的职业资格认证中。所以,开发物流师培训方面的增强型数字教材,有望获得良好的社会效益和经济效益。

第二,增强型的数字教材一般都作为纸质教材的延伸而设计。出版社一般应具有相关的纸质教材,或具有相关电子音像产品,并且该教材占有相当市场份额,市场需求稳定。纸书教材的市场状况可以根据历年销量,以及当当网等网站的同类图书在市场上的表现来考量,开卷(OpenBook)数据库也是考量纸书市场的重要工具。例如,根据对当当网中物流师培训教材的调查,中国劳动社会保障出版社的《助理物流师》一书,在物流师培训教材市场上占据很大的份额,因而可考虑将其作为增强型出版物。

第三,还应考量读者对数字化资源是否有强烈的需求。一些行业的纸质教材不能满足用户的需求,如,对生动的操作演示和动画展现的需求,对配套资料的需求,对线上测试和社区互动等的需求。有类似需求的领域,才适合开发增强型的数字教材。

第四,策划增强型数字教材还必须考虑体量大小。一些增强型童书体量比较小,可以通过扫描二维码下载。但相当一部分数字教材必须搭建自身的网站平台,形成"平台+增强型数字教材"模式,我们可以将之简称为平台型数字教材。这类增强型出版物产品功能多,成本尤其高,要有相当的读者群体才能立项。

之后,策划者就应对电子书的具体形式、内容结构和进度安排、预算及营销方案、传播途径等做进一步的设计,并按照各方意见,优化、完善选题,以提高选题的清晰度和可操作性。

4.4　增强型电子书的内容设计

增强型电子书的内容结构差异性很大,本书以少儿读物、数据库和平台型的增强型出版物为例,说明不同出版物之间的内容结构的差异。

4.4.1　少儿类增强型电子书的内容设计

以中国劳动社会保障出版社的少儿互动电子书开发项目《中国典型传统工艺少儿互动电子书:剪纸、风筝》[①]为例说明增强型电子书的内容设计。

项目简介:《中国典型传统工艺少儿互动电子书:剪纸、风筝》的读者对象为5～10岁的儿童。项目将开发4种基于iOS的互动电子书App,同时配套出版彩色印刷的4种图书。互动电子书将在苹果应用商店发布。纸书中将嵌入二维码,读者用手机扫描后即可访问苹果应用商店,从而与互动电子书建立联系。每本纸书配套一个手工制作盒,提供手工制作的原材料、工具、简单图纸,供读者动手练习制作自己的作品。内容设计必须注意:首先,要有代表性,能够反映我国优秀的传统文化;其次,对少儿有吸引力,具有一定技巧性和挑战性。综合以上两点,该项目选择了剪纸、风筝。

---

① 唐圣平.数字出版项目策划和开发[M].北京:群言出版社,2015:164.

该互动电子书由以下几部分构成:

①介绍。针对儿童读者群的以宣传中国剪纸、风筝等传统文化为特色的互动电子书,必须设计介绍部分,以故事的形式介绍该种传统文化或工艺的起源、特点、背景知识等。介绍时文字、图片并重,以视频为辅。

②欣赏。展示多种优秀作品,以图片为主,文字视频为辅。

③学做。按操作步骤,介绍1~2个简单易做的作品的制作过程和工艺技法,文字、图片、视频、演示动画并重。

④挑战。演示一个较具难度的作品的制作过程和工艺技法,以视频和动画为主。

⑤游戏。寻找物品、形状归位、拼图、配对等。

⑥延伸阅读。增加介绍剪纸、结艺、风筝的演变、类型及构造等内容的视频,作为延伸阅读内容。

⑦互动。如跟读、指点反应(声音、动作)、拖动、音乐、模拟乐器弹奏、旋转、场景变换、开关等互动方式。在互动电子书的每一页中,设计多个不同的互动方式,以丰富读者的阅读体验,增强趣味性。

4.4.2 增强型电子书《全唐诗》的内容结构

湖北人民出版社在全国古籍整理出版规划领导小组资助下出版了《校编全唐诗》。该书收录了2000余作家的近5万首诗,共900卷,120多万字,4800余页,分上、中、下三册,十六开本,书体庞大。为了吸引和方便读者阅读,该书附带《全唐诗》多媒体光盘。该光盘是典型的增强型出版物,随书附赠。虽然当下随书光盘已经不太多见,但其作品设计仍有参考学习的价值。并且,在二维码广泛应用于出版的当下,也完全可以实现扫码下载电子书。

该书是词条性质的书籍,像一个小型数据库,所以在内容结构上与少儿类增强型出版物不同,它有正文条目和检索、导航部分。其内容结构如图4-1所示。

《全唐诗》内容结构如下:

①正文条目。正文条目不但包括诗歌本身,还包括诗歌背景、作者简介、注释、历代评价等资料,便于读者从各个角度了解这首诗。

②延伸阅读。条目之外,还介绍相关知识,如中国诗歌的发展、唐诗流派、格律知识等。

③互动游戏。该栏目设置背诵、填字等互动游戏,帮助读者学习唐诗。

④导航。全唐诗体量巨大,必须设置导航以满足读者需要。电子书可以按流派导航,如"边塞诗""山水诗"等;也可按时代导航,如初唐、中唐等;还可以按

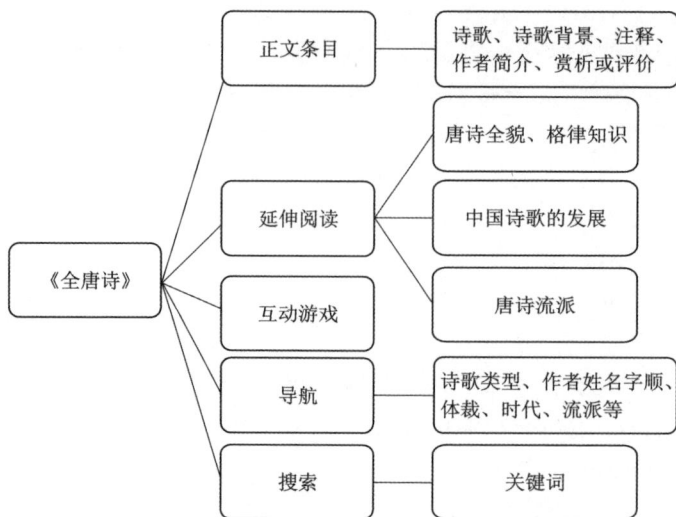

图 4-1　增强型电子书《全唐诗》内容结构示意图

篇名字顺、作者姓名字顺导航等,不一而论。

⑤搜索。除了导航外,搜索也是必备的功能,如按作者搜索、按全文搜索等。

⑥相关工具。如内置字典、辞海、大事年表等。

此外,根据需求,还配置历代著名的与唐诗相关的音乐和绘画、作品赏析、著名作者传记、诗歌朗诵等内容,以增强读者的阅读兴趣。

总的来讲,增强型出版物要根据读者状况设计内容和服务,表现形式要直观而生动,美术设计也要符合出版社的品牌定位,服务于内容和主题。在 4G 时代,这类电子书不能太大,大多不过几十兆,以方便读者下载。随着 5G 时代的到来,这种情况有望改变。

4.4.3　"平台+增强型数字教材"的内容设计

一般是读者面甚为广泛的教材才采用"平台+增强型数字教材"模式,教材本身扩展为"教材包",即"主教材+辅助内容"模式。由于这类教材结构复杂,更新和互动要求高,读者群体比较大,策划和制作这类数字出版物,需要考虑教材包本身的内容结构和平台的架构。

4.4.3.1　数字教材包的内容结构

数字教材包的内容结构是"一体多翼",即"主教材+多元的辅助资料"(图 4-2)。国内称这种教材为立体化教材(也有学者称之为"多元化教材"),其目的是通过提供多种教学资源,将教材立体化,以最大限度地满足教师教学需要和学生学习需要。它不仅包括纸质的教材、教辅,还包括数字化的教材和教辅等,从而实现教材、教师参考书、学生指导书等不同内容出版物的横向立体化配套,以及纸质、音像、电子出版物、网络资源等多种媒体出版物的纵向立体化配套。

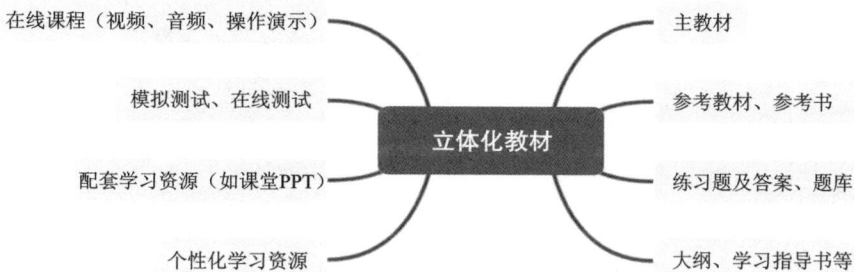

在线课程(视频、音频、操作演示)　　主教材

模拟测试、在线测试　　立体化教材　　参考教材、参考书

配套学习资源(如课堂PPT)　　练习题及答案、题库

个性化学习资源　　大纲、学习指导书等

图 4-2　立体化教材图示

具体说来,数字教材包主要包括下列模块:

①教材模块。包括主教材、参考教材、实验教材等。

②自主学习资料。如课程说明、教学目标、课程大纲、知识点结构图、教学计划等。

③在线课程。如视频、音频,操作演示、动画和图片演示等。

④配套学习资源。如课堂 PPT、教辅资源、案例资料、常见问题解答、工具书资源、文献资料等。

⑤题库及在线测试等。包括各种练习题及答案,模拟测试及答案等。

⑥个性化学习资源。如针对测试中显现的学生的弱项,制订新的学习方案,再学习、测试,直到学生通过。

⑦互动资源。如学习游戏等。

4.4.3.2　数字教材包平台的架构

搭建这类平台的目的是将数字教材与课程、课程与用户、教材和资源、教师与学生(用户)、作者与用户联系起来,通过长期的教材开发和课程推广,面向大量用户,最终形成专业教育、职业培训网站。

数字教材包平台必须具有发布信息、展示资源、管理读者、管理教师、资源推广、资源交易(电子商务功能)、在线教育、在线测试等功能。要实现这些功能,网站必须做好规划,具体如下:

①确定网站的主要模块。主要有首页、新闻(消息)中心、课程中心、资源中心、在线测试、社区模块、电子支付、帮助、读者个人中心、教师个人中心等。

②确定各模块二级栏目。如新闻(消息)中心模块可设置的栏目有动态消息、最新资讯、热门信息、报考消息、报考指南等。社区模块主要包括经验交流、考试资料交流、在线答疑、即时交流信息等。读者个人中心包括我的课程、我的考试、我的邮件、我要提问等。

③设定导航模块:大多网站必须设置分类导航。一般按学科或专题分类,资源多的网站还需设立子类目;或按专业分类,按等级分类(如初级、中级和高级)。以少儿读物为主的网站,可按年龄段导航。诸如此类,不一而论。

④搜索服务的设定:搜索是读者查找资源的主要工具。一般可设定搜索的主体,如视频搜索、图片搜索、文章搜索等。

⑤其他内容:如关于我们、联系我们、站外资源链接等。

4.5 常见的增强型出版物营销方式

①在苹果应用商店中推广和销售。前文已经提到,"体积"不大、结构相对简单的电子书才能借助应用商店推广和销售。

②与纸书捆绑销售。电子书一般以光盘、U 盘或二维码为载体,与纸书捆绑销售。纸书价格已包含了电子书的价格,这是一种相互促销的做法,以读者需要为前提。

③少儿类增强型出版物常常搭配玩具、纸书、终端等一起销售。一些少儿类增强型出版物的形态设计丰富,将纸书内容和数字内容融为一体,借助点读机或点读笔完成阅读,深受儿童喜爱。

④社区销售模式。少儿类增强型出版物常常采用社区模式销售。商家会搭建 App 客户端,吸引用户进入社区互动交流经验。这种社区是为家长而建,电子书既针对儿童设计,也针对家长设计。较多电子书以教育为主题,如教育儿童培养好的生活习惯等,一般声音、动画和图画并茂,采用纸书销售方式实现盈利。纸书定价较高,已经包含了增强型出版物的售价。

⑤以纸书增值服务模式推广和销售。纸书上印制二维码,作为电子资源的入口,读者用移动端扫码后,付费获取纸书的延伸内容,收费一般不高,基本上是微付费模式。

⑥"平台+增强型数字教材"采用会员收费模式销售。为吸引用户,常常设定部分免费内容,当用户报名缴费后,会获得更多的优质教育资源。在网站平台上,有各种资源的推广和营销活动,包括模拟考试。用户一般有刚性需求,所以,

虽然数字教材包成本比较高,但商家有一定的把握营销成功。

⑦与硬件绑定销售。我国的电子教育产品就采用了这种模式。电子教育产品是指在电子阅读终端内嵌入数字教材、增强型学习资料等内容,辅助用户学习的电子设备。电子教育产品包含多种类型,包括点读机、学习机、学生电脑、电子辞典等。它们常常采用购买阅读终端时赠送数字出版物的模式。

⑧以电子书包的形式销售。这里的电子书包主要面向基础教育。它的内容设计与平台型数字教材类似,也必须包含网络支持平台。平台还必须有较强的管理功能,对教师、学生甚至家长进行管理,促进家庭和学校、学生和老师、学生和学生的沟通。它在营销上的独特之处在于,它必须为教育局或学校所采用,为家长所接受,而且学校要有必备的硬件条件,教师要会利用数字教材,学生也要适应数字化资源。目前,电子书包并未大规模上市。

⑨以 App 形态推广和销售。如纸书《新概念英语》的用户量很大,其电子书中包括朗读、微课、测试及社区等功能。其中课文、朗读、单词等基本内容免费,一些深度内容收费,并在社区内植入广告,或销售其他电子书,以此来盈利和带动内容销售。除了《新概念英语》等教材,还有一些词典也采用类似的方式营销,如《有道词典》《金山词霸》等。

另外,所有电子书都会借助社交媒介如微信、微博分享传播。总的来说,增强型出版物虽然有其独特的价值,但从上述内容来看,它很少单独售卖,一般是借助其他出版物销售,这说明电子书的用户市场还不大,商家还没有单独售卖它的自信。

4.6　增强型出版案例

4.6.1　人卫电子书案例

(1)人卫电子书概况

人民卫生出版社将音像电子和数字出版中心的业务独立出来,设立了全资子公司,开始发展数字出版业务。经过几年的持续投入和开发,人民卫生出版社形成了围绕自身品牌的数字出版产品。主要产品形态有医学考试培训服务、数据库、电子书、富媒体电子书、数字教材、图书网络增值服务、医学百科全书等。这些产品通过人卫智网(http://books.ipmph.com/)、人卫电子书 App、"人卫电子书"微信订阅号等对外宣传和开展服务。

人卫电子书出版流程是其数字出版活动的亮点。人卫电子书已形成一整套稳定、高效的电子书选题策划、编辑加工及以 XML 为核心的数字转化技术体系,其出版流程如图 4-3 所示。

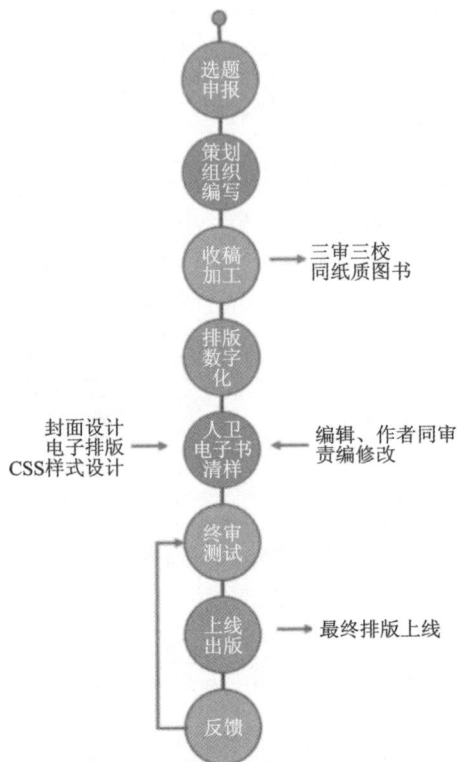

图 4-3　人卫电子书出版流程
（来源于"人卫电子书"微信订阅号）

人卫电子书在传统纸书出版流程的基础上进行数字化排版,制作出电子书清样,然后上线测试。其中,以 XML 技术为核心,实现了一稿多用,可快速出版多形态的数字内容,从而实现了依靠出版流程和制度来融合传统编辑和数字编辑的力量,降低了电子图书的生产成本。其电子书(图 4-4)外观精美,实用,有书签、笔记、复制、高亮、字号调整、夜间护眼等功能,且内容可关联"人卫临床知识库"。富媒体电子书支持图文、音视频、动画、文档(PPT、PDF、Word、HTML)等多种媒体资源,其视频等资源使用云端存储,随看随下,不占手机内存。人卫电子书还可进行个性化定制。

（2）人卫电子书 App

人卫电子书 App 是人民卫生出版社电子图书官方发布的主要平台,支持平

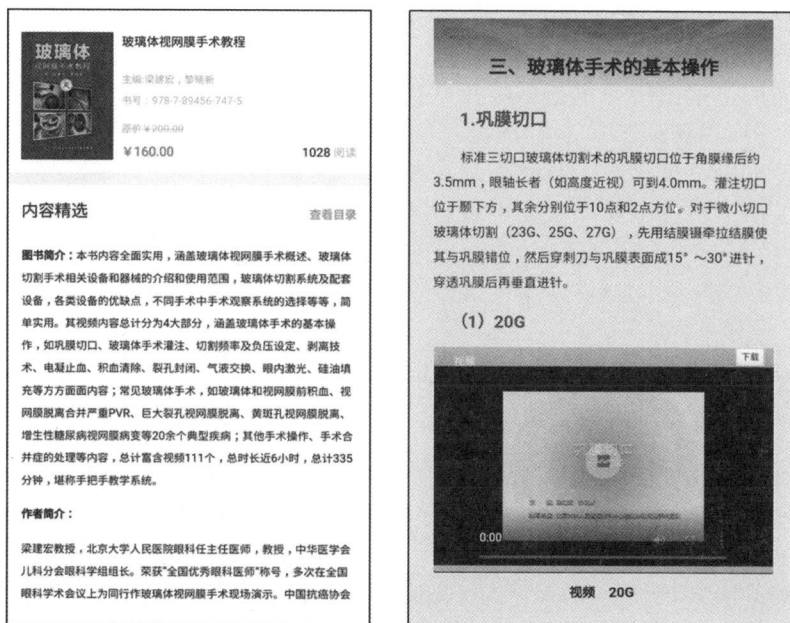

图 4-4　人卫富媒体电子书截图

（来源于人卫电子书 App）

板电脑、手机等多终端同步阅读。App 界面设计简洁、大方，同时也突出了重点。底部的功能分区有"书架""书城""分类""我的"。

"书架"板块侧重于对个人收藏的整理归纳。"书城"板块包括"图书"和"专题"两个频道。"图书"涵盖各类医学相关书籍。"专题"包括"手术视频""临床技能操作""儿科""护理""妇产科"等。书城还以"重磅""特惠""排行榜""最新""限时秒杀""本周特价""镇店之宝""富媒专题"等栏目促销各类内容产品。"分类"板块可以帮助用户快速锁定目标，包括参考书、数字教材、考试用书、科普、外文中医、外文西医等六个类别。"我的"板块则可以进行购买或笔记管理等设置。

在 App 中，电子书的价格相对纸书来说便宜，如刘大为的《实用重症医学》第二版（人民卫生出版社）在淘宝上的价格为 148.5 元（折扣价），而在人卫电子书平台上是 70 多元。

（3）案例总结

综上所述，人卫电子书具有下列优势：

①人民卫生出版社是我国专业出版社数字出版转型成功的代表。该社多年来高度重视数字出版工作，依托在卫生出版领域的品牌优势、专业优势、资源优势，全面拓展数字业务。人民卫生出版社历经传统电子音像出版阶段、数字出版

起步阶段、数字出版全面升级阶段三个阶段,走出了一条富有特色的专业出版社转型道路。

②人民卫生出版社也是出版社自身成功搭建销售平台的典型。尤其是人卫电子书 App,把握住了移动时代读者的阅读需求,电子书不但美观、实用,而且还根据医学图书的特点大量开发富含视频、图片等的电子书,很受读者欢迎。

③人民卫生出版社还革新了出版流程,将传统出版工序与数字出版流程融为一体,以 XML 技术为核心,实施了跨媒体出版。通过流程再造,人民卫生出版社降低了数字出版转型成本及电子书制作等成本。

4.6.2　全场景教育解决方案

教育出版在融合发展的过程中日益覆盖教育过程的全环节,教育过程的不同阶段有不同场景适配的产品形态,呈现出高度灵活的产品组合性,并在整体上形成了一个环形的闭合的产品链条[①]。以个人在学习中的教室、图书馆等空间的应用场景为入口,配合移动终端、智能硬件、传感器、软件平台、内容资源等提供综合服务的全场景教育解决方案的产品设计可以充分适应教育信息化的趋势,满足教室、图书馆等特定场景下的用户需求。

这种产品设计的实践有:在幼教领域,华东师范大学出版社推出的"美慧树"儿童早期教育网络平台,将课程图书、电子绘本、课件资源系统、互动白板、一体机等进行衔接,形成一套针对幼儿园课程的解决方案,并覆盖教学、课程管理、家园互动等线上线下环节。[②] 在高等教育领域,人民大学出版社推出人大荟窗教材应用解决方案,可以兼容各智能终端,提供富媒体教材学习、智能化考试、学习行为方式数据分析、个性化数字内容定制等相关服务。在基础教育领域,人民教育出版社(简称人教社)依托其教材资源积淀的优势,围绕基础教育学习者在课前、课中、课后、课余的全流程,提供包括数字教材、智能硬件、平台服务、移动资源等组合的全套解决方案。

人教社相关资源开发配套已经包含全国教材市场份额的 80% 以上,并已在北京、天津、广东等 20 余个省、直辖市落地,具有一定的代表性。总体分析来看,人教社提供的全场景教育解决方案主要包含了以下几个部分:

---

① 马伊颀,段乐川.教育出版融合发展刍议:市场、产品和模式[J].中国编辑,2018(7):39-42.

② 出版商务周报.教育出版融合发展新路径[EB/OL].(2018-12-10)[2021-08-05].http://www.cp-today.cn/news/detail/6797.

第一，数字教材。人教社于 2018 年发布了第三代数字教材。[①] 所谓第三代数字教材，并不是纸质教材的简单数字化，而是学科教学与信息技术深度融合的产物。数字教材有以下特点，首先是基础性，其技术开发的专家团队与教材开发团队一致，以纸质教材为基础，相辅相成，提供优质学习素材。其次是富媒体性，大量的立体交互资源、学科工具等可以激发用户兴趣，并支持自主探究学习活动。再次是智能性，可以对用户使用中的场景、行为进行数据化分析，并提供学习指导。最后是普适性，数字教材同教育信息化下的相关设备和平台，诸如 iOS、Android、Windows 均可兼容。数字教材可以单独使用，也可以与多种信息化教育平台和系统融合应用，是教育资源服务体系的基础。

第二，智能硬件。人教 Pad 是人教社推出的专门应用于线下学习场景的智能硬件。该硬件预装数字教材、教学互动管理系统，针对学校教室等教育学习的线下场景，做了诸多功能上的设计。例如，限制娱乐功能，专注学习应用；配备视距检测功能，提醒保护视力；配备符合书写习惯的手写笔；配备大容量电池，满足全天候学习需求等。以上针对性的设计致力于提高使用效率。在流程解决方案中，智能硬件是线上虚拟场景的关键入口，是受众场景信息采集的重要"节点"。

第三，平台服务。该平台以数字教材为核心，面向教师、学生和科研管理人员，提供开放的教育资源和工具，并提供群组管理和数据分析。该平台共分为三个端口，即教师端、学生端和管理端。在教师端，教师在课前备课过程中可以进行优质教学资源检索、预习资源分发、学情数据分析；在课堂教学过程中，可以进行学生点名、学科工具使用及教学行为记录；在课后布置作业过程中，可以同步练习题库，一键生成课后作业并对作业成绩进行数据分析。在学生端，在教室上课时，学生可以根据老师的讲解在线上虚拟场景中实时获得多形态的学习配套工具和内容资源；在完成作业过程中，学生解题的过程会被实时记录，相关错题可以自动保存，学生对知识点的掌握情况可以被客观地分析出来。在管理端，相关管理者可以随时知晓教学进度、量化教学效果，以及进行校本资源库的建设和管理。

第四，移动资源。在课堂等封闭线下场景之外，提供可以在碎片时间或空暇时间进行学习的相关应用。例如提供英语学习辅助的人教点读、人教口语移动端 App，提供日语学习辅助的标准日本语、日语训练营移动端 App，以及提供国学知识学习的经典诵读数字平台。

综上所述，人教社的全场景教育解决方案具有如下特色：①以数字教材为核

---

① 央广网.人教社发布第三代数字教材［EB/OL］.（2018-05-07）［2021-08-05］. https://baijiahao. baidu. com/s? id＝1599760217236527999&wfr＝spider&for＝pc.

心,以人教 Pad 等为硬件支撑,以智慧教学平台和数字教材垂直服务平台等为依托,其学习产品具有多样性和灵活性,在教室这类具有一定封闭性、强制性的应用空间内,以线下场景和线上虚拟场景融合的方式提供服务,形成了闭环通路。②提供个性化学习服务。用户在学习过程中会产生大量连贯、全面的场景数据,基于对用户场景数据的分析,可以在教材知识层、展现层和功能层提供知识重构、个性化定制、学习档案等教材学习服务,并在预习、课堂学习、作业、复习等各个层面,满足学习个体的个性化需求。

4.6.3　故宫《谜宫·如意琳琅图籍》案例[1][2]

《谜宫·如意琳琅图籍》剧情简介:乾隆三十一年(1766 年),宫中一位已经去世的御用画师,留下了一本名为《如意琳琅图籍》的遗作,书中有诸多难以理解之处,被称为"无用之书"。渐渐地,此书被人遗忘,下落不明。宫中却渐起流言,说此书其实隐藏着琳琅宝藏的下落,称其为能改变命运之物。周本是宫中一位默默无闻的画师,无意中在如意馆的故纸堆中发现了这本《如意琳琅图籍》。他下定决心,一定要找到传说中的琳琅宝藏,而寻宝之旅注定坎坷,背后似乎还隐藏着更为复杂的宫廷斗争……

玩法:①拿到《谜宫·如意琳琅图籍》,清点包裹内各式道具、线索;②扫描神秘来信上的二维码,登录线上系统;③按照剧情指引,开始破解图籍之旅;④当你发现答案时,可以在线上系统中验证答案是否正确;⑤层层深入,直到真相水落石出,这就是故事的结尾吗? 还有隐藏内容在等着你去揭晓!

《谜宫·如意琳琅图籍》(简称《谜宫》,图 4-5),是由故宫出版社推出的一款基于多维场景体验的互动游戏解谜书。《谜宫》自 2018 年 10 月登陆众筹平台,上线 26 天后有逾 4 万人支持,众筹金额超过 1000 万元,打破世界出版业众筹纪录。《谜宫》是故宫出版的首本创意互动解谜书。翻开泛黄书页,书中的墨笔小字、精美插画、奇特符号都隐藏着紫禁城的秘密,还有 18 件暗藏玄机的随书附件,更有独特的"实体书籍＋手机的游戏"式互动阅读体验。

---

① 杨超,朱小阳.多维场景视域下移动数字出版的后现代性思索——以《谜宫·如意琳琅图籍》为例[J].出版科学,2019,27(5):99-102.

② 《谜宫·如意琳琅图籍》——故宫首款互动解谜游戏书[EB/OL].(2020-09-28)[2021-03-05].https://zhongchou.modian.com/item/36001.html? _ga=2.147956852.272391873.1591326589-408262939.1591326589.

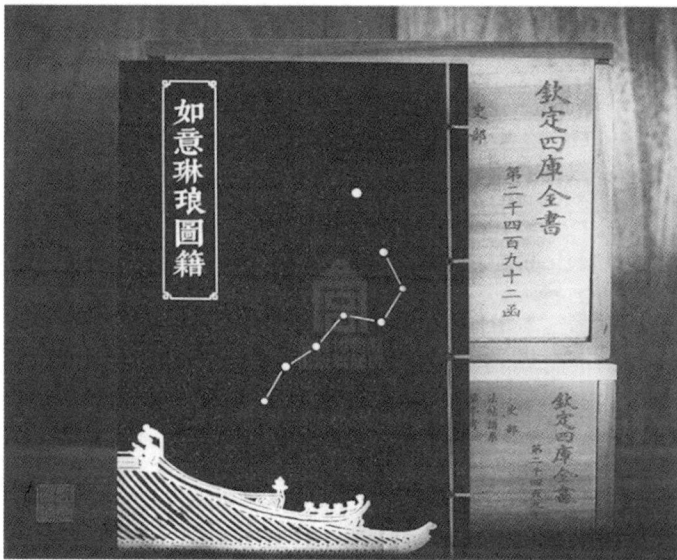

图 4-5 《谜宫·如意琳琅图籍》

《谜宫》以移动终端为硬件依托,融媒体、增强现实与虚拟现实多种技术形态次第出现,合力冲击着传统出版业的单向线性流程。以《谜宫》为代表的移动数字出版的重要特征,是基于多维场景的阅读互动体验。多维场景又可细分为平面阅读(一维空间)、融媒体阅读(二维空间)、立体阅读(三维空间)三个维度。

一维空间——基于感官的平面阅读:在《谜宫》纸质书当中,对故宫建筑、中华传统文化的介绍,都停留在浅层的陈述阶段。在这种一维空间下的平面阅读体验中,读者不需要基于自身的知识框架对信息进行深层次加工,也并不追求文化的内在意义与价值。在一个个平面化的文化故事、脸谱化的人物传奇中,读者获得了"虚假的文化饱腹感"。

二维空间——基于 H5 的融媒体视听体验:《谜宫》以 H5 技术为支撑,实现了二维化的融媒体视听体验。在《谜宫》的移动端 App 上,观众在视觉和听觉共同构筑的二维空间内体验阅读。基于 H5 技术的数字阅读有着良好的融合性和扩展性。读者可以在《谜宫》的 H5 页面上使用全景功能欣赏一幅古画;配合阅读进度的音乐和音效可以成为阅读的第二感知点;知识点的超链接也为阅读提供了扩展空间。这些都能帮助读者在设定的叙事线中完成解谜游戏,形成听觉与视觉共生交融的人机互动阅读体验。与一维空间下的浅阅读相比,二维空间下的融媒体阅读更加趋近于人的需求,充分调动人的感官功能,提升信息传输效率。

三维空间——沉浸传播与立体阅读:在《谜宫》的阅读体验当中,读者通过角色扮演获得沉浸感。信息是以解谜线索的形式提供给读者的,这对传统阅读是一种颠覆。因为传统阅读中,读者只能依靠合理想象来构建"文字幻境",而当下,数字出版产品通过动画、视频、音乐等多媒介融合的形式,尤其是游戏机制的加入,让多种场景直接服务于读者的感官体验,使人成为传播过程的中心[①]。

同时,《谜宫》还具有线下体验的扩展阅读方式。读者可以根据书中内容去故宫实地探秘;工作人员可以提供线索帮助解谜;寻觅过程中,读者之间也可以产生互动。这些让阅读的社交功能得到了强化。传播过程进一步向现实延伸,让阅读呈现出立体化特点。立体阅读通过延展阅读空间提升阅读体验,让阅读有了真实性与情景性。

案例总结:①《谜宫》引入实体书、道具、手机应用(App)联合互动阅读的模式。虽然读者的阅读行为仍需要实体书作为支撑,但移动端 App 当中的叙事线才是内容核心。读者从解谜游戏中获得互动阅读体验,实体书实际上只是数字出版物的辅助解谜道具。从这个角度而言,《谜宫》实质上是需要购买纸质书才能"玩"的数字出版物。②《谜宫》实质上是一本"传统出版＋数字产品＋周边文创"模式的"图书",以故宫的场景为入口,将读者巧妙带入探秘和阅读的境界。该书是图书融合出版创新的典范。

4.6.4　现代纸书案例[②③]

(1)现代纸书介绍

现代纸书是以纸质出版物为基础,顺应移动传播时代媒介技术特性和传播机制优势,具有"交互"功能的新型纸书。通过在传统纸质书刊上印制二维码,在二维码中配套线上衍生内容资源与服务,引导用户在阅读纸质书刊的过程中,通过扫码付费享受深度阅读内容或其他增值服务。同时,系统可在读者扫码后迅速抓取读者数据、分析读者喜好,帮助出版单位持续为读者提供精准的知识与服务,形成新的消费模式。

现代纸书采用 DLC 内容服务模式。DLC 全称为 downloadable content,译为"追加内容下载包",或者"可下载资料包",是游戏产业领域的专业术语。这里的 DLC 内容服务模式,指的是出版单位以 DLC 形式为读者提供内容资源与服

---

① 范雨竹,周安平.数字时代有声阅读多维形式新探[J].科技与出版,2019(1):81-85.

② 白立华,刘永坚,施其明.基于 RAYS 系统的"现代纸书"出版运营模式探析[J].中国传媒科技,2017(11):12-15.

③ 贺子岳,周文斌,刘永坚,等.出版融合背景下现代纸书商业模式创新探索[J].科技与出版,2018(8):48-53.

务。基于 DLC 模式,出版单位可对传统纸质出版物的内容进行进一步挖掘,基于传统纸质出版物,为读者提供线上衍生内容资源和服务。其中,部分内容资源属于免费共享资源,用户不需付费即可获取;部分满足读者精准需求的数字内容资源则需要读者以付费的方式获取。

现代纸书的核心支持技术是 RAYS 系统,该系统为现代纸书的内容生产、内容运营、读者管理、收益管理提供了技术支持平台。RAYS 系统分为四个核心端口:出版端、运营端、编辑端、作者端。各端口间既各司其职又相互关联。出版端主要负责现代纸书项目的整体管控,包括内容管控、收益管控、数据管控,让出版单位管理者对社内生产现代纸书的情况了如指掌;运营端为出版单位数字中心、编辑部所使用,对线上衍生内容和服务进行包装和定价,进行持续的运营和管理;编辑端和作者端主要负责内容生产,编辑和作者可基于纸质出版物内容,借助 RAYS 系统提供的数十套标准做书模板、400 余个互联网应用,做出极具个性化色彩的现代纸书。

(2)编辑的核心作用

和传统出版的内容生产相同,编辑在现代纸书体系中依然是"核心的内容生产者",一切基于现代纸书的衍生内容资源和服务都是由编辑策划和生产的。现代纸书体系为编辑打造了一个开放的做书平台,围绕内容生产,为编辑提供了一系列奖励措施,以调动编辑生产内容的积极性。

传统出版流程中,从选题策划到编校、印制、销售,每个环节都是单向的,且几乎没有互联网技术的参与。现代纸书的做书流程在传统出版流程的基础上对每个环节都进行了相应的优化,并加入最前沿的大数据技术、最先进的互联网运营方式。

编辑在生产一本现代纸书时,在选题策划的环节就可以同步策划线上衍生内容和服务,将二维码放置在书中正文的任意位置,确保二维码中的内容与对应位置内容相关即可。编辑如果没有足够的时间策划线上内容和服务,也可以在书中插入空二维码,只要在图书销售前配置好二维码和资源,就有更充足的时间做一本优秀的现代纸书。整个生产环节完全遵循传统生产流程,帮助编辑以最快的速度掌握现代纸书做书技巧,生产出优质的内容。参与制作现代纸书的编辑都可获得基于现代纸书的共享配套服务,包括成熟的运营模板、读者数据、案例库等,帮助编辑更迅速地做出优质的现代纸书。目前,RAYS 平台已整理出多套成熟的运营标准服务模板,能满足市场上大部分类型图书和期刊的服务需求。每套运营标准服务模板都包含操作说明、运营配套服务标准及数字资源获取建议,编辑可根据这些标准的运营服务模板,实现"傻瓜做书"(图 4-6)。

图 4-6　现代纸书制作页面

获得读者数据也是在现代纸书做书流程中必不可少的环节。传统出版流程中的纸书单向传播模式被彻底颠覆,基于读者扫码所获取的大量行为数据被系统收集和整理,形成详细的数据报表、数据分析等专业调研报告,共享给编辑,反哺到内容生产环节,为编辑做书提供数据支持。

（3）读者基于现代纸书的阅读模式

现代纸书不仅改变了出版单位、编辑的内容生产和管控模式,也重塑了读者的阅读模式。在现代纸书体系中,读者才是一切的中心,倡导以给读者交付价值为核心,以读者能获得有价值的知识增量为目标。读者基于现代纸书的阅读模式有如下特点。

①碎片化阅读与深度阅读结合。

现代纸书让纸书的深度阅读及手机碎片化阅读完美结合,让读者基于纸书深度阅读的同时,享受线上丰富多彩的衍生内容和服务,在保证读者有质量的阅读行为下,满足他们的多元化需求。例如,一位即将参加雅思考试的学生购买了一本外语教学与研究出版社出版的雅思辅导工具书。他通过扫码获取了基于这本书的线上内容资源,可以边走边听、边走边看,充分利用碎片化时间完成有效的知识增量。这种"深度阅读＋碎片化阅读""线下＋线上"的阅读模式充分满足了读者在移动互联网时代的阅读需求。

此外,基于现代纸书,读者除了可获得衍生的内容资源,还可以获得多元化的服务,例如,教辅图书中的专家一对一辅导,文学小说中的名家名作者直播,核心期刊的作者问答等,这些服务从读者阅读纸书的动机出发,满足了其更深层次的需求。

②获取基于传统纸书的精准化服务。

现代纸书通过读者扫码迅速收集读者行为数据,能准确地记录读者的阅读进度与知识掌握情况,再由编辑或作者进行综合分析,对读者进行"画像",再充分利用自身在垂直领域的专业能力和丰富资源,向读者提供精准的知识内容与服务。因此,读者在扫描一本现代纸书上的二维码后,除了当下立即获得某本书上的衍生内容和服务外,后期还会获得更持续、更深入的精准化服务。随着人工智能技术的商业化运用逐渐落地,现代纸书还集成了 AI 服务,整合、沉淀了大量内容数据与行为数据,优化运算结果,帮助读者获得更好的情景式体验。例如,在听、写、读等基础学习交互中,采用了情感语音转换、语音识别、文字识别、图形识别等技术,为具体阅读打造了更个性化的场景。

③实现与内容生产者交互。

传统纸书阅读过程中,读者始终处于被动的、单向的接收状态,无法实现与内容生产者和其他读者的互动和交流。现代纸书阅读过程中,读者通过扫码实现了与其他读者、与编辑作者之间的交互。通过一本现代纸书,读者可与喜欢的作者建立联系,与编委会名师产生互动交流,更能与有相同兴趣爱好、相同领域的读者建立圈子,形成社群。同时,读者可以通过读书卡片、问答等应用,将自己读书的疑惑、所思所想上传到线上,其中的优质内容也将成为纸书的一部分,不断扩充纸书的含金量。

(4)现代纸书的盈利模式

现代纸书的本质是技术驱动的内容价值再造。在现代纸书体系下,出版产业的价值链被不断延长,收益来源不断创新,新的收益分成机制也逐渐被各方认可,形成良性循环。在现代纸书的商业生态中,正逐渐探索并形成若干商业模式,部分已经逐渐成熟且实践效果良好,部分正在进行探索尝试。

①增值内容服务模式。

增值内容服务模式是现代纸书最基础也是应用最广泛的商业模式。在这种模式下,用户通过付费获取基于纸书衍生的增值内容,作者、出版社、编辑、运营商再根据协定进行收益分成。纸质出版物对知识信息的载容量和呈现形式毕竟有限且单一,难以满足读者日益增长的需求。编辑和作者可以通过深刻洞察、充分策划,进一步开发出纸书衍生的图文内容、音视频、微应用、周边产品等形式丰富的线上资源,提供增值内容服务。读者则以现代纸书中的二维码为入口获取增值内容服务。周边产品一般采用微付费模式,有效消除了增强型电子书价格高的缺点。

②社群—社交—电商模式。

社群—社交—电商模式是指编辑或作者对现代纸书读者社群进行构建和运

营,并通过知识付费服务或第三方电商实现知识变现,获取收益。碎片化和分众化是移动互联网时代鲜明的特征。读者选择和购买纸书的过程,也是对纸书承载的知识内容、价值观念、生活方式的一种选择,本身就意味着读者的一次分化和定位。编辑利用现代纸书"读者圈"等线上功能应用,并通过读者阅读纸书时扫描二维码构建起实体的线上社群。在现代纸书"读者圈"社群里,读者可以就共同关心的话题和内容进行交流,编辑则可以通过话题设置、置顶删除、仪式打造等日常运维实现读者的拉新、促活、留存,以及读者圈的议程设置和把关。

当价值观和阅读方式相同的受众聚集于统一平台,相互间产生社交联系并达到充分活跃度之后,便为各种形式的价值变现创造了条件。编辑和运营人员可以通过现代纸书网页端应用,或与第三方电商平台合作,精准推送书籍、音视频、图文、题库、游戏、衍生品等资源乃至周边产品、文创产品等,实现社群价值的变现。

以延边教育出版社出版的现代纸书《快乐 5+2 课课优优》为例,该书根据其使用场景,搭建了家长"辅导圈"并做重点运营。具体内容包括:定期晒出孩子做题成果进行互动,设置教辅问答场景,日常更新针对性学习方法等优质内容,等等。根据后台数据显示,该"辅导圈"活跃度超 2 万人次,专家回复近万人,读者评价过万条。在圈内,编辑和运营人员通过推送付费教育内容实现社群流量的变现,产生了可观的利润。这一过程中,读者通过"读者圈"找到自己的"社群",可以进行各种社交互动,或与原作者、编辑进行沟通交流,获得体验上的价值增值。同时,读者通过精准的推送买到符合心意的产品和服务,节约了决策时间,降低了决策风险。出版社和编辑可以找到并聚集自己的读者,通过良好的运营,以电商和精准知识服务的形式实现收益,大幅扩展了收入来源。

③数字衍生内容金融化模式。

数字衍生内容金融化模式指的是将现代纸书优质数字衍生内容一段时间内的预期价值打包进行交易,实现金融化和债券化,引入外部资金,提前获得收益。资本一直是掣肘出版社融合转型发展的关键因素。现代纸书的增值内容服务,因其可以持续产生可预期收益,给金融的介入提供了良好的土壤。对于教辅、畅销书等现代纸书产品,因其稳定的需求和渠道,其长期收益具有一定的保障。数字衍生内容金融化交易的整个流程需要在具有公信力的第三方交易服务平台内进行。首先,出版社选中优质纸书数字衍生内容资源,并明确相关版权。其次,准备前期收益数据、运营策划方案等支撑材料,将纸书未来若干时间段内的收益进行科学评估并挂牌招标。最后,基金方、资本方将对其进行全面评估,确定以其认为合适的价格买入,此过程可能跌价,也可能溢价。交易成功后,资金将通过第三方交易服务平台支付给出版单位,覆盖前期投入的成本,锁定未来收益。

2017年2月,"中国出版融合内容交易服务平台"在武汉成立,并在全国率先开始现代纸书衍生内容交易。该平台成立后,长江少年儿童出版社将58种现代纸质产品4个月的衍生内容收益进行挂牌招标,获得多家基金公司青睐,最终以688.91万元交易成功。在这种商业模式下,出版社以内容撬动资本,现代纸书得以迅速变现,缩短了优质出版物策划出品周期,激发了企业创新动力与活力,促进了更多优质出版物的出现;同时,充分利用市场资源,有效降低了运营风险。而作为商业合作伙伴的基金方、资本方,可以以较低的市场风险获得可观的长期收益。

(5)总结

现代纸书体系帮助作者、编辑获得额外收入;与读者产生实时互动,增强读者黏性;获得读者数据,精准了解读者喜好,反哺内容生产。

从出版单位角度来说,现代纸书帮助出版单位开辟新的收益来源,实现巨量增收;打造读者与内容生产者的互动平台,改变与读者持续失联的困境;收集、整理、分析读者行为数据,建立庞大的读者数据库;顺应移动互联网发展趋势,彻底实现转型融合发展。

从行业角度出发,现代纸书帮助新闻出版行业构建了全新的出版融合生态系统,创造以内容提供商为主要商业价值的数字内容盈利模式,改变用户获取知识、传播知识的方式,引领中国新闻出版"互联网+"转型融合升级和产业发展方向。

现代纸书适应了移动互联网时代读者的阅读习惯,开创了全新的内容生产方式、内容运营模式,在传统出版流程的基础上,融入互联网最前沿的技术和思维,对每个环节、每个角色的分工都进行了优化,最终以为读者创造价值为核心,以出版单位、作者、编辑、读者各司其职,共同创造价值,最终实现共赢为目的,打造了完美、共赢的出版生态链。

5 电子报纸

本书第2~4章阐述了数字出版物的三大形态,即电纸形态、数据库形态和增强型形态,对于从传统出版物转型的数字出版物来说,这三大形态是基础形态。同时,我们也应该看到,传统的书、报、刊在转型后,还是有各自的特色的。本章从报业的数字化开始,对电子报纸做系统陈述。

5.1 电子报纸概述

5.1.1 电子报纸的概念

随着互联网、数字出版、移动通信等技术的发展,电子报纸的制作手段、显示设备、发行渠道等也在不断变化,电子报纸产品持续更新,跟不上时代发展的则被淘汰,处于一个演进和变化的过程中。因此,不同时期对电子报纸的称谓和内涵的解释也不尽相同。根据对相关文献的总结可以发现,对电子报纸的称谓主要有报纸网络版、报纸网站、新闻网站、仿(全)真报纸、多媒体数字报、手机报、数字报纸等。本书统一称之为电子报纸。

对于电子报纸,当前学界暂无明确的定义。美国国会图书馆目录部对电子报纸的定义为"一种远程存取(remote access)的电脑文件型报纸(computer file)"①。由此可知,电子报纸必须具有传统纸质报纸的内容,并且以新型的数字信息技术作为传播手段。

学者闵大洪把电子报纸看作"出版发行者通过网络传输、用户在网络终端上

---

① 谢新洲.电子出版技术[M].北京:北京大学出版社,2006:83.

读取的出版物"①,包括光盘介质(电子出版物)和网络介质(网络出版物)等形态②。

黄鹂认为电子报纸的形态"不包括以别的形式发行的新闻内容,如 CDROM 只读光盘及在寻呼机和数据广播、图文电视上的新闻,也不包括在网络上出版的其他电子出版物"③。

彭兰认为电子报纸是在网络上发行的,具有报纸原有版面的报纸形态,但是"它既不是印刷报纸的简单翻版,又不是对新闻网站的一种简单沿袭"④。彭兰对电子报纸内涵的解释更接近于"仿(全)真报纸"说法,它"实现了对纸质报纸的原版还原,既满足读者惯常的阅读体验和习惯,也开拓出了报业网络服务的新空间"。"目前只是报纸图文转化",但"将来多媒体内容会更多地进入电子报,有更多'原音(影)重现'",有更多的互动内容。⑤ 它"融合了网络传播特性和传统媒体'原版原式'两种优势,使读者通过网络直接阅读到与传统媒体一模一样即'原汁原味''原版原式'的电子报"⑥。

总的来说,有的学者将电子报纸看作一种阅读设备,忽视了内容;有的学者只是把电子报纸看作一个版本,这也是不够全面的;但是大多数学者都肯定了数字技术在传统纸媒转型过程中不可替代的作用。

在本书中,电子报纸是以数字形式呈现的一种连续出版物,它具有印刷型报纸的一般特征——有统一的题名、有相对固定的栏目、按一定的周期连续出版。电子报纸的概念又有狭义和广义之分。狭义的电子报纸是指印刷型报纸的电子版或网络版。广义的电子报纸则是指互联网上的新闻网站或频道,以及移动互联网新闻客户端,严格说来,它们并不是报纸,却是网络新闻事业的一部分。

由上述定义可知电子报纸必须具备两个条件:一是要有固定出版周期和栏目结构等传统印刷型报纸的特征;二是通过电脑及移动载体等阅读设备阅读或视听,并依靠互联网发行。

① 闵大洪.电子报刊——报刊业一道新的风景线[J].新闻记者,1996(9):44-46.
② 闵大洪.向数字新媒体领域拓展[J].新闻前哨,2007(9):14-16.
③ 黄鹂.因特网上的电子报刊[J].当代传播,1999(3):31-33.
④ 彭兰.从新一代电子报刊看媒介融合走向[J].国际新闻界,2006(7):12-17.
⑤ 姜莹.何东炯:电子报形式只是报网结合的起点[J].中国传媒科技,2007(7):60-62.
⑥ 亢树常.复合式传播悄然兴起——从手机报、电子报看多种媒体融合势头[J].记者摇篮,2005(2):7-8.

5.1.2 电子报纸的特点

电子报纸在一定程度上沿承了传统报纸的部分特征,并且,在数字信息技术的加持下,电子报纸打破了传统报纸受时间、空间的限制,显现出得天独厚的优势。

(1)传播速度快,时效性强

无论是传统的印刷型报纸,还是新型的电子报纸,其内容都以新闻为主。作为"新近发生的事实的报道"[①]的新闻,时效性是其重要的新闻价值因素。受众阅读报纸是为了及时知晓新近发生的新闻资讯,而传统报纸的出版需要经过采写、编辑、排版、印刷等一系列流程,并且在出版之后还要经过数小时发行流通环节才能送到读者手中。因此,传统报纸一般以月、周、日为周期进行出版发行,在这个过程中,新闻的时效性难以得到保证。

电子报纸的出现满足了受众对于新闻时效性的需求。在报纸生产环节,新闻采编人员可以通过数字技术和网络传输手段,直接采集数字化信息,或者直接将信息上传至互联网,简化了新闻的采编流程,提高新闻生产效率;在报纸发行环节,相较于传统纸质报纸单一的分发模式,电子报纸可进行多渠道同时分发,从新闻网站或频道,到移动新闻客户端,信息的发布与受众的接收几乎同步,从而提高了信息的到达率。

(2)传播范围广,覆盖率高

传统报纸由于受到报社规模、采编力量、发行成本等因素的制约,其发行范围也具有一定的局限性。一般来说,地市级的纸质报纸的目标受众仅为当地居民,内容也多以当地新闻为主,因此其发行范围局限于当地。电子报纸以移动通信技术为依托,"摆脱了电线、光缆等实体网络的限制,通过无线网络实现随时随地的传播"[②],受众无论身处何处,都能够借助移动互联网阅读全国各地乃至国际上的电子报纸。

(3)检索便捷,便于存储

传统的印刷型报纸以纸质的形式存在,受众只有通过翻阅才能进行信息查找,这不免费时费力,并且随着时间的推移,纸质报纸的存储也成为一个需要解决的问题。利用数据库技术存储的电子报纸为受众提供了多样的检索方式,如关键词检索、全文检索、主题检索、日期检索等,并且受众还可以在此基础上进行

---

① 何梓华.新闻理论教程[M].北京:高等教育出版社,2008:20.
② 宫承波.新媒体概论[M].5 版.北京:中国广播影视出版社,2016:40.

内容复制或打印,这在一定程度上提高了新闻信息的阅读率。

（4）表现形式丰富,可视性增强

作为平面媒体的传统报纸,只能通过文字和图片来呈现视觉效果,表现形式较为单一。电子报纸采用了多媒体技术,可以利用文字、图片、声音、影像等信息载体的结合,多维度地阐释新闻事件,全方位地展现事件全貌,为读者带来更真实的感官体验。

（5）信息接收主动化,交互性增强

电子报纸的信息接收的主动化主要体现在两个方面:在内容上,受众在阅读传统印刷型报纸时无法选择报纸上呈现的内容,只能被动地接收记者和编辑提前采写编辑完成的信息,而在互联网中,用户可以打开网页浏览器或新闻客户端主动搜索自己感兴趣的新闻内容,或者利用订阅功能自动获取想要关注的新闻内容;在时间上,纸质报纸送达受众手中一般都是在固定的时间段内,受众只能在相应的时间内完成报纸内容接收行为,但电子报纸兼容多种阅读终端,用户可以利用数字终端设备随时接收或阅览新闻信息。

电子报纸的交互性是指受众与传播者之间的交互和受众与受众之间的交互。在传统报纸时代,传播者与受众之间是单向的线性关系,受众的反馈往往只能通过向报社打电话、写书信、写邮件等方式实现;受众与受众之间的互动受到时空的限制,只能在小范围内进行信息分享与讨论。在新闻网站或客户端中,用户可以通过评论、留言等方式与编辑部互动,将个人意见与建议及时、准确地传达出去,电子报纸的编辑部可以根据实际情况采纳受众反馈意见,合理调整报道形式和内容。在电子报纸中,受众与受众之间的交互主要是通过点赞、转发的形式实现的。

5.1.3　电子报纸的发展历程

加拿大的《多伦多环球邮报》（*Toronto Globe and Mail*）于 1977 年 11 月开始向用户提供信息检索服务,成为世界上第一份联机型电子报纸。1978 年,互联网还处于实验阶段,位于美国硅谷的《圣何塞信使报》（*San Jose Mercury News*）首次尝试制作电子报,因此被认为是第一家网上报纸。20 世纪 90 年代之后,在互联网技术发展及网络基础设施建设完善的背景之下,传统媒体纷纷踏上了数字化道路。在报业领域中,《纽约时报》在 1995 年成立数字媒体公司;1996 年 1 月建立网站;同年,《华尔街日报》网站建立。

在全球数字化浪潮的冲击和启发之下,我国媒体从业者也开始酝酿报纸的数字化发展策略,并进行了积极的尝试。根据时间节点,我国报纸数字化转型历程划分为以下四个阶段。

（1）初步尝试阶段（1993—1995 年）

我国传统报纸和通讯社较早就开始了数字化的尝试。1993 年 12 月 6 日，《杭州日报·下午版》开通联机传输。① 1994 年 5 月，《中国日报》成立了电子报制作公司，11 月完成了电子报的雏形制作，并推出了一项服务——客户拨打电话即可调看三个月之内的《中国日报》电子报。但是此时的《杭州日报·下午版》和《中国日报》都还没有真正进入互联网。

1995 年 4 月，中国新闻社网站以 www. chinanews. com 为域名登陆香港。《中国贸易报》电子版于 1995 年 10 月上网，20 日举行开播演示，是我国最早在境内上网的报纸，当时每天上网的文字量为 1.5 万。② 从 1995 年 10 月开始，人民日报社新闻中心以"CNWEB"为域名，将《人民日报》的全部信息发布到新加坡的一个互联网站上。1995 年 12 月，《中国日报》网站正式开通，网址为 www. ihep. ac. cm/chinadaily。1995 年，《华声月报》还没有自己的网站，却已开始将印刷版报纸的重点内容转换为"比特文本"，放在香港和内地的一些站点上供用户调阅查看。

1995 年，我国互联网还没有正式进入商用阶段，电子报纸在各方面都存在许多问题。首先，传统报纸基本上还没有自己的网站，或网站没有独立域名；其次，基础设施不完备，服务器响应速度较慢，服务质量难以让人满意；再次，数字化加工手段非常原始，所发布的内容是印刷版的翻版，没有排版，更没有做到对多媒体、交互功能有效利用或及时更新；最后，数字化的主要目的是借助互联网拓宽发行渠道，提高知名度。但是无论如何，我国电子报纸实现了从无到有的突破，能在这一阶段开始进行数字化尝试的传统报纸可以说是相当具有超前意识的。

（2）网站发展阶段（1996—2002 年）

1996 年前后，我国四大骨干网 CSTNET、CHINANET、CERNET、CHI-NAGBN 相继建成开通，互联网基础设施建设取得了阶段性成果。从 1997 年到 2002 年，上网用户数、上网计算机数、CN 下域名数以惊人的速度和规模发展，为我国电子报纸提供了相当可观的潜在受众群体。

WWW 站点数量的增长也有我国媒体网站的一份力量。彭兰教授认为，中国媒体出现过两次上网热潮，第一次在 1996—1998 年间，第二次在 1998—2000

① 张世海. 对中国报业进入文化产业的思考——以杭州日报报业集团为例[J]. 东南传播，2011 (12)：20-22.

② 彭兰. 中国网络媒体的第一个十年[M]. 北京：清华大学出版社，2005.

年间。在 1993—1995 年电子报纸的萌芽期之后，我国传统报纸和其他传统媒体纷纷兴办网站，借助第四媒体——互联网——开始数字化转型。据中华全国新闻工作者协会（简称中国记协）的调查显示，到 1999 年底，我国已有 700 余家新闻宣传单位建立了拥有独立域名的网站。国务院新闻办也在 2001 年 11 月 3 日宣称，我国由报纸、期刊、广播电台和电视台建立的网页或网站已达数千个。

（3）深入互动阶段（2003—2006 年）

2003 年是我国网络媒体的分水岭，这一年，"网络经济"成为热词。到 2006 年，强调传统媒体与网络媒体融合的报网互动逐渐成为学界、业界讨论和实践的重点，传统媒体与互联网的融合不断深入，新闻网站成为新闻信息的重要传播阵地，多媒体数字报也应运而生。除此之外，传统媒体纷纷进军手机媒体，彩信版、WAP 版手机报蓬勃发展，成为这一阶段新的亮点，为移动阅读时代的到来奠定了基础。

2004 年初，新闻出版总署授予新浪、网易、搜狐等 50 家公司网络出版权，商业网站也迈入主流媒体行列。截至 2004 年 12 月，我国重点新闻网站每天首发的新闻达到 2.45 万条，境内每日受众覆盖面超过 5000 万人次。[①] 这一阶段，我国新闻网站的业务不断改革和创新，在新闻信息服务的时效性、互动性、多媒体等方面上了一个新台阶，增值服务也更加全面。

2004 年 7 月 18 日，《中国妇女报》率先推出彩信版手机报——《中国妇女报·彩信版》，被认为是全国第一份彩信版手机报。紧接着，《中国青年报·彩信版》在 7 月 31 日开始试运行。2005 年 4 月 5 日，浙江日报报业集团、浙江在线新闻网与浙江移动公司决定联手启动《浙江手机报》，其成为我国第一份省级手机报。2006 年 1 月，解放日报报业集团发行 i-news 手机报，整合了《解放日报》《新闻晨报》《新闻晚报》《申江服务导报》等 11 张报纸及刊物的内容。2006 年 5 月 17 日，广州日报报业集团推出彩信版手机报——《手机炫报》。2006 年，《贵州省手机报管理暂行办法》出台，这是我国当时唯一的一项手机报管理相关规定。这几年是我国手机报和手机媒体蓬勃发展的时期，一时间手机报遍地开花，到 2006 年底已发展到近 100 家。[②]

2006 年，解放日报报业集团推行"4i"（i-news 手机报、i-mook 电子杂志、i-paper 阅读器和 i-street 公众新闻视频）战略。4 月 14 日，解放日报报业集团推出基于电子纸技术的电子阅读器版的 i-paper，每天可出版约 50 个版面。8 月 1 日，宁波日报报业集团以宁波网为平台发布了《播报》，中国第一份真正意义上的

---

① 崔保国.2004—2005 年：中国传媒产业发展报告[M].北京：社会科学文献出版社，2005.

② 李宗诚.手机报在我国兴起的原因与发展历程[J].新闻爱好者，2010(4)：50-51.

多媒体数字报问世。9月15日,解放日报公众新闻视频i-street亮相上海街头,以滚动字幕的方式播出当日重大新闻,并于每日清早和傍晚更新。10月24日,宁波日报报业集团推出阅读器版的《宁波播报》,每日发布一次,分为8个版面。内容来自《宁波日报》《宁波晚报》和《东南商报》,由专门的团队对信息进行二次加工。

(4)移动阅读阶段(2007—2013年)

2007年之后,我国互联网和移动通信网基础设施建设进一步推进,为网络媒体、手机媒体的发展提供了先决条件。

2007年9月,在新闻出版总署传媒发展研究所和中国数字报业实验室主办的专题研讨会上,移动新媒体技术和电子纸阅读器与多媒体数字报刊一起被列入实验项目。2007年11月,亚马逊推出Kindle阅读器,其成功的经营模式更是刺激了全球移动阅读市场。可以说,2007年已经步入了移动阅读时代,这一阶段,我国电子报纸的发展方向也集中在移动终端设备的利用上,利用纸质报纸资源和网络平台开展移动阅读业务。除此之外,户外公共终端也开始在新闻信息传播方面进行尝试。2007年1月,河南日报报业集团大河多媒体信息港在街头出现,这是一种利用户外公共媒体的电子报纸产品。2010年,人民日报以“电子阅报栏”的形式进驻天津、上海、武汉、郑州等大城市街头。

随着移动设备进入功能性时代,依托于移动终端设备、用户可自由安装卸载的应用程序随之涌现。搜狐于2010年6月推出国内第一个新闻客户端程序,这标志着我国新闻客户端发展的起步。新闻出版总署于2011年4月20日公布《新闻出版业“十二五”时期发展规划》,提出了新闻出版业“十二五”时期的七个重要任务,其中包括“顺应数字化、信息化、网络化趋势,推进新闻出版业转型和升级”[1]。《传媒蓝皮书·2013年中国传媒发展报告》显示,截至2013年底,在iOS和Android平台上具有新闻资讯属性的App应用超过1300个,其中具有传统媒体背景的新闻App占49%。

(5)融合创新阶段(2014年至今)

2014年被称为“中国媒体融合发展元年”[2]。在媒介融合的背景下,传统媒体开始纷纷推出独立的新闻客户端。2015年是我国手机新闻客户端蓬勃发展的一年,在这一年里,上线了包括“无界新闻”“天天快报”“并读新闻”等8个原创新闻客户端,网易、搜狐、腾讯、今日头条等四大新闻客户端凭借自身强大的互联

---

① 中央政府门户网站.《新闻出版业“十二五”时期发展规划》20日公布[EB/OL].(2011-4-20)[2021-08-05]. http://www.gov.cn/jrzg/2011-04/20/content_1848644.htm.

② 人民日报.融合元年:中国媒体融合发展年度报告(2014)[R].北京:人民日报出版社,2015.

网技术实力占据新闻客户端市场的第一阵营,《人民日报》刊发整版广告宣布"人民日报手机新闻客户端累积下载量突破 1 亿"。这一年,中国手机新闻客户端在手机网民中的渗透率达 77.8％。[①] 至 2015 年,以手机为代表的移动终端中的新闻客户端行业格局已基本稳定,并各自朝着垂直化和精细化方向发展。艾媒咨询数据显示,进入 2016 年,中国手机网民规模增速维持在 2.0％以下,新闻客户端用户规模增速在第四季度降至 1.5％,增速处于放缓阶段,这意味着移动客户端之间的竞争将回归存量用户的争夺。

2017 年 6 月发布的《互联网新闻信息服务管理规定》中要求资讯平台须取得互联网新闻信息服务许可,这表明行业监管更加严格,准入门槛提高。2017 年 6 月,ZAKER 和现代快报联合主办了 ZAKER 融媒体城市群南京峰会,致力推动传统媒体与互联网平台之间实现更为紧密的跨区域、跨介质、跨产业融合发展。同时,随着微博、微信等社交平台的崛起,移动新闻客户端占主要内容分发体地位的市场格局被打破,各类移动新闻客户端积极寻找发展出路。由传统媒体创办的新闻客户端顺应媒介融合的潮流,主动借助智能技术探索多元化内容呈现方式;由门户网站创办的新闻客户端依靠良好的用户基础,逐步接入社交平台以增强用户黏性,如腾讯新闻客户端与 QQ、微信联合起来,为用户提供新闻实时推送的服务;聚合类新闻客户端依托大数据技术,致力于为用户推送个性化资讯。

在创新融合的推动下,2018 年,全国两会报道呈现出多元的新闻生产方式和丰富的表现力。《人民日报》在此期间发布的各类形态的两会报道超过 2100篇,重点融媒体产品超过 20 个,总阅读量超过 60 亿。[②] 在输出渠道方面,主流新闻媒体与"两微一端"(微信、微博、客户端)、百度百家号等移动平台有机联动,形成矩阵式传播体系。在技术驱动方面,人工智能、VR 全景相机、智能手持云台、AI 数据抓取、实时直播等技术的应用创新了两会新闻报道方式。在内容表达方面,3D 立体画、动画、H5、图解、短视频、思维导图等可视化产品成为新亮点,"微传播"带来大效果。

2019 年是媒体创新融合的关键节点,中共中央政治局在人民日报社就全媒体时代和媒体融合发展举行第十二次集体学习。习近平总书记首次提出"四全媒体"的概念。在政策支持下,5G 技术迅速落地,催生出一批移动智能化设备,

---

① 艾媒咨询.艾媒咨询:2015—2016 中国手机新闻客户端市场研究报告[EB/OL].(2016-1-27)[2021-08-05].https://www.iimedia.cn/c460/40593.html.

② 张意轩,尚丹.深度融合、技术助力、内容创新——基于对 2018 年全国两会媒体报道的观察[J].青年记者,2018(12):9-10.

短视频成为新的发展风口,vlog(视频日志)新闻改变了传统新闻严肃的叙述风格。2019年4月,珠海整合广电、报业等媒体资源,挂牌成立国内首家全媒体国有文化传媒企业——珠海传媒集团;同年12月,江西新闻、长江云、河南日报等19家媒体成立全国首个省级主流融媒体共同频道——"省际联播","广电＋报业"的跨界合作推动传统媒体的深度融合和转型升级。

图5-1展示了电子报纸的发展过程。

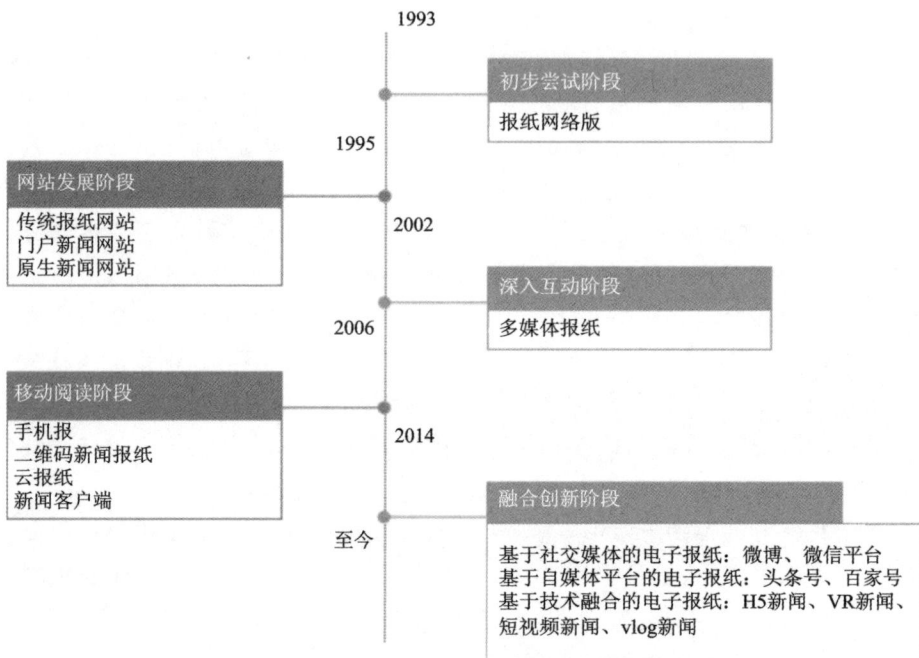

图5-1 电子报纸发展过程图示

5.1.4 电子报纸的分类

早期有学者将电子报纸按照出版发行的方式、信息获取的途径、载体形态、与电子报纸母版的一致性进行分类[①]:①按出版发行的方式分为印刷型电子报纸、纯电子报纸。②按信息获取的途径分为联机检索型电子报纸、单机型电子报纸、网络型电子报纸。③按载体形态分为封装型电子报纸、网络型电子报纸。④按与电子报纸母版的一致性分为设立独立网站且内容为纸质版翻版,有独立

---

① 谢新洲.电子出版技术[M].北京:北京大学出版社,2006:88-91.

网站且内容不雷同于纸质母版,有独立网站但内容超出纸质母版,多家报纸共同开办网站但内容相对独立,报纸或独立或联合开办专业性信息服务网站五种类型。

现在看来,这样的分类方式显得不合时宜。首先,电子报纸的发展早已超越了"上网"阶段,逐步向手机、阅读器、平板电脑甚至户外公共终端铺展开来,衍生出多种多样的电子报纸版本,而这种分类方式中并没有涵盖这些新型的电子报纸版本;其次,在传播技术数字化的浪潮中,诸如联机检索型、封装型等版本的电子报纸早已被淘汰。本书认为,从电子报纸所覆盖的阅读终端形态着手对其进行分类,不仅可以涵盖现存的电子报纸主要版本,而且更加直观,因此可以将电子报纸分为网站新闻媒介、移动化电子报纸、新媒介电子报纸、融合化电子报纸。

5.2 网站新闻媒介

在互联网真正向社会大众推广之后,1997 年我国开始引入门户网站的概念,被称为"第四媒体"的网站媒体开始迅猛发展。为顺应这波媒介变革的浪潮,以《中国贸易报》的上网为起点,中国传统纸媒走上创办网站的数字化道路。与客户端、微博、微信平台相比,网站新闻媒介是传统纸媒与新媒体初次融合的产物,是最具备网络基因的部门。在"2003 中国网络媒体论坛"上,时任国务院新闻办公室副主任蔡名照说,我国具有合法登载新闻资格的网站有 150 家,上网新闻媒体有 1400 家,重点新闻网站和知名商业网站共同吸引了国内 95% 以上的互联网信息访问量。[①] 除了传统报纸创办网站之外,2004 年初,国家新闻出版总署授予新浪、网易、搜狐等 50 家公司网络出版权,商业网站也迈入新闻媒介行列。

无论是报纸网站、新闻(商业)网站还是原创新闻网站,都在不断改革和创新业务,在新闻信息服务的时效性、互动性、多媒体等方面上了一个新台阶,增值服务也更加全面。

电子报纸之于传统报纸,最显而易见的区别就是它的载体已不再是纸,而是各种数字化产物,诸如 Web 网页、PDF 文件、客户端等。初期的新闻网站只不过是将纸质版的新闻内容简单、粗略地移植到网页上,目的是扩大传播范围,是

---

① 彭兰.中国网络媒体的第一个十年[M].北京:清华大学出版社,2005.

对纸质版报纸的宣传和辅助。随着互联网技术的发展,报纸网站有了自己原创性的新闻内容,制作精良,操作方便,功能也更加完善,人们可以在网站上发表评论,观看新闻视频,参与重大议题的投票,等等。

学者闵大洪在《数字报业:2007年的大亮点》一文中对"报业数字化"和"数字报业"二者的关系进行论述时讲到,"报业的数字化"包括两个层面:"一是利用数字技术改造本身传统的生产方式,包括印前、印刷、发行、管理等各个环节;二是利用数字技术重塑报纸出版业的行业边界和业务形态,推动多元传播格局下报纸出版方式和报业经营模式的转型。"①其中,第二个层面中产生的形态就是"数字报业"。

因此,可以将报纸的数字化理解为,利用数字技术对传统纸质版报纸的业务形态、产品和服务进行技术改造,它是电子(数字)报纸的产出过程。在本书中,笔者认为目前基于网站新闻媒介的报纸数字化形式主要包括报纸网络版、多媒体报纸、报纸网站,其中,报纸网站根据创办主体的不同又分为传统报纸网站、门户新闻网站和原生新闻网站。

5.2.1　报纸网络版

报纸网络版一般指传统报纸媒体所设置的网站或网页,此称谓源于报纸开办网站的初期只是将纸质版报纸的内容放到网上,很少有版面的编排和加工,也没有多媒体、交互功能或增值服务。如《浅析报纸网络版的发展》一文所说,"报纸网络版是指报纸这种传统媒体借助网络技术而产生的电子版本。它与报纸是子体与母报的关系。"②喻国明教授认为报纸的网络版是"依托传统报纸创建的新闻网站",并且"报纸的印刷版和网络版是互补的关系",二者是"功能相辅、价值互补的整体"。③

1995年10月,《中国贸易报》走上了互联网,这标志着我国报纸开始尝试走电子化道路。《人民日报》网络版(www.peopledaily.com.cn)于1997年1月1日正式接入因特网,第一年的访问量突破8000万人次,完成营收30万元。1999年,国内发布网络版的报纸已接近千家。《人民日报》网络版打破了"日报"的固有模式,开始每天九次的整点更新,运用图片、视频、音频等多媒体资源,开设了视频直播室,是拥有13个新闻频道和6个专题子站的综合性网站。2000年,

---

① 闵大洪.数字报业:2007年的大亮点[J].新闻与写作,2017(12):20-22.
② 冯晓斌.浅析报纸网络版的发展[J].当代传播,2004(4):90-91.
③ 喻国明,吴文汐.数字报业:从网络版的经营做起[J].新闻与写作,2007(2):11-13.

《人民日报》网络版进行改版并改称"人民网"，此后推出"人民时评""人民热线""网友热评"等栏目，成为综合性的新闻网站。

5.2.2 多媒体报纸

多媒体报纸（即增强型报纸，业界更习惯称之为多媒体或富媒体报纸）是指插入视频、音频和互动评论的报纸，有的多媒体报纸可以下载后进行阅读。多媒体报纸在保持传统报纸内容的基础上，对音频、视频、动画等要素进行整合，呈现出声像并茂的全新内容。它具备的特点主要有：①对纸质版面的再现。多媒体报纸在互联网上呈现出与纸质报纸相同的版式，读者不需要被迫改变传统的阅读习惯，通过鼠标操作便能阅读任意一篇文章。②提供导航服务，读者能够通过"标题导航"或"日期导航"自由选择并快速获取感兴趣的新闻。③对广告的立体化宣传，改变以往单一的图文的静态呈现形式，能够运用视频、音频进行立体演示。④报纸发行无数量、地域限制。多媒体报纸借助互联网这一数字传输渠道，不需要进行纸质印刷和物理空间的运输，这在节省成本和扩大发行范围方面具有显著优势，同时也进一步创新了纸媒传统的经营模式。⑤互动性的增强。多媒体报纸的在线评论功能不仅能够实现读者与新闻传播者之间的互动，还能促进读者与读者之间的双向互动。⑥订阅方式的突破。读者能够通过互联网随时随地阅读当天的报纸，同时，多媒体报纸支持离线阅读，读者能将其下载到本地计算机里进行阅读。

2006年是多媒体报纸元年。2006年8月1日，全国第一张多媒体报纸——《播报》在宁波日报报业集团中国宁波网问世。顾名思义，"播报"有双层含义：一是取"博客"的"博"字义，指"播报"如同"博客"一样具有互动的功能；二是在电子报纸中插入视频和音频，能够为读者进行语音播报。中国宁波网的播报页面分为报纸版面区和多媒体互动区。在报纸版面区中，读者可以根据自己的阅读需求点击画线语句，享受语音播报服务，也可以点击超链接了解新闻背景资讯。多媒体互动区引入了博客论坛和互动社区，为读者提供随时发表看法和观点的平台，所有浏览该报纸页面的读者都可以看到互动区的评论。之后的一年多时间里，我国有数十家报业集团和报社推出了约700种多媒体报纸。在北京奥运会报道期间，《播报》与央视新闻、搜狐网等网站进行合作，自主采集内容精编稿件，将在线直播、互动融为一体，在报道中体现"快捷滚动、即时互动、多媒体联动"的特色，以报纸版面形式与网络多媒体手段相结合的全新报道方式，每日实时推出最新奥运新闻版面内容。[①] 到 2009 年 10 月,全国已上线的多媒体数字报有 1000 余份。[②]

当时宁波日报报业集团编委、中国宁波网总编田勇认为多媒体报纸是"全面互动和多媒体的电子报纸的形态"[③]。多媒体报纸是电子报纸在报纸网络版和报纸网站的基础上的再发展,无论是嵌入视频新闻内容、语音播报,还是为受众提供表达途径,都展现出了传统媒体对受众需求更加重视的趋势。

5.2.3 传统报纸网站

随着传统报纸对其网站的不断升级改造,今日的"报纸网络版"和"新媒体报纸"已产生巨大变化,越来越多的人开始接受"报纸网站"这一概念。报纸网站在报纸网络版的基础上发展而来,指的是传统报媒开办的网站,内容来源不局限于纸质版报纸,有多媒体和互动功能并开设了增值服务,通常有独立的域名。有人认为,"报纸网站是指依托传统报纸资源,充分利用网络传播技术优势,传播新闻资讯、提供信息服务的一种新型网络媒体。"[④]它属于"第四媒体",兼具时效性、互动性、功能性,开设各种增值服务,拥有新闻采写权,但是不包括商业网站。

新华网的前身是新华通讯社网站,2000 年 3 月改名为新华网,同年 7 月全面改版,并启用新域名 http://www.xinhuanet.com/。2001 年 2 月再次改版后,陆续增加了网上直播频道、外语频道和多媒体频道,每日新闻条数超过 4000 条。新华网总网共有 50 多个地方频道,发挥了其各地都有分社的优势。

除了主流媒体,在报纸数字化的进程中还有地方报业的身影。这一时期,我国地方媒体开启了联合创办网站的新模式,其中最有影响力的是上海东方网和北京千龙网。东方网是在上海新闻宣传网站筹备领导小组的指导下建立的,与当地 14 家主要媒体共享新闻信息。千龙网(图 5-2)是北京日报社、北京人民广播电台、北京电视台(2010 年,北京北广传媒集团、北京人民广播电台、北京电视台整合组建成立北京广播电视台)、北京青年报社、北京晨报社等京城传媒共同创办的国内第一家综合性新闻网站。值得一提的是,千龙网创造了一种新模式,即由传统媒介整合后,以独立公司的身份进行运作。

截至 2010 年,以传统纸质媒体为核心的传媒集团基本实现电子报纸上线,

---

① 赵泓,蔡灿敏.数字报纸发展的多媒体化趋势探析[J].新闻记者,2009(2):75-78.

② 李珠.2009 年中外数字报纸发展报告[EB/OL].(2010-09-19).http://xinwen.cass.cn/xmtyj/xmt/201009/t20100919_1968000.shtml.

③ 田勇.试论互动多媒体报纸[J].新闻实践,2006(9):25-27.

④ 段玲玲.当代中国(大陆地区)报纸网站研究[D].长沙:湖南大学,2008.

至少形成了一刊一网的纸质媒体数字化格局①。截至 2019 年,报纸的网站开通率为 99%,网站媒体成为纸媒最基本的传播平台。《2019 报纸融合传播指数报告》数据显示,2019 年,报纸网站日均发文量为 181 篇,是报纸日均发文量 43 篇的 4.2 倍。另外,全年平均每个报纸网站的报道被全网转载 9 万篇次。②

图 5-2　千龙网首页截图

5.2.4　门户新闻网站

当前,关于新闻网站的内涵有两种观点:一种观点认为,其是指具有传统媒体(报社、通讯社、电视台、电台)背景的网站,也可称媒体网站;另一种观点是不管有无传统媒体背景,仅以业务范围和业务权限来界定新闻网站的内涵,因此也包括商业网站或商业网站的新闻版块(或称"频道")。

新闻网站必须经营新闻业务,是"以传播新闻与信息为主要业务,以经营新闻业务和广告业务为主要生存手段的网站"③或拥有新闻登载资格,如《探寻新闻网站的盈利模式》一文认为新闻网站指"由新闻单位依法建立的,可以从事登载新闻业务的网站"④。同时,新闻网站"包括有传统媒体背景的网站和有新闻

---

① 方芳.中国报纸网站传播现状的思考[J].湖北社会科学,2013(6):196-198.

② 人民网研究院.2019 报纸融合传播指数报告[J].传媒,2020(15):21-22.

③ 吴巍巍.国内新闻网站现存问题及相关思考[D].南昌:南昌大学,2010.

④ 郭乐天.探寻新闻网站的盈利模式[J].新闻实践,2009(2):7-10.

登载资格的商业网站"①。本节所讨论的新闻网站是指后者。

2000年4月到7月12日,新浪、网易、搜狐三大商业网站相继在美国纳斯达克挂牌上市。2003年,腾讯网上线。这四大门户网站构成了中国早期的商业新闻网站市场格局。随着移动互联网时代的到来,综合门户网站纷纷转型,目前,新浪、腾讯、网易、搜狐、凤凰网被称为五大门户网站。② 截至2016年12月,刊登网络新闻的网站在国内综合排名中处于前50的有东方网、中国网络电视台、中国军网、凤凰网、大众网、腾讯网、新浪、搜狐、网易、百度新闻、新华网、中华网等。③ 由此可见,商业新闻网站的排名高于传统报纸网站。

门户网站涉足新闻业务,无疑是与传统报纸媒体网站争抢互联网市场,分流了媒体网站的广告收入和受众人数。2005年发布的《互联网新闻信息服务管理规定》对门户新闻网站是否能生产原创新闻内容做出了严格的要求。由于不具备新闻采访权,门户网站难免照搬传统媒体或媒体网站的内容。门户新闻网站主要以三种途径开展新闻内容传播活动:一是对以传统媒体为代表的专业新闻机构的内容进行转载刊登;二是对娱乐、体育、科技、财经等软新闻进行原创生产;三是尝试在网站中引入UGC(user-generated content,用户生产内容)。以新浪网为例,转载新闻占新浪网络新闻的51.62%,原创新闻和UGC所占比例分别是34.27%和9.87%,其他占4.24%。④ 新浪一方面广泛搜罗新闻频道报道,以自助式方式满足不同阅读偏好的网民口味,同时组建专业采编人员队伍,对娱乐、体育等专题进行挖掘和解读;另一方面为用户提供内容创作平台,用户可以在网站首页登录新浪微博账号,通过文字、图片、音视频等多种形式生产原创内容。

5.2.5　原生新闻网站

原生新闻网站又被称为网生新闻网站(Internet-native News Outlets),指以互联网为平台,通过以专业记者为主体、以用户与专家共同参与为辅的生产方

① 彭兰.中国网络媒体的第一个十年[M].北京:清华大学出版社,2005.

② 欧阳日辉.从新闻门户到社交媒体:门户网站的商业模式变迁与发展路径[J].新闻与写作,2019(2):11-17.

③ 中国互联网络信息中心.第39次中国互联网络发展状况统计报告[R/OL].(2017-01-22)[2021-08-25].http://www.cac.gov.cn/2017-01/22/c_1120352022.htm.

④ 许图.试论中国内地商业门户网站的新闻内容生产与特征[J].新闻研究导刊,2018,9(4):51-52.

式,以发布高质量新闻报道内容为宗旨的自主经营性新闻网站。[①] 原生新闻网站与传统报纸网站和门户新闻网站的区别在于,它在互联网中诞生,不与任何传统媒体或商业媒体集团存在附属关系,并且在新闻生产、新闻理念、组织结构和运营模式上都与传统报纸网站和门户新闻网站存在差异。1994 年,以网络新闻杂志"沙龙"(Salon.com)为代表的第一代原生新闻网站在美国出现,除此之外,国外的原生新闻网站还包括在 2009 年被《时代》杂志评为"25 个最佳博客"之一的综合类原生新闻网站混溶网(Mashable)、2012 年获"普利策国内报道奖"的《赫芬顿邮报》、2016 年获得"美国国家杂志奖"的 BuzzFeed。在我国,由于《互联网新闻信息服务管理规定》对掌握新闻采访权的主体有着严格的限定,因此不存在脱离于传统媒体或商业媒体集团的原生新闻网站。

在新闻生产中,原生新闻网站追求原创内容,信息大多来源于专业记者、阅听人或博主,为避免与传统媒体报道内容的同质化,原生新闻网站多采取调查式新闻报道和深度报道,力图提高新闻报道的质量。[②] 恪守"新闻专业主义"是原生新闻网站在商业化潮流中诞生的初衷,也是网站新闻从业者秉承的实践理念,在追求客观、准确、及时、趣味、接近的新闻价值的同时,原生新闻网站还尤其重视报道的全面和深度。在组织结构上,原生新闻网站多由专业性新闻记者和各领域专家创立,传统新闻网站和门户新闻网站则是由传统媒体记者和互联网部门雇佣编辑创立。"公司化经营"是原生新闻网站的重要特征,它脱离传统媒体的所属关系,为记者在新闻生产的各个环节提供了自由进行新闻实践的空间,同时还致力于为用户提供内容增值服务。

5.2.6　网站新闻媒介与传统报纸的比较

(1)从信源的角度

在传统报纸中,独家新闻是"杀手锏",但在网站新闻媒介中,独家新闻只是锦上添花。网站新闻媒介具有不可比拟的融合功能,从内容信息上来讲,包括网络广播和网络视频等;在报道手段上,网站新闻媒介运用信息载体如文字、图片、声音(音乐、音效、录像等)及动态影像(动画、录影等),再结合超文本技术,形成了一个超媒体信息的集合。网站新闻媒介突破了二维空间的版面,从多维角度

---

① 赵如涵.简析数字时代网络新闻传播的最新博弈——欧洲"网生新闻网站"概念及内涵探析[J].现代传播(中国传媒大学学报),2014,36(4):55-58.

② 赵如涵.生存空间与新闻专业主义的角力:网生新闻网站的可持续商业模式探究[J].新闻春秋,2015(2):43-47.

对新闻事件进行阐释和描绘,更加全面地展现新闻事件的原本面貌,同时更加充分地给读者的各个感觉器官施以刺激,增强信息源的感染力。基于友好的操作界面和日益丰富、完善的交互功能,读者可以通过导航功能依据个人喜好快速选取感兴趣的版面或文章,点击放大新闻图片或是放大文章字体,在文章末尾还可以参与对新闻事件的讨论、投票,查看新闻的背景信息、相关信息,等等。一方面为读者接收信息提供便利,另一方面也使新闻传播效果的反馈和收集更加迅速、全面。

(2)从传播者的角度

网站新闻媒介实际上是提供新闻信息服务的网络机构,为受众提供个性化的信息服务,而不仅仅是网络新闻的发布机构,这增强了传播者与受众之间的互动性,传播者不再拥有绝对的话语发布权。报纸新闻是自上而下地将新闻传递给受众,网络消息则是自下而上地传播。

(3)从受众的角度

网站新闻媒介的出现和发展强化了自身的特色,促使新闻的传播者和受众的观念发生转变。如百度新闻提供了国内、国际、财经、房产、教育等 13 类新闻,用户在网站浏览时可以设置任意关键词,在新闻全文或新闻标题中进行检索。对于传统报纸,受众只能从有限的纸质版面上获取有限的新闻信息,但是网站新闻媒介的受众可以轻松地获取所关注的新闻内容,再也不需要耗费时间和精力翻阅纸质版报纸。网站新闻媒介的受众对信息的获取具有一定的主动性,他们会打开网页浏览器主动搜索新闻,或者使用新闻订阅功能为自己量身打造一份新闻读物,而不是像报纸受众一样被动地在固定时间段接收被编辑排版好的新闻内容。

表 5-1 列出了传统报纸与网站新闻媒介的区别。

表 5-1　　　　　　　　传统报纸与网站新闻媒介的区别

项目	传统报纸	网站新闻媒介
目的	发布最新的新闻事实变动	提供新闻信息服务
主要内容	硬新闻	软化、泛化的新闻信息
时效性	强调绝对速度,否定过时新闻	绝对速度更快,同时肯定过时新闻
受众接收时间	接收时间固定	随时
传受关系	传播者主导	受众自由度更大
受众主体意识	弱	强
媒体重点	原创新闻、独家新闻	新闻信息汇编、检索

5.2.7　新闻网站案例：《赫芬顿邮报》

2005 年,阿丽安娜·赫芬顿(Arianna Huffington)创立了博客网站——《赫芬顿邮报》(*The Huffington Post*)。虽然名为邮报,但《赫芬顿邮报》从未发行过实体印刷型报纸,也没有专职的记者队伍,邮报的主要内容是由业余博客作者义务奉献的,并且报纸内容免费向读者开放。从创办之初,它就被定义为"第一份互联网报纸"(The Internet Newspaper：News,Blogs,Video,Community)。互联网流量监测机构 comScore 的统计数据显示,2011 年《赫芬顿邮报》月独立用户访问量首次超过《纽约时报》,该报于 2012 年获得普利策国内报道奖,这是第一家获得该奖项的数字原生媒体,自此,《赫芬顿邮报》跻身美国主流媒体阵营,并成为全世界瞩目的焦点。

这个诞生初期就借助谷歌、Facebook 等社交媒体平台进行内容分发的互联网报纸,其用户被逐渐壮大的社交媒体平台"蚕食",《赫芬顿邮报》用户大规模流失,且难以找到合适的盈利模式,发展陷入了困境。随着几位创始人先后离职,记者团队被裁撤,一路高歌猛进的《赫芬顿邮报》于 2018 年宣布正式关闭其开放的博客撰稿平台,走回了依托职业编辑和记者进行内容生产创作的传统媒体老路。从无人知晓到行业顶尖再到明日黄花,互联网为《赫芬顿邮报》的发展提供了新契机,同时也是导致其走向衰落的直接原因之一,这其中既有它的成功之道,也暴露出其商业模式的弊端,这对于正在转型的传统媒体具有相当重要的借鉴意义。

5.2.7.1　"媒体＋受众"的内容生产方式

作为博客网站的《赫芬顿邮报》与传统新闻网站最大的不同在于其用户参与内容生产颠覆了传统媒体专业新闻从业者对内容自采的模式。由网站编辑提前策划好报道内容和范围,网站受众可以自由选择某一方面或多个方面内容,自主完成线索搜集、新闻采访、内容撰写的新闻制作流程,随后由网站编辑对这些新闻稿件进行筛选和加工,最后在网站上发布。尤其在一些辐射全国的新闻大事件上,这种开放、互通的内容生产形式能够最大限度地发挥群体力量,拓宽新闻渠道,在迎合受众需求的同时也为网站创造价值。

除了普通受众,《赫芬顿邮报》还动员大批社会名流和写手加入博客网站,扩大网站涉猎范围,向多个领域延伸,意见的汇集让其成为精英观点的"集散地",其中不乏美国前总统奥巴马、英国前首相布莱尔、脱口秀名人奥普拉、电影演员鲍德温等各行各业的精英名流。

同时,《赫芬顿邮报》还首创了"聚合式"媒体模式生产内容,即通过各种网络技术整合分散的内容,以多样化的方式将其推送到用户终端,用户通过一站式的访问,就能获取各种信息。

然而,这种"媒体＋受众"的新闻生产模式是为普通受众免费供稿、向专业博主支付稿费。普通受众无法获得相应的正面反馈和奖励,在奖励机制缺失的情况下,普通受众参与新闻生产的积极性被削弱,其发挥的作用也受到限制,当越来越多的社交平台崛起,更多的受众开始向其他能够"变现"的平台转移。

除此之外,这种受众参与新闻生产的方式,也难以保证《赫芬顿邮报》新闻的专业水平。与职业新闻从业人员不同,这些普通受众没有经过专业培训,在撰写的新闻稿件中容易加入个人情感和偏见,《赫芬顿邮报》还曾遵循"先出版后纠错"的原则,这容易导致错误信息大范围传播,变相误导读者。

5.2.7.2 基于搜索引擎优化的平台技术

在互联网的迅猛发展下,人们进入信息超载的时代,从海量信息中精准搜寻个人所需要的有价值信息成为当下受众的迫切需求。作为曾经美国访问量最大的新闻博客网站,《赫芬顿邮报》主要是利用搜索引擎优化（search engine optimization,SEO）吸引受众眼球,提升网站流量。

在流量监测上,《赫芬顿邮报》采用了 Chartbeat 定制版系统和实时流量分析系统（real-time traffic analysis）对网站流量进行实时监测,根据流量研判哪些内容最受欢迎,并在首页依据实时热度进行排序予以推广。根据监测的用户数据实时修改新闻标题、调整内容结构,从而优化网站新闻传播效果。但是专门从事流量监测的编辑团队需要进行 24 小时轮班,采用人工的方式对庞杂的流量数据进行剖析,并筛选出最有价值的数据,根据热门关键词撰写新闻报道。这种"技术＋人工"的半自动化数据监测方法虽然能够促进新闻资源的有效流转和配置,但是难免有些费时费力,报道新闻的效率也有限。

在文本生产中,《赫芬顿邮报》利用语义分析算法工具 Julia 来管理日均上千万条的新闻评论,将 Meta 标签埋设在网页源代码中,并试图将用户所有的搜索词都囊括其中,用户使用相关关键词在搜索网页上进行搜索时,《赫芬顿邮报》的文章会位于前列。同时还利用 A/B testing 技术优化新闻标题,通过点击量数据来衡量标题的吸引力。

在内容分发中,《赫芬顿邮报》网站植入 Gravity 技术,网站能够根据用户的地理位置、浏览记录、兴趣图标等信息为用户定制专属页面,还能够基于用户个人兴趣爱好将特定版块的新闻每日推送到注册邮箱账户,为用户创造个性化阅读体验。

基于"搜索引擎的结果制作内容"的方式,只会选取受众关注度高的新闻事件,这容易削弱新闻媒体的舆论引导功能,使网站陷入"泛娱乐化"的旋涡。盲目追求平台流量,忽视新闻的原创性和深度,会导致内容空洞,缺乏新意。

基于"用户定制内容"的模式在满足受众个性化需求的同时,还容易导致群体去中心化,为受众搭建了一个由他们自己想看见的信息组成的"个性化拟态环境"。从表面上来看,受众拥有更多的权利自由选择接收的信息,但实际上,用户在"作茧自缚"的"信息茧房"里比传统媒体时代更难看到社会原本的面貌,人们的视野由此变窄,这在一定程度上会影响作为新闻媒体的《赫芬顿邮报》自身议程设置功能的发挥。

5.2.7.3 原生广告与付费阅读的盈利模式

《赫芬顿邮报》早期借助搜索引擎优化技术聚集用户浏览量和点击量,并以此来维持和提升网站流量,从而实现"流量"置换广告的盈利模式。

《赫芬顿邮报》广告形式主要包括传统的"显示广告"和"原生广告"。显示广告是指广告主按照广告显示给读者的次数向网站平台付费的模式,是一种最为常见的互联网广告模式之一。原生广告是指引入内容风格与页面一致、设计形式镶嵌在页面之中,同时符合用户使用原页面的行为习惯的广告。[①] 2013 年,《赫芬顿邮报》成立了专门为广告主开发设计原生广告的合作伙伴工作室(Huff-Post Partner Studio),网站中的原生广告通常以视频图集、信息图表等形式出现在博客文章中,受众在浏览新闻的同时还可以对页面中的广告进行评论和转发分享,这种基于吸引用户带来流量、再将用户注意力售卖给广告主的"二次售卖"模式与传统媒体类似,也曾为《赫芬顿邮报》带来可观的收益。

随着谷歌、Facebook 等互联网巨头的兴起,这些新兴媒体通过提供内容服务和增值服务的方式将用户导流到自身的平台中来,并且在技术和资本的支持下,瓜分了数字广告市场,使得单一地依靠广告收入赚取利润的《赫芬顿邮报》的盈利空间缩小。

于是,《赫芬顿邮报》尝试采取新闻付费的方式拓展新的盈利渠道。2012 年6 月,《赫芬顿邮报》发行了每期 99 美分的平板电脑杂志《赫芬顿周刊》。该周刊的内容生产方式与网站新闻不同,杂志的内容由专业编辑团队一手打造,这在一定程度上保证了杂志内容的质量和水平,同时还引入了实时评论系统,读者可以通过 Facebook、Twitter 等社交媒体共享内容。尽管《赫芬顿邮报》想通过该杂志打开付费阅读的大门,但是消费者付费意愿不高,该杂志在发行两个月后改为免费模式。

付费模式"夭折"的根本原因在于作为原生新闻网站的《赫芬顿邮报》缺乏细

---

① 喻国明.镶嵌、创意、内容:移动互联广告的三个关键词——以原生广告的操作路线为例[J].新闻与写作,2014(3):48-52.

分化和知识化的内容,新闻内容的质量和价值尚不具备竞争优势,受众参与新闻生产的方式也在一定程度上影响了其可信性和权威性,而且与《华尔街日报》《纽约时报》等老牌媒体相比,《赫芬顿邮报》的品牌历史积淀不足。这些因素导致《赫芬顿邮报》不具备通过贩卖内容直接进行盈利的能力,同时也制约了其生存和发展。

5.3 移动化电子报纸

数字信息技术的发展推动了移动终端的应用和普及,其中最具代表性的移动终端是继报纸、广播、电视、互联网之后出现的"第五媒体"——手机。根据互联网数据研究机构 We Are Social 和 Hootsuite 共同发布的 2019 年全球数字报告显示,2019 年,全球约 76 亿人中,手机用户占 67%,这意味着移动传播时代已经到来。同时,移动终端的智能化发展也为当前新闻传播格局带来历史性的变革,它重塑了传播技术、传播手段、传播方式及传播结构,构造了适应移动传播时代的全新的新闻传播样式。

5.3.1 手机报

手机报是"一种将纸质报纸的新闻内容,通过移动通信技术平台传播,使用户能通过手机阅读到报纸内容的信息传播业务"[1],它是电信增值业务和传统媒体相结合的产物。由于用户是通过手机接收和浏览当天的报纸新闻的,手机报也被称为"拇指媒体"。它主要有短信(SMS)版、彩信(multimedia messaging service,MMS)版、WAP(wireless application protocol,无线应用协议)版和 IVR(interactive voice response,互动式语音应答)语音版。

短信版手机报的出现要早于其他版本。短信只能发布文字信息,并且对数字有严格的长度限制(160 个英文/数字字符或 70 个中文字符),并不是一种理想的形式。

彩信,即多媒体信息服务,可以做到图文并茂,颜色也丰富多彩。彩信可以容纳 7000～10000 字的信息,最大可载文件容量为 50KB,远远超出了短信的信息承载量。相比较而言,彩信版手机报比短信版更具优势。2004 年 7 月 18 日,

---

① 匡文波.手机媒体概论[M].北京:中国人民大学出版社,2006.

《中国妇女报》率先推出彩信版手机报——《中国妇女报·彩信版》，被认为是全国第一份彩信版手机报。

WAP 版手机报产生于 2G 时代，它通过 WAP 将 HTML 语言编写的 Internet 信息"翻译"成用 WML①（wireless markup language）描述的信息，是一种适合在移动阅读终端上浏览的手机报。过去说的 WAP 网站多指 2G 网络条件下的手机网站。与 2G 相比，基于 3G 技术的网络传输速率更高，全方位支持视频和多媒体传输，提高语音通话质量和数据传输服务，实现不同网络间的无缝漫游，将移动通信网与 Internet 链接起来。借助 3G 技术的 WAP 版手机报可以达到更好的多媒体效果和传输效果，改善用户的阅读体验。2008 年 4 月，手机新浪网升级至 WAP2.0 彩版，摆脱了黑白色界面，首页就能翻看主要新闻图片，在排版上也有所改进，并能同时适配不同大小的手机屏幕。为了迎合中高端 3G 手机用户，手机腾讯网在原有的 3G 版基础上开发了触屏版，支持高清图片的原版显示，让视觉体验更加完美，同时做到了对横竖屏切换的支持。与短信版、彩信版手机报通过移动通信网将新闻信息发送到用户手机上不同的是，WAP 版手机报是通过 WAP 将互联网上的信息"翻译"成更适合手机阅读的形式，这样一来，手机用户能够无障碍地、随时随地阅读到互联网上的信息。

IVR，即互动式语音应答，手机用户拨打指定号码，再根据语音操作提示获得信息和服务。IVR 版手机报提供了语音读报、热点话题讨论、公共聊天室等功能。2005 年 9 月 26 日，《华西都市报》与四川电信联手打造的《华西手机报》声讯版运行，这是我国第一份可以收听的报纸。

4G 和 5G 时代的来临使手机报的推广和普及陷入了瓶颈。如何借助手机的多功能兼容性来对手机报的内容和形式进行创新和优化，是手机报持续发展的突破口。

5.3.2　二维码新闻

二维码"是用某种特定的几何形体按一定规律在平面上分布的黑白色图形来记录信息，并通过图像输入设备或光电设备自动识读"②的新型条码技术（图 5-3）。二维码在 1994 年由日本的原昌宏发明，它的面积比一维码小，能承

---

① 无线标记语言，相比 HTML，WML 编写的内容所占用的网络流量和 CPU 处理时间更少，对广域网和移动设备来说更加友好。

② 陈福，迟晓玲，孙涛.手机二维码——移动互联网的催化剂[J].信息与电脑（理论版），2010(24)：36.

载更多的信息,识别度、稳定性和安全性也更高。

图 5-3　一维码(左)与二维码(右)

　　报纸应用二维码技术主要是基于手机对条码的主读功能,即将安装了二维码解码应用程序的手机作为二维码的识别器,读取它所代表的信息,该功能的应用始于 2005 年 3 月 1 日的《北京晚报》,随着智能手机的普及,全国已出现了多信息二维码,其中的信息可以是文本、图片、声音、视频、网址、身份信息,甚至是指纹。2012 年 2 月 14 日,《长江日报》推出了二维码新闻产品——"魔码"新闻,它所指向的信息是一段"首条长江地铁联络通道今日贯通"的视频。通过手机扫描该条码,会自动转跳到新闻视频播放页面(图 5-4)。

"魔码"新闻——"首条长江地铁联络通道今日贯通"的阅读过程

图 5-4　"魔码"新闻

　　二维码新闻拓展了报纸有限的版面,如果它链接的是多媒体信息,则让新闻报道的感官体验更加真实、生动。同时,也可以用预先印制好的二维码链接对新闻事件追加报道,或是对即将发生的新闻事件进行实时报道,打破报纸在出版时间上的限制。另外,通过二维码可以更好地为读者提供增值服务,譬如提供广告商户的折扣券,采集读者对新闻议题的意见,完成投票、评选,开展报纸的征订工作,等等。

5.3.3　"云报纸"

　　2012 年 5 月 16 日,《京华时报》推出了"云报纸"——《京华时报云周刊》。

"云报纸"具有前后两个终端,前端为纸质报纸,后端则为架设在"云"上的内容,两个终端互为入口,读者通过手机拍摄前端报纸上的图片,可打开云端浏览海量多媒体信息。

这里的"云"指的是云技术(cloud computing),它通过网络将庞大的计算机处理程序自动拆分成无数个较小的子程序,再交由多部服务器所组成的庞大系统,经搜寻、计算分析之后将处理结果回传给用户,它的目标是把一切计算和数据都放到网络上。我们可以将"云"理解为一个存于网络上的数据处理器和存储器,它分担了计算机、手机等硬件设备的数据处理和存储的压力,同时也强调了网络技术商和网络服务商的地位。云技术被认为是未来的发展趋势,利用这项技术开展的服务主要有搜索引擎、云存储等。如苹果公司的 iCloud 功能,用户可以将 iPhone 等设备上的数据上传到"云"上的服务器进行存储,需要的时候数据从"云"中回传至 iPhone,与其他设备上的数据进行同步。

"云报纸"则通过"云"为纸质报纸链接了海量的多媒体信息,为读者提供超出纸质版面的信息接触机会。除了新闻信息外,《京华时报云周刊》还提供在线购物等特色功能。阅读《京华时报云周刊》需要一部装有"联通亿拍"客户端的手机,"联通亿拍"支持一维码、二维码和静态图片的扫描与拍摄,还结合了联通公司的服务功能。

"云报纸"的可行性还有待时间的检验,但无论如何,这种勇于尝试新型技术的精神,是电子报纸发展中不可缺少的。

5.3.4 户外公共终端

解放日报报业集团曾推出 i-street 街头阅报栏,它利用设置在街头的大型触摸式电子屏幕来播报新闻,这种集多媒体和交互功能于一体的屏幕就是本节所指的户外公共阅读终端。这种阅读终端依托互联网技术,实现高清画质、多点触控,将"新闻纸"电子化,从功能单一的报栏阅读,发展成为汇集政务发布、视频新闻、便民服务、资讯查询、公益宣传等多种功能,承载多种信息的综合体,实现了"终端＋云端"整合服务功能。

2007 年 1 月,河南日报报业集团大河多媒体信息港在街头出现,它与解放日报报业集团 i-street 一样,是一种利用户外公共媒体发布的电子报纸产品。大河多媒体信息港拥有触摸屏,集文字、图片、音频、视频于一体,并有查询、分类菜单等多项功能,被业内人士称为"第六媒体"。

2010 年,《人民日报》以"电子阅报栏"的形式进驻天津、上海、武汉、郑州等大城市街头。《人民日报》"电子阅报栏"通过卫星传送新闻资讯,读者可以通过触摸电子屏幕浏览、搜索当日发行的《人民日报》。屏幕显示的报纸版面左侧是该版的文章列表,右侧显示文章详细内容。除此之外,"电子阅报栏"还具有语音读报功能和生活信息查询功能。2019 年,《人民日报》"电子阅报栏"计划升级,一方面在原有终端基础上开发新功能,提供更优质的新闻信息服务;另一方面,与国内优选供应商携手,整合新闻、内容、数据、服务,共同打造面向乡村、社区、电梯、廊道、会议室、民航客舱、无人售货等多个场景下的数字屏显计划。

2020 年 10 月,《邢台日报》首块融媒体电子阅报屏正式投入使用。这块电子阅报屏采用 LED 显示屏,每日定时发送电子报纸,实时更新,并与邢台日报社线上直播平台、客户端、微博、头条号等共同对重大盛会、重要活动提供立体聚合传播渠道,实现多平台、多渠道、多声部的实时直播。

5.3.5 App 报纸

随着阅读器和移动终端的普及,App 报纸悄然兴起。不同于以往手机报和阅读器版电子报纸,也不同于通过手机浏览器在线阅读或下载阅读报纸,App 报纸是一种移动客户端应用程序,每份报纸都有专属的在线阅读通道入口,省去了输入网址或下载的步骤。

2010 年 4 月 1 日,《广州日报》推出 Widget 版电子报纸,即客户端版应用程序,可支持联想 Ophone,诺基亚 N97、5800 等 Symbian 系统的手机。Widget 版电子报纸除了能够提供《广州日报》的精品咨询和理财信息之外,还与广东省连锁经营协会、广东省餐饮行业服务协会合作,独家提供商户的打折信息和折扣券,开创了一种新的商业模式。至今,广州日报报业集团已完成了适用于 iPad、iPhone、Android、Symbian、Windows 的 App 版电子报纸的开发。

在数字技术、网络技术和移动通信技术的发展下,人们获取信息的途径不再局限于传统纸媒和门户网站,具有丰富资讯、及时便利的后台推送及交流互动等功能的报纸 App 使人们的信息获取过程变得更加便捷。根据《2019 中国媒体融合传播指数报告》显示,截至 2019 年,在 295 份报纸中,有 212 份报纸及其所属报社或报业集团建设自有安卓客户端 275 个,苹果客户端 151 个,下载量在百万级以上的报纸客户端占比超过 25%。

根据运营主体和内容特征的不同,当前市场上较为主流的客户端可以分为以下几类:一是新浪、网易、搜狐、腾讯等主要门户网站开发运营的客户端;二是由《南方都市报》、《人民日报》、央视新闻等传统媒体提供原创内容并具有品牌优势的客户端;三是凭借技术优势按照用户订阅进行精准推送,并能根据用户的搜索热度决定资讯编排内容的资讯聚合类客户端,如今日头条、ZAKER;四是为用户提供某领域或需求的全部深度信息和相关服务的垂直化客户端,如好奇心日报、虎嗅。[①]

与手机报和新闻网站相比,App 报纸最显著的特点是交互性强,并带有社会化属性。常见的报纸 App 中都设有"用户评论"栏目,为用户发表评论、反馈信息提供了便利空间,除此之外,越来越多的报纸 App 开始尝试整合微博、微信等社会化媒介或社交媒介,用户可以将客户端内的新闻页面一键转发或分享给微信、微博好友,或转发、分享至公共社交空间。

5.3.6 案例:澎湃新闻

澎湃新闻是上海报业集团旗下《东方早报》推出的一个以时政新闻为主的互联网平台,它以上海报业集团为依托,涵盖了网页版、客户端等媒介形式,可以说几乎形成了现有传播关系的"全方位、全形态、立体化"。澎湃新闻最受欢迎的媒介渠道是手机移动客户端,自 2014 年上线以来,澎湃新闻客户端下载量总计已超过一亿五千万次,日活跃用户数量过千万,在同类新闻客户端中名列前茅,稳居国内新媒体第一阵营。

作为上海报业集团进行报业改革后公布的首个改革成果,澎湃新闻的创办不仅有效缓解了传统纸质刊物的盈利困境,还在全国各地报纸与新媒体融合的浪潮中成为标杆。澎湃新闻从诞生初始,就迅速成长为"新型主流媒体",澎湃新闻的探索之路对于当代传统纸媒数字化转型具有重要的研究价值和借鉴意义。

5.3.6.1 坚持内容为王,培育品牌竞争优势

无论时代如何发展,内容品质始终是新闻媒体的立身之本。从纸媒转型而来的澎湃新闻,携带强大的内容创作能力的基因。自上线以来,澎湃新闻就始终将内容视为品牌的核心,是内容为王的坚定实践者,凭借量大质优的原创内容培育了自身的竞争优势。

在内容定位方面,澎湃新闻独辟蹊径地选择了原创时政新闻的道路。以时政报道为核心,强调思想争鸣,自称为"专注时政与思想的互联网平台",权威且专业的编辑队伍始终坚持为读者提供形式新颖、观点独到的稀缺时政思想内容,并且设置了反腐、倡廉、揭黑等多个与中国政治生活密切相关的栏目名称,如"打虎记""舆论场""中南海""一号专案"等。不仅选题贴合时政,澎湃新闻还发挥权威解读、深度报道的传统优势,注重内容的深度和思想的碰撞。开创初期的《令

---

① 匡文波,贾一丹.基于技术接受模型的新闻客户端用户行为和习惯研究[J].深圳大学学报(人文社会科学版),2018,35(1):95-102.

政策出平陆记》一文让澎湃新闻在深度报道中站稳了脚跟。在同质化日益严重的全媒体时代,澎湃新闻弥补了时政深度新闻资讯市场的空白,找到了自己的差异化发展之路,深耕内容,独树一帜。

在内容生产方面,首先,与其他报业的新媒体业务不同的是,澎湃新闻继承了母体《东方早报》的优质人才资源和完整的建制,这也是澎湃新闻具备严肃、认真的新闻风格的主要原因。其编辑团队具有丰富的工作经验,在政治觉悟、思想立场、专业能力等方面表现成熟,这为专业内容生产提供了强有力的保障。其次,澎湃新闻通过与高校和政府部门合作,尝试探索全新的内容生产模式。2017年,24 所高校联合发起"长三角高校新媒体联盟",澎湃新闻在这个由 60 多所高校会员组成的联盟中担任首席战略合作伙伴;同年,澎湃新闻与复旦大学新闻学院共同成立非虚构写作工作室。2018 年,澎湃新闻与复旦大学再次合作,共建数据未来实验室,意在服务科学科研转型、促进学界业界融合、构建新闻学科建设新引擎。最后,为进一步培育高品质的原创内容,澎湃新闻在 2018 年正式上线了专业创作者平台"湃客",截至 2020 年,入驻湃客平台的机构和个人创作者已达 3000 余家(名),2020 年一年内共计发布了超 13 万份优质稿件,收获了逾131 亿次阅读量,涉及财经、科技、城事、文艺、读书等多个种类。

5.3.6.2　整合政务信息,打造新型政务平台

根据第 45 次《中国互联网络发展状况统计报告》数据显示,截至 2019 年底,我国已有 31 个省(区、市)开通政务机构微博,各行政级别政府网站共开通栏目24.5 万个,政务头条号 82937 个,政务抖音号 17380 个。这表明,在新媒体时代下,越来越多的政府部门和机构认识到多媒体传播渠道的重要性,但渠道的增多不利于政府部门和机构的媒体资源的集中,反而分散了受众的关注度。

于是澎湃新闻率先打造优质政务互动平台"澎湃问政"凝聚政务机构的力量,搭建政府部门和公众直接沟通的桥梁。截至 2020 年,"澎湃问政"涵盖了超过 2 万家的政务机构,其中包括中央机关和国家部委、各级政府部门、政法系统、大学、智库及社群团体。经过三年的持续扩展和迭代升级,"澎湃问政"已成为全国唯一一个以各地区各系统的政务信息公开、改革发展成果和故事、文化品牌等为重点和凸显时政专业精神的政务平台。

作为目前中国原创新闻平台中最大、最具特色的政务平台,"澎湃问政"不仅吸引了众多政务机构的加入,还凭借自身强大的信息分发优势和信息聚集效应,吸引了包括央视网、《光明日报》、《羊城晚报》、《环球时报》等 800 家中央和地方的主流媒体入驻,这意味着"澎湃问政"逐步走向汇聚多元主体的新媒体平台。

5.3.6.3　引入社交基因,开创特色互动机制

为提升自身影响力,澎湃新闻积极开创具有鲜明特色的互动机制。针对受

众的个性化信息需求,澎湃新闻不仅设置了基本的订阅功能,还不断细化服务,开辟了"精选""视频""思想""生活"等 9 大版块及 75 个栏目的垂直化布局(图 5-5),并通过对每个版块设置关键词的方式,提高用户搜索的效率,提升用户的产品体验。

全部频道　　　　　　　　　　　　　　　长按拖动进行排序

要闻	视频	时事	财经
湃客	思想	生活	战疫
科技	体育	评论	国际
智库	政务	媒体	关注
湖北	专题		

全部栏目　　　　　　　　　　　　　　　关注管理

视频　时事　财经　思想　生活　战疫　关注

中国政库	中南海	初心之路	舆论场
打虎记	人事风向	法治中国	一号专案
港台来信	长三角政商	直击现场	公益湃
暖闻	澎湃质量报告	绿政公署	澎湃国际
外交学人	澎湃防务	唐人街	澎湃人物
浦江头条	教育家	全景现场	美数课
快看			

图 5-5　澎湃新闻客户端频道和栏目页面

　　首先,构建普通群众与官方机构直接交流的"澎湃问政"平台。针对政务机构发布的新闻和信息,用户可以通过"澎湃问政"平台中的"政在回答"栏目与官方机构进行直接对话,既可以咨询自己的问题,也可以回答其他网友的问题。

　　其次,构建普通受众与权威专家直接问答的"问吧"平台。"问吧"平台邀请各行各业的专家学者入驻,引入多元主体,建立"提问—回答"的公共对话形式,形成"社交＋内容"的多向互动传播格局。用户能够就自己关注的社会话题向权威专家学者咨询,专家学者也能更加了解普通用户的所思所想。这种自由交流、有问必答的对话形式,既满足了用户的信息需求,又拓展了报道领域和内容的来源渠道,更重要的是丰富了澎湃新闻的差异化内容。

最后,搭建普通受众与普通受众直接分享的"澎友圈"。为提高用户的参与感,澎湃新闻推出专属互动社区"澎友圈"。在"澎友圈"中,用户可以选择关注自己感兴趣的频道和领域,还能够及时接收自己感兴趣的各类观点和动态。此外,用户可以将"澎友圈"里的内容直接转发至微博、微信、QQ 等社交平台,还可以随时在"澎友圈"中记录生活、分享生活。

5.3.6.4 强调技术赋能,丰富新闻呈现形式

先进的科学技术是传统媒体转型中不容忽视的要素。澎湃新闻十分重视信息技术在内容生产和新闻报道过程中的重要作用,通过高薪聘请技术人才、引入现代化设备、提供技术培训等方式提升新闻报道的科技含量,丰富新闻呈现形式。

在内容生产方面,澎湃新闻自主研发的"澎 π 系统"能够满足采编和管理需求。同时,在新闻生产中运用大数据技术、无人机拍摄技术、云端技术以实现新闻的全景化和可视化生产。2020 年,华为云与计算联合澎湃新闻发布 Good Story 专项活动,旨在推动 5G、AI 等技术普及。

在呈现形式方面,澎湃新闻在诸多新闻产品中不仅融入了影、音、图、文等传统多媒体元素,而且还创新应用了模拟场景、H5、全景视频、直播互动等新媒体手段。在可视化新闻数据新闻报道"美数课"栏目中,将新闻调查数据转化为通俗易懂的解释性新闻故事,最终以图表、漫画、动画等形式呈现出来。荣获 2018 年度中国新闻奖融媒体作品一等奖的《天渠》,采用了 H5、连环画、渐进式动画、360 全景照片、图集、音视频、交互式体验等多种报道形式,全景展现了村支书带领村民引水修渠、脱贫致富的新闻事件。

5.4 新媒介电子报纸

5.4.1 基于社交媒体的电子报纸

除了打造独立的客户端和户外公共终端,传统纸媒还搭上了社交媒体的"顺风车",以微信公众号和新浪微博为代表的社交媒体迅速成为报纸的新载体。

新浪微博内测版在 2009 年上线后,用户量迅速攀升,一时间成为各类传统媒体入驻的必选平台。腾讯微信于 2012 年开放公众号平台,在一年后的 5.0 版中又将公众号细分为订阅号和服务号,多数报纸选择以订阅号的形式入驻微信。

2021 年初,人民网研究院根据媒体融合传播指数指标体系对全国 275 份中央、省级、省会城市及计划单列市主要报纸在 2020 年的融合传播情况进行了调查(表 5-2),研究结果显示,截至 2020 年底,有 272 份报纸开通了微信公众号和微博账号,开通率为 98.9%,平均每个报纸微博账号的粉丝人数超过 500 万。272 个报纸微信公众号单条平均阅读量超 1 万次,其中《环球时报》微信公众号是唯一一个总阅读量过 10 亿次的微信公众号。

表 5-2　　　　　　　　　　**2020 年报纸传播渠道覆盖情况**①

渠道	网站(含集团网站)	微博	微信	入驻聚合新闻平台	入驻聚合视频客户端	自建客户端(含集团客户端)
开通报纸数量/份	269	272	272	267	248	191
开通率/%	97.8	98.9	98.9	97.1	89.1	69.5

社交媒体的属性在一定程度上弥补了传统纸媒新闻传播方式的不足。互动化传播是社交媒体十分突出的特征,用户在社交平台上能够以群组讨论、评论转发、点赞投票等方式参与信息编辑、发布、反馈等环节,将新闻内容在不同类别、不同层级的社交圈子中传播,这在一定程度上扩大了信息传播的范围。同时,利用社交媒体进行传播是一种碎片化的传播形式,这也迎合了在快节奏时代下受众的浅阅读需求。

对社交媒体的应用促进了传统纸媒的信息传播方式的变革。首先,具备权威性和专业性的传统纸媒在信息鱼龙混杂的社交媒体平台上具有重大的影响力。在"人人都有麦克风"的社交媒体平台上,每个用户都能够发布和分享信息,这也可能导致有些未经核实的信息被广泛传播,用户无法辨别信息真伪。而传统纸媒在信息发布之前都要经过层层筛选和确认,确保了新闻的真实、可靠,同时也起到了对舆论进行引导和监督的作用。其次,在社交媒体平台上,媒体与用户之间是平等的互动关系,改变了传统纸媒"高高在上"难以接近的形象。在社交媒体中,传统纸媒更倾向于发布贴近受众日常生活的便民信息,塑造亲和力。最后,在社交媒体平台上,传统纸媒一改与用户之间的机械式互动,趋于及时、准确和感情交流,并在平台上制造受众感兴趣的话题,引发受众讨论。如《人民日报》在新浪微博平台上建立粉丝群,《中国青年报》通过微博平台举办在线投票、抽奖等活动(图 5-6)。

---

① 人民网研究院.2020 报纸融合传播指数报告[EB/OL].(2021-04-27)[2021-08-05].http://yjy.people.com.cn/n1/2021/0426/c244560-32088636.html.

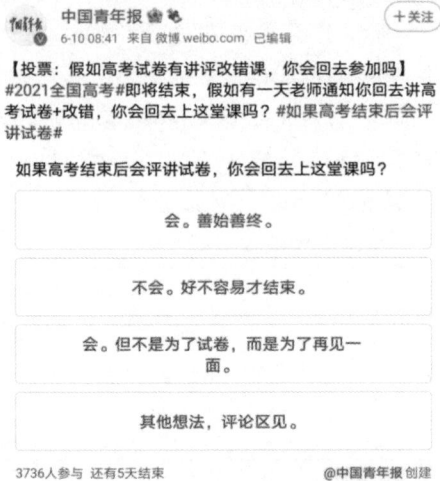

图 5-6 《中国青年报》在微博平台发起的在线投票

5.4.2 基于自媒体平台的电子报纸

以技术改变传统内容分发模式的第三方新闻资讯平台的出现，为传统报纸带来了前所未有的挑战与机遇。一部分传统报纸在其冲击下不见踪迹，但更多的传统报纸选择走上与第三方新闻资讯平台合作的道路，传统报纸为第三方新闻资讯平台提供优质原创内容，第三方新闻资讯平台为传统报纸带来流量收益，于是产生了"头条号""百家号""大鱼号""网易号""企鹅号""凤凰号"等形式的电子报纸。

2018 年，百度 PC 端和客户端中的"新闻"版块改名为"资讯"，这意味着百度平台开始向自媒体内容生产模式发力。早在 2013 年百度就正式对外推出自媒体平台——百度百家，随后上线的"百家号"开始成为广大自媒体作者进行内容创作的主要阵地。在这一时期，新浪、腾讯、今日头条、搜狐、网易等纷纷上线自媒体平台。

2015 年 9 月，今日头条宣布对"头条号"优质内容进行扶持，同时联合垂直领域的内容创作者，弥补自由版权内容缺失的短板。2015 年 12 月 30 日，今日头条针对媒体、国家机构、企业及自媒体推出了专业信息发布平台——"头条号"，致力帮助内容生产者在移动互联网上高效率地获得更多的曝光和关注。《2020 报纸融合传播指数报告》考察的 275 份主要报纸中，共 252 份入驻今日头条并开通了头条号，入驻率高达 91.6%，其中环球时报头条号以 1759 万人的粉丝量和日均 892.8 条的图文发布量位居首位。[①]

为了提高创作者的积极性和内容的丰富性,各大自媒体平台纷纷推出多种激励政策。如百家号的"百万扶薪"扶持计划;今日头条推出"千人百万粉"计划和"悟空问答""微头条"版块;阿里巴巴的大鱼号推出"大鱼任务",创作者可以通过平台对接上万客户资源,获得包括创作稿酬、流量套餐分成、商品推广佣金在内的多重收益;新浪看点推出以保护原创内容为目的的"百择计划"、对具备强原创力但缺乏传播力的创作者提供深度扶植的"千与计划"和为内容创作者提供专业性辅导的"新浪看点学院";网易传媒宣布投入 15 亿元补贴内容创作者。见表 5-3。

表 5-3　　　　　　　　　　自媒体平台的原创内容扶植计划

互联网媒体	原创内容生产平台	扶植计划
百度	百家号	"百万扶薪"扶持计划
今日头条	头条号	"千人百万粉"计划
阿里巴巴	大鱼号	对接海量商家的"大鱼任务"
新浪网	新浪看点	"百择计划""千与计划""新浪看点学院"
网易	网易号	投入 15 亿元补贴

媒体的本质是连接,无论是内容方还是渠道方,信息传播的最终目的是连接受众。与新闻客户端和基于社交媒体的电子报纸相比,基于自媒体平台的电子报纸最大的特点是依托平台的计算机算法和信息匹配技术,收集并分析用户的行为数据,挖掘潜在受众,锁定目标受众,对新闻信息进行精准分发,以满足个体用户的个性化需求。"头条号""百家号""大鱼号"等自媒体账号是建立在拥有海量用户资源的聚合性平台之上的,它弥补了传统媒体渠道能力弱的缺陷。

5.4.3　基于短视频平台的电子报纸

在我国,伴随着 4G 技术的迅猛发展和 5G 技术的驱动,秒拍、快手、抖音、火山小视频等视频平台的出现使得短视频行业在 2016 年迎来了井喷式的发展,互联网门户网站、内容分发平台、自媒体和传统媒体纷纷入局。

因此可以认为,纸媒转型短视频新闻始于 2016 年。在短视频风口下,纸媒

[①] 人民网研究院.2020 报纸融合传播指数报告[EB/OL].(2021-04-27)[2021-08-05].http://yjy.people.com.cn/n1/2021/0426/c244560-32088636.html.

短视频新闻的参与主体呈现出中央级省级党报强势发展、都市报狂热进军、地市级党报补充发展的发展特征。[1] 对于短视频新闻的定义,国内学者常江等认为,短视频新闻"通常是指时长一般不超过 5 分钟,长度以秒计算,利用移动智能终端进行编辑、制作、美化,并可在多种网络社交平台上转发共享的一种新型新闻视频产品"[2]。

　　在短视频发展之初,部分传统纸媒倾向于借助互联网视频平台进行内容分发。2017 年,《重庆日报》《晶报》《江西晨报》《济南时报》等数十家纸媒与资讯类视频平台"梨视频"达成合作,进行新闻视频创作。自 2018 年以来,《人民日报》、新华社等主流媒体先后开设抖音账号(图 5-7),截至 2019 年底,纸媒共开设 194 个官方抖音账号,平均粉丝量为 75.5 万人,单条视频的平均分享数量为 411.8 次。[3] 经过两年多的发展,短视频成为纸媒的新兴的"新闻语言",传统报纸在将短视频作为新闻传播渠道的同时,还发挥自身优势深耕内容,形成强大的传播效能。

图 5-7　《人民日报》抖音账号首页

① 龙芳.纸媒短视频新闻热的反思[D].长沙:湖南师范大学,2019:18.

② 常江,徐帅.短视频新闻:从事实导向到体验导向[J].青年记者,2017(21):20-22.

③ 人民网.《2019 报纸融合传播指数报告》发布 报纸传播渠道较完善[EB/OL].(2020-04-30)[2021-08-05].http://media.people.com.cn/n1/2020/0430/c120837-31693823.html.

除了嫁接到其他短视频平台上,很多传统纸媒也开始尝试打造自身的短视频新闻栏目和业务。2016 年 9 月,新京报社推出"我们"视频,以"用直播和短视频覆盖一切新闻热点和重要现场"为口号,走在了国内传统纸媒转型短视频新闻的前列;《南方周末》在同年也推出了"南瓜视频";浙江日报报业集团启动"新闻视频化、视频专业化"业务。2017 年 2 月,《楚天都市报》客户端推出"楚天视频"栏目;2019 年 9 月,《人民日报》旗下的短视频聚合平台"人民日报＋"打响了主流媒体建设短视频平台的第一枪,为主流媒体建立自主可控的短视频平台迈出创新探索的第一步。"人民日报＋"坚持短视频传播主流价值的导向,为用户提供优质、海量的视频和直播内容,将媒体融合发展的技术、机制、模式推向了新的阶段。

报纸短视频并不是广播电视新闻的缩减版,而是传统纸媒适应新形势、拥抱新技术的新兴的表达方式。在短视频带来的机遇下,纸媒应充分发挥自身在新闻内容生产方面的专业化优势,继续深耕新闻领域,利用原有媒体品牌效应稳固原有用户,并尝试转变商业盈利模式实现资源变现。

5.4.4　报纸的全媒体矩阵案例:《人民日报》

创刊于中华人民共和国成立前的《人民日报》是我国重要的"喉舌"机关报之一,长期承担着官方党报的角色及政治宣传的重任。当传统媒体在互联网技术浪潮的冲击下举步维艰时,《人民日报》主动作为、主动出击,紧跟传播理念和技术发展的步伐,保持创新驱动的勇气和智慧,积极构建新媒体矩阵,不断焕发新的生命力,突出重围。人民日报社在 1997 年 1 月 1 日推出的《人民日报》网络版是我国党报中第一家推出网络版的传统报纸媒体,并于 2000 年正式更名为人民网,这标志着报网融合阶段的到来,《人民日报》也以此为突破口,不断摸索全媒体发展之路。如今,人民日报社已由传统报业集团转变为拥有报、刊、网、端、微、屏等十多种载体的媒体矩阵,综合覆盖受众超过 9 亿,见图 5-8。

从"中央厨房"到"党媒信息公共平台",从"融媒体工作室"到"人民号",从拥有 300 多万读者的纸媒到覆盖近 8 亿用户的全媒体平台,作为党中央机关报的《人民日报》从未停止探索自身转型与升级之路的步伐。作为国内"触网"最早的官方纸媒和在"全媒体"时代走向媒介融合之路最成功的报刊之一,《人民日报》在互联网中的排兵布阵及其构建的全媒体传播格局为其他传统纸媒的转型提供了可借鉴的途径和方向。

图 5-8　人民日报社全媒体矩阵[1]

　　全媒体指的不仅仅是传播工具的"全"类型,还包括触及人类接收信息"全"部感官的内容形式,包括传统印刷和数字传播的"全"技术,最终的目的是对受众的"全"面信息覆盖,使信息渗透到多个时段、多个地域和多个语种的受众之中。

5.4.4.1　传播工具的"全"媒体

　　2020年,人民网研究院通过党报融合传播指数指标体系,对全国 377 家党报的融合传播情况进行考察,《人民日报》影响力在多个传播渠道中独占鳌头。在 287 个党报微博账号中,"@人民日报"是唯一一个粉丝人数过亿的党报微博账号,平均每条博文的转发量、评论量和点赞量都位居前列。截至 2020 年,在355 家党报开通的微信公众号里,《人民日报》微信公众号传播力排名第一。在

---

　　① 人民网. 人民日报全媒矩阵融合传播[EB/OL]. (2019-11-12) [2021-08-05]. http://media.people.com.cn/n1/2019/1112/c14677-31451293.html.

监测的 11 个安卓应用商店中,《人民日报》客户端以接近 6.8 亿次的下载量位列第一。在自媒体平台账号方面,共有 244 家党报入驻今日头条,《人民日报》头条号是今日头条平台上唯一一个订阅量超过一千万次的党报头条号。在短视频传播渠道方面,以抖音短视频为例,《人民日报》抖音号粉丝量达到 1.06 亿人,播放量超过 681 亿次,单条视频平均播放量为 6208 万次,居所有党报抖音号之首。在音频传播渠道中,《人民日报》下属的人民网开通的喜马拉雅账号总播放量超过 1.4 亿次,日均发布 5.2 期,数量最多。[①]

除此之外,2019 年 9 月,人民日报社新媒体中心发布了一款全新的短视频产品——"人民日报＋",这是我国第一个由传统纸媒推出的短视频产品,意味着《人民日报》的全媒体传播体系更加丰富。

由此可见,《人民日报》在报纸、网站、微博、微信、自有客户端、入驻自媒体平台、音频和短视频平台都有所涉及,并且收效显著。这些媒体平台构建起一个灵活且庞大的新媒体矩阵,有的学者将其概括为"实现了同一传统媒体的不同新媒体账号之间的相互协同状态"[②]。对于新闻报道的时效性而言,这些平台的配合联动能够在第一时间发挥自身优势,以最合适的形式将信息传递给受众,最大限度地满足不同偏好的用户的新闻阅读习惯和信息获取需求,从而实现传播效果的最大化。

5.4.4.2　传播内容的"全"形式

2020 年 7 月 1 日,《人民日报》在头版头条刊登《致读者》,提出将分步推进传播形态创新,利用二维码、图像识别等技术,将部分稿件由单一的文字形态转化为文字、视频、音频等多媒体形态,这是《人民日报》在传播内容形式上的又一次积极探索。《人民日报》根据不同传播工具的特点,将传播内容以不同形式呈现出来。通过对线上和线下多平台中的媒介资源的整合,《人民日报》逐步尝试文本、图片、音频、视频、动画、H5、直播、话题、小程序、VR 以及数据等多样化媒介符号,以保证内容的多元化呈现,使新闻报道更加立体。

目前,《人民日报》下属的包括"麻辣财经""半亩方塘""新地平线""一本政经"在内的近 50 个融媒体工作室已推出各类融媒体作品 1500 多件,综合点击率超过 1 亿次。这些丰富的内容呈现形式是适应互联网时代特征的体现,改变了党媒过去图文报道的严肃风格,更加贴近受众。在读图时代的今天,区别于传统媒体以文字为主的静态报道方式,这种丰富的可视化呈现方式为读者提供新的

---

① 人民网研究院. 2020 全国党报融合传播指数报告[EB/OL]. (2020-12-28) [2021-08-05]. http://yjy. people. cn/n1/2020/1228/c244560-31981230. html.

② 鲍艳红,赵雨春. 新媒体矩阵:传统媒体的转型自救之路[J]. 新媒体研究,2017,3(21):91-92.

新闻视角,使新闻更具有可读性和趣味性。2016 年以来,《人民日报》以时政新闻为核心,以"大数据＋"为抓手,借助多样的报道形态和可视化工具,做出了两会政府工作报告数据报道、新经济解读系列融合报道、"世界无烟日"主题 H5、国家旅游日全媒体报道等一批深度与传播力并具的新闻作品。

"2017 年两会观摩入场券"是《人民日报》推出的具有代表性的新闻游戏产品,其中穿插了答题测试、两会直播视频,并模拟了当下流行的直播平台撒花、点赞等形式。微视频《中国 24 小时》5 天内全网播放量达到 1.5 亿次。2018 年春节期间,《人民日报》微博账号发布的微博话题"牵妈妈的手"总阅读量超 20.2 亿次,共 6.8 亿人次积极参与。2019 年,《人民日报》对宜宾地震进行实时直播,报道累积获得 2775 万次播放量。

这些成果都是建立在以内容为核心、以受众需求变化发展为导向的基础上的,对新闻报道方式进行拓展与创新,开发多形式内容产品以打造完整的多媒体产业链。其中,重要的不是表现形式的不同,而是通过对新闻内容的深度挖掘,肩负起引导舆论和壮大主流思想的责任担当。

5.4.4.3 传播平台的"全"技术

在互联网时代,新闻传播业与科学技术的联系更加紧密,技术是实现矩阵化传播的重要推动力。从 Web1.0 到 Web3.0,历时 75 年,人民日报社始终坚持走技术驱动产品的道路,抓住三网融合的契机,将无人机、视频直播、流媒体、大数据、云计算、人脸识别等新技术运用到融合生产环节。从最早的网页建设到新媒体终端开发,从手机报到中国媒体融合云——我国首个媒体融合云服务平台,再到"中央厨房"和"人民日报创作大脑",人民日报社充分运用信息革命成果,不断推陈出新,带来了内容生产和新闻报道的数字化、移动化和智能化。

基于大数据的新闻报道已成为常态。人民日报社通过与腾讯合作,将腾讯的社交数据运用到新闻生产和渠道分发环节中,同时在后台对 100 多家网站进行监测,实时抓取和捕捉动态数据,挖掘有价值的新闻,对用户进行个性化推荐,并对新闻稿件的阅读量、点击量、转发量、评论量等数据进行追踪,从而评估传播效果,获取反馈报告。

基于云直播和"5G＋VR"技术的报道形式为用户带来了更好的新闻阅读体验。5G 技术成功解决了 4G 时代 VR 视频传输高时延、易卡顿等问题,促进了 VR 新闻直播新的升级。2020 年 10 月,人民日报社正式推出"人民 VR＋"新媒体平台,"人民 VR＋"是由中国移动、中国电信作为渠道支持,由北京兰亭数字科技有限公司提供技术支持,多方合作共同推出的 5G 融合媒体产品。在 2019年全国两会期间,人民日报社首次在新闻报道中使用 5G 技术,持续进行全景VR 直播,用更快的传输速度、互动性更强的画面内容,为"两微两端"受众提供沉浸式体验。另外,人民日报社打造的直播产品"人民日报直播厅"只需嵌入一段代码,就可以让所有媒体客户端连接上视频直播工具。

基于人工智能技术优化内容生产过程。人民日报社在"2020 智慧媒体高峰论坛"上发布了"人民日报创作大脑"。"人民日报创作大脑"由百度智能云提供"云＋AI"技术支持,基于自然语言处理、知识图谱、视觉、语音的整合技术,具备直播智能拆条、在线视频快编、图片智能处理、智能字幕制作、可视化大数据、智能写作、新闻转视频、实时新闻检测等 18 项重点功能。[①]

除此之外,人民日报社还借助新技术,延伸平台的触角,搭建人民党建云、人民体育、人民健康、人民优选等一系列智能平台,将媒介融合发展和数字中国、智慧城市结合起来。为了研发更多的新媒体技术产品,人民日报社新媒体中心与电子科技大学共同创建了人民日报新媒体实验室。该实验室依托人民日报社在新媒体领域的创新成果,发挥电子科技大学在电子信息领域的学科优势,将新一代信息技术应用于新媒体领域,并形成领先的"电子＋新媒体"的产品和服务。

5.5 融合化电子报纸

5.5.1 H5 新闻

H5 是 HTML5(hypertext markup language 5,超文本标记语言第五版)的简称,是国际中立性技术标准 W3C(万维网联盟)制定的网页技术标准。[②] 在新闻传播领域,H5 通过对新闻内容的可视化转换,让用户产生沉浸式的体验,从而实现良好的新闻传播效果。H5 新闻不同于传统的"文字＋图片"的新闻报道方式,而是采用"内容＋技术"的方式对新闻内容进行创新。其具体形式包括移动 H5 页面(组合动效、GIF 海报)、全景展现(一镜到底)、视频类(全屏视频、聊天页面、微信朋友圈、手机页面等)、上传照片合成类,数据应用类(如抽奖、测试、数据统计、投票等),游戏类,多屏互动,摇一摇,定位等,同时支持手机移动端自

---

① 人民日报创作大脑背后的 AI 支撑:百度大脑智能创作平台技术解密[EB/OL]. (2021-01-06)[2021-08-05]. https://blog.csdn.net/weixin_45449540/article/details/112278139.

② 王志. 基于 H5 技术的移动融媒新闻创新[J]. 新闻记者,2019(3):10-12.

适应、定位、触屏、录音、拍照、陀螺仪等功能。[①]

除了丰富多彩的形式之外，H5 新闻的另一大亮点是交互体验感。用户在传统的新闻载体中主要是以评论、点赞、转发、收藏等较为单一的方式进行互动。H5 新闻则是通过传播者与用户的共同合作来完成新闻叙述。2017 年建军节前夕，为庆祝中国人民解放军建军 90 周年，由《人民日报》客户端策划出品、腾讯集团媒体中心协助全程监控产品运行、腾讯天天 P 图提供图像处理技术支持的 H5 作品《快看呐！这是我的军装照》(图 5-9)一分钟访问人数峰值高达 117 万，7 月 29 日晚一经推出，浏览量便迅猛攀升，截至 8 月 7 日，其浏览量已突破 10 亿次。[②] 该 H5 作品荣获第二十八届中国新闻奖一等奖。现代快报《总理邀你一起手绘 2019 蓝图》中，用户涂抹蓝图草稿的部分会变成彩色。在 2019 年两会期间，《人民日报》客户端与快手短视频联合出品了一款互动视频 H5 产品《点击！你将随机和一位陌生人视频通话》，用户进入 H5 后，系统将随机生成一个电话号码并拨出，真正接通后，屏幕上出现的画面是陌生人提前录制好的短视频。[③]

图 5-9　《快看呐！这是我的军装照》

---

①　何芳.H5 新闻的传播优势与存在的问题[J].青年记者,2018(8):91-92.

②　数据来源于《人民日报》客户端 2017 年 8 月 9 日的报道。

③　刘宁宁,李心怡.H5 新闻作品拓宽时政报道创新之路——以人民日报两会 H5 报道为例[J].新闻战线,2019(7):103-105.

5.5.2　VR 新闻

发端于 20 世纪 80 年代的虚拟现实(VR)技术是一种计算机模拟仿真技术，人们可以借助此技术与周围环境进行互动，达到身临其境的效果，产生沉浸式体验。随着技术的不断成熟，VR 技术已经在娱乐、教育、工程、军事、游戏、医疗等多个领域得到了广泛的应用，与信息技术紧密联系的新闻传播业也开始尝试将 VR 技术应用到新闻生产和报道的实践之中。最早对"VR 新闻"概念进行定义的是曾任《新闻周刊》记者的美国加利福尼亚大学安纳伯格新闻与传播学院研究员 Nonny de la Pena。她在发表的论文中对借助 VR 技术传播的新闻第一次正式使用了"沉浸式新闻"(immersive journalism)的说法。

国外媒体最先将 VR 技术引入媒体行业，如美国《新闻周刊》于 2012 年首次拍摄 VR 作品《洛杉矶的饥饿》(*Hunger in Los Angeles*)；《得梅因纪事报》(*Des Moines Register*)在 2014 年发布 VR 新闻作品《丰收的变化》；2015 年，Vice 在线视频以 VR 的形式报道了纽约百万人大游行；《纽约时报》在 2015 年发布了 NYT VR 客户端，用户可以下载该客户端看 VR 新闻。

2016 年，中国传媒大学新媒体研究院联合"China VR 新闻实验室"推出了"China VR 新闻(纪录片)视频"评选活动，有力推动了我国媒体对 VR 新闻的制作热潮，国内媒体相继尝试 VR 报道，因此，2016 年也被称为我国 VR 元年。在这一年，新华社上线了 VR/AR 频道，中央电视台转播了美国联合通讯社制作的 VR 巴西运动会报道，随后光明网、澎湃新闻等主流媒体也陆续推出了支持 VR 内容展示的客户端和网站。

在叙事手法上，VR 新闻构建了一种以受众为中心的叙事逻辑。传统的新闻叙事模式包括平铺直叙式、"倒金字塔式"、"钻石型"等线性叙事模式，这些模式更注重事件的连续性、情节的因果性及事件的完整性。但是 VR 新闻不仅是对真实事件和客观现实的一种简单模拟，它还将推动故事发展进程和选择叙事方式的主导权交给用户，展现出的是一种多视角、偶然性和碎片化的"非线性"叙事方式。

在报道方式上，VR 新闻主要涉及实景拍摄和计算机三维建模两种方式。全景拍摄即使用全景相机对新闻现场实行实景拍摄，之后则采用与传统视频新闻类似的后期处理方式。例如全国两会期间的 VR 直播报道就是一种实景拍摄。当实景拍摄难以完整还原现场时，则使用计算机三维建模建构模拟场景。作为一种跨领域的新闻报道方式，VR 新闻使得新闻呈现形式从平面的二维转变为立体的三维，新闻更倾向于场景化。

在报道题材上，VR 新闻有着明显的报道倾向。由于 VR 技术的特性，并不是所有新闻报道都适合运用 VR 技术，一般来说，VR 新闻倾向于报道与 VR 技术黏合度高的题材，包括军事科技类报道、灾难报道、时政类报道和旅游类报道。使用 VR 技术对这些题材的新闻进行报道会使用户的体验更沉浸。

5.5.3 vlog 新闻

vlog 全称为 video weblog 或 video blog，意为视频博客，是一种通过视频记录个人日常生活，并分享至互联网上的内容形式，也可以将其看作视频日志。与其他短视频相比，vlog 大多以第一视角和纪实性拍摄手法将镜头聚焦到个人经历上，以此为受众营造在场感和陪伴感。2012 年，第一支 vlog 诞生在国外视频社交网站 YouTube 上，从此这种内容形式就开始受到大量年轻网友的追捧。

2018 年，vlog 传入我国，新浪微博、抖音短视频、哔哩哔哩等多个网络自媒体平台纷纷推出 vlog 创作扶持计划，一时间在我国迅速掀起 vlog 创作热潮。在媒介融合趋势下，不断探索新闻报道新形式的传统媒体业，开始尝试使用 vlog 对新闻进行创新性报道，并吸引了大批年轻网络用户。

2019 年的全国两会为 vlog 在新闻媒体中的应用提供了一个契机，新浪微博上的"两会 vlog"话题阅读量达到 1.5 亿次，vlog 新闻也开始为众人熟知，并开始被主流媒体大规模使用。《中国日报》《人民日报》《光明日报》等主流媒体都充分地应用了 vlog 这一新形态，对于重大时政类新闻，vlog 凭借其第一视角的临场感和活泼的语言报道形式拉近了民众与国家议题的距离，获得百万浏览量，取得了显著的传播效果。

除了中央级主流媒体，使用 vlog 进行创新性新闻报道的还有地方媒体。2019 年，《湖北日报》推出以乡村振兴为主题的"vlog｜牧牧的乡村行"系列报道。2020 年湖北省两会期间，《湖北日报》设立"两会 vlog"栏目。在疫情防控期间，《湖北日报》记者制作了《小如 vlog：我给医护送奶茶》节目。武汉"解封"后，《湖北日报》制作了"vlog 夜·武汉"系列，以 vlog 的形式带领受众了解武汉复工复产的实际情况，并被多家媒体转发。[①]

传统的视频新闻，常常带给受众"仰视"的距离感，而带着天然"亲切感"的 vlog 新闻能够极大限度地拉近新闻事件与受众的心理距离。在 vlog 中，新闻记者以亲历视角呈现报道内容，营造出与受众面对面交流的叙事效果，凸显了新闻

---

① 张小燕，王楚. Vlog＋新闻：让严肃新闻亲切可感——湖北日报系列 Vlog 新闻应用探析[J]. 新闻战线，2020(10)：57-59.

的真实性,也让严肃、端正的新闻报道多了一些生动和温度,更贴近受众,让受众产生情感共鸣。

5.5.4 报纸数字化案例:《华尔街日报》

创办于 1889 年 7 月的《华尔街日报》目前已有 130 多年的历史,根据美国媒体业团体"发行审计局"发布的数据显示,截至 2021 年 4 月,《华尔街日报》的印刷版和电子版以非周末日均约 210 万份的发行量占据美国第一大报的地位。在金融危机和新兴媒体的冲击下,世界范围内的报纸的市场占有率和营收持续萎缩,甚至走向衰亡,而《华尔街日报》却逆流而上,在信息化浪潮中成功完成数字化转型,成为世界领先的主流报媒。《华尔街日报》进行媒介融合的成功经验能够为我国传统纸媒探求持久发展路径、打造新型主流媒体提供参考与借鉴。

5.5.4.1 《华尔街日报》的融合化发展历程

早在 1933 年,《华尔街日报》就开始探索数字化道路,正式以互联网为依托启动电子版报刊。在随后的几年时间里,其读者数量持续增长。1996 年 4 月,《华尔街日报》推出网络版,并在同年 8 月开始在其网络版中实行付费模式。继 2002 年《华尔街日报》推出中文网络版之后,2003 年它成为世界最大的付费新闻网站。2004 年,《华尔街日报》紧跟移动化变革潮流,与 Oasys 合作推出手机阅读服务,并于 2006 年在社交网站上开设账户发布信息,这意味着《华尔街日报》开始利用读者的社交关系进行信息传播。2009 年,《华尔街日报》推出 iOS 系统客户端和 Android 系统客户端,并且其中文网络版开设了新浪微博官方账号。

2010 年,《华尔街日报》发布了 iPad 和 Android 平板版本付费软件,随后美国新闻集团所有报纸和大量报刊网站纷纷竖起了付费墙,因此这一年也被称为"付费墙元年"。2011 年,《华尔街日报》提出要推行媒介融合战略——"无处不在的《华尔街日报》"(WSJ Everywhere)。2012 年,《华尔街日报》连续推出德语、印尼语、韩语三大本地语言网站,这直接促使其新闻网站的国际流量与五年前相比增加了一倍,也间接提升了该报在国际信息交流中的影响力。2015 年,《华尔街日报》为推进数字化转型,其新闻编辑部大幅裁员。2016 年 11 月起,《华尔街日报》进行全面改版。据相关报告显示,截至 2020 年底,《华尔街日报》已拥有 246 万个数字版订阅用户。

5.5.4.2 《华尔街日报》的融合化发展策略

通过对《华尔街日报》转型历程的梳理,可以将其融合化发展策略概括为以下几个方面。

（1）技术融合

新闻传播行业向来与科学技术的发展紧密相连,每一次技术革新和发展都会为新闻传播业带来新的机遇和挑战。《华尔街日报》在技术融合方面的策略具体体现在将技术开发人员嵌入新闻室和平台,并不断引入新的元素,发掘新的读者和营收的增长点,不断在世界范围内提升自身竞争优势。

2008 年,《华尔街日报》网站(WSJ.com)开始与社交网站合作。其率先引入了由互联网技术公司 Loomia 开发的"好友已读"窗口插件,并通过代码植入 Facebook 等社交网站的链接,这项功能允许读者查看哪些文章受到自己社交网络中的好友的浏览和欢迎,这些信息展示在每篇文章的右侧。同时 WSJ.com 还加入了名为"Seen This"的新功能,这是借鉴了亚马逊等购物网站根据其他买家购物情况向特定买家推荐类似商品的做法,通过其他读者的浏览记录向具有相似阅读兴趣的读者推荐新闻,而其他大多数网站则是依据访问量或评论量等数据为读者提供最受欢迎文章列表,因而这些网站的所有读者接收到的是同一份推荐名单,并不具有差异化特征。相比较之下,《华尔街日报》网站站在了个性化推荐资讯的前沿,主动为读者推送他们可能感兴趣的新闻内容,这种做法一方面迎合了受众的喜好,另一方面也提高了网站的访问量和新闻的阅读量。

在同社交网站的合作进入成熟期之后,《华尔街日报》网站又进一步推出了自己的社交网络服务,即针对付费用户开通的"日报社区",在这个社区里,每个付费用户都可以在个人主页上随时发布、分享自身近况和思想感悟,并且能够对每则新闻发表个人看法,寻求问题答案。

这些技术的引进和服务的提供体现了《华尔街日报》在互联网平台中的"用户思维",注重用户的兴趣爱好和人际关系,不仅致力于满足用户多元化内容需求、参与感需求,以及用户的社群需求,还改变了传统的媒体与受众之间单向、垂直的关系,重塑了一种双向、水平的互动合作关系。

（2）内容融合

从纸质版报刊到数字化网站,《华尔街日报》从早期的"商业财经版""医疗行业版""媒体与营销版"开始,陆续开办了涉及工业、科技、生活、艺术、体育、政治等领域的垂直栏目,目前共达到 96 版。由此可见,《华尔街日报》在转型过程中逐渐成长为一个庞大的数字网络帝国。

首先,《华尔街日报》不断扩宽报道范围。曾先后 30 多次荣获普利策新闻奖的《华尔街日报》不断增强在新的报道领域的报道力量,依托于世界一流的商业财经信息和优质、独家、原创的新闻内容,为财经、医学、政府行政管理等特殊行业和专业领域提供数据分析和定制化报道。如今位于世界各地的 1800 多名记者和专业采编职员,实时地以数字和印刷形式为机构客户和消费者策划新闻专题、编写报道,从而形成了《华尔街日报》独特的风格和内容优势。以《华尔街日报》的政治新闻版块为例,正如道琼斯公司总编辑杰拉德·贝克所说,"我们将日报华盛顿分社转型为政治报道的数字中枢"[①]。这个数字中枢致力于生产政治报道、分析、视频、博客、特写、新闻信、电子书、推特等一系列融合政治新闻产品。

其次,《华尔街日报》内容上以多媒体形式呈现。在信息爆炸的时代下,想要抓住受众日趋短暂的注意力,就需要利用多种媒介、技巧和方法的组合优势呈现新闻内容。2012年1月,《华尔街日报》网站发布了一篇关于太阳耀斑造就北极光的新闻报道,该报道中包含多种要素:一篇文章、一个访问视频、一个幻灯片、来自美国国家航空航天局(NASA)的第二个视频和全文中的超级链接。每个要素讲述报道的不同部分,所有部分合在一起以解释这个奇妙的天文现象,而且文章还应用搜索引擎最佳化(SEO)工具来推进视频和幻灯片。[②]

最后,专业生产内容(PGC)与用户生产内容(UGC)融合。随着传受关系的转变,用户生产内容填补了专业生产内容报道内容的空白。这种用户参与式的新闻鼓励用户生产内容,支持交互新闻报道。执行编辑阿伦·默里认为,《华尔街日报》网站上的"日报社区"在社交网络创造"更高质量的对话"。与用户生产内容不同的是,专业新闻生产团队生产新闻的特点在于其新闻从业者掌握着高新信息技术和专业操作技能,并且在专业团队的协作下运用多种媒体平台生产融合新闻。2014年,《华尔街日报》的技术新闻小组在对国际消费电子展(CES)的报道中采用了日报报纸,网站和社交平台生产文字,视频和社交媒体内容等内容融合报道形式。

(3)渠道融合

传播渠道的融合在于充分利用不同终端优势,实现报道的灵活性和呈现的多元性,使得更多的报道被更多的用户浏览到。《华尔街日报》的渠道融合以"无处不在的《华尔街日报》"为目标,顾名思义,就是将新闻产品发布在尽可能多的平台上。纵观《华尔街日报》的融合发展史,可以看出《华尔街日报》陆续推出了WSJ.com网站、WSJ Live(到处观看《华尔街日报》:Watch WSJ Everywhere)视频终端、WSJ Social社交阅读应用、WSJ.com Mobile Reader移动手机阅读器等多个渠道。

《华尔街日报》不仅重视传播渠道的多样性,还尽可能地扩大其渠道分布范

---

① Press Release-WSJ Launches Newsletter & Strengthens Online Coverage of D. C. Politics[EB/OL]. (2014-04-29) [2021-08-25]. http://new. dowjones. com/press-room/wsj-launches-newsletter-strengthens-online-coverage-d-c-politics.

② Nick Barber. WSJ Masters Convergence[EB/OL]. (2012-01-25)[2014-03-31]. http://www. nick-barber. com/2012/01/wsj-masters-convergence. html.

围。如《华尔街日报》网站通过推出不同地方语言网站的方式,将《华尔街日报》推向全球。2002年,《华尔街日报》推出了第一个地方语言网站《华尔街日报》中文版网站 cn. wsj. com,其目标受众是全球华语读者。之后又推出两个国际版拓展网站,即欧洲版网站和亚洲版网站。随后推出包括印度版(india. wsj. com)、日文版(japan. wsj. com)、德语版(www. wsj. de)、韩语版(kr. wsj. com)、印尼版(indo. wsj. com)、土耳其版(wsj. com. tr)等12种地方语言版本的网站。这些多语言版本的扩展网站构成了一个大规模的《华尔街日报》传播渠道网络,推动其新闻内容被尽可能多的国际受众浏览到。

(4)营收模式融合

除了新闻生产和发布之外,报纸媒体的融合路径还体现在突破传统盈利模式上。《华尔街日报》针对跨平台、融合互动的多渠道传播策略,采取了多种营销手段以提高经营收入。

《华尔街日报》实施的收费与免费阅读相融合的营收模式给《华尔街日报》带来订阅费和广告费的双重收入,也是其成功实现数字化转型的直接原因之一。一方面,全体用户能够免费下载《华尔街日报》数字版,其目的不仅是通过为受众提供体验阅读的机会从而带来增量的受众,更重要的是通过提供优质、独家、专业的新闻内容引起受众的阅读兴趣,吸引这些受众购买收费内容,将这些免费阅读的受众发展为“付费阅读的会员”。另一方面,《华尔街日报》除了为其付费会员提供完整的数字版报刊,还设置了会员订阅专栏,并根据每个会员的阅读兴趣,定期向其推送个性化资讯和专业的财经数据分析。免费与收费的营收融合模式还体现在对部分深度报道和独家新闻免费提供新闻标题、内容摘要、主题图片等片段信息,但想要查看完整的文章内容,则需要支付一定的费用。

《华尔街日报》的营收除了订阅费,还包括传统报刊的盈利模式——广告费。《华尔街日报》的全球报系网站、视频终端、社交服务平台、移动终端等传播渠道都是其进行广告位销售的平台。由此可见,《华尔街日报》上刊载的广告既包括印刷版广告,还具有针对不同渠道的数字网络广告,其中,数字网络广告大多数是以多媒体形式呈现,形式更加丰富灵活。

这种既对内容收费,又对版面空间的广告位收费的双重收费模式,是传统报刊盈利模式和新兴数字盈利模式的融合。

6 电子期刊

与第 5 章的电子报纸一样,电子期刊也有电纸形态、数据库形态和增强型形态三大基本形态。但鉴于期刊业务的特点,其数字化道路也颇具特点,本章对电子期刊的发展、不同类型的电子期刊及期刊转型综合案例进行讨论。

6.1 电子期刊概述

6.1.1 电子期刊的概念

20 世纪末,伴随着互联网技术的崛起与发展,期刊数字化逐渐成为潮流。期刊是连续和定期出版物,以此类推,电子期刊是连续和定期数字出版物。与传统期刊一样,电子期刊具有统一的题名,有相对固定的栏目,按一定的周期连续出版。与同样是连续出版物的电子报纸不同的是,电子期刊出版周期相对长一些,且大多针对特定读者群,一般文章篇幅较报纸长。除了电子期刊以外,相关称呼还有数字期刊、网络期刊、互联网期刊等,本书为保持篇章的一致性,统一称电子期刊。

纸质期刊有正式期刊和非正式期刊之分。非正式期刊是指通过行政部门审核领取"内部报刊准印证"作为行业内部交流的期刊。正式期刊是由国家新闻出版主管单位审批,具有"国内统一刊号"("CN 号")和"国际刊号"("ISSN 号")的期刊。电子期刊亦有广义和狭义之分,狭义的电子期刊由正式纸质期刊转型而成。广义的电子期刊还包括"形式"上像期刊的连续的定期的数字出版物,它们是网络原生的,如早期比较流行的多媒体期刊(即增强型形态期刊,业界习惯称其为多媒体期刊)、开放存取期刊等。

6.1.2　电子期刊的特点

①不受纸刊版面限制,篇幅和每期文章篇数具有较大的灵活性。避免了纸刊排队发表等现象,缩短了期刊的发表周期。

②兼有纸质期刊的平面性和互联网的立体性,除了文字内容之外,还包括图片、音频、视频、动画等多媒体视听手段。

③可回溯性强。网络期刊的回顾功能可以让用户轻松找到特定刊次的内容,也方便编辑对期刊内容的管理。

④交互性强。通过在线评论、二维码加关注等方式,让信息不再是单向传播,实现了编辑、读者和作者的多方互动。

⑤信息传播更快、更广。理论上,电子期刊可以传播到网络所及的任何地方,并且,网络的分享和推荐机制也能让电子期刊更快、更广地传播。

6.2　电子期刊发展简述

6.2.1　早期的电子期刊

20世纪60年代,电子出版技术开始应用于文摘期刊、索引期刊等出版领域,美国的机读数据库《化学文摘》《生物文摘》等可以视为这方面探索的初始。20世纪70年代出现了大型的联机数据库,用户可以通过联机远程检索数据库,而数据库可读的内容主要是索引、文摘等。

光盘的出现使得电子产品可以独立存在,容量的增加促进了全文数据库的出现。1989年,中国科技情报研究所重庆分所的《中文科技期刊篇名数据库》机读产品(软盘版)正式发行。1992年,《中文科技期刊篇名数据库》只读光盘版正式发行,为我国(不含港澳台)第一张中文期刊数据库光盘。

纯电子期刊最早出现在欧美。1980年,美国新泽西技术研究所主办的"电子信息交换系统"(The Electronic Information Exchange System)项目运行过程中,诞生了第一种试验性期刊——*Mental Workload*。英国的 Birmingham Loughborough Electronic Network Development(1980—1985)项目运行过程中,又出现了一种期刊——*Computer Human Factors Journal*。这两份期刊都

以失败告终。早期的电子期刊昙花一现，究其根本原因是电子期刊没有获得研究者的信任，收到的投稿很少而无法举办下去。1987 年，美国雪城大学(Syracuse University)出版了 *New Horizons in Adult Education*，这是一本经过同行评议的成人教育方面的网络期刊，至今仍然存在。

6.2.2 电子期刊的多样化发展(20 世纪末至今)

20 世纪末，期刊数据库获得发展。在国外，最有代表性的学术期刊领跑者当属施普林格、爱思唯尔等。他们均于 20 世纪末开始自己的网络出版进程。德国学术出版商施普林格于 1996 年正式推出的 SpringeLink 是全球第一个电子期刊全文数据库及全球科技出版市场最受欢迎的电子出版物平台之一。同期，荷兰出版学术巨头爱思唯尔也推出了 ScienceDirect 等功能强大的数据库产品，实现了科技期刊的数字出版和全球传播。爱思唯尔等科技期刊的网络化引领了全球期刊出版业的数字化进程，并且极大地提升了其全球影响力。

中国知网的前身《中国学术期刊(光盘版)》自 1996 年起建设，其发展经历了光盘版时代(1996 年 12 月—1999 年 5 月)、网络版时代(1999 年 6 月—2001 年 8 月)和知识服务平台时代(2001 年 9 月至今)。前两个时期，中国知网的文献产品比较单一，只有期刊全文数据库一种类型，是典型的文献型数据库，而现在的中国知网已拥有期刊论文、学位论文、会议论文、报纸、年鉴、图书等多种文献类型的数据库，并已将所有数据库资源统一置于中国知网网络服务平台上，实现了从信息服务到知识服务的转变。与中国知网同期，万方数据库和重庆维普数据库也得到长足发展。相较于人文杂志社的观望态度，龙源期刊网这类大众类数据库出版商是期刊网络出版有力的先行者。龙源期刊网创建于 1998 年，是中国最早、最大的人文大众期刊数字发行平台。在龙源期刊网的带动下，同类数据库悦读网、博看网等建立。

随着互联网的普及和发展，网络出版技术随之出现，并得到应用，传统出版商纷纷在网络上建立自己的网站，并把自己所办期刊的内容按期挂在网站的主页上或借助互联网为传输介质出版、发行自己的期刊，这样，传统期刊就有了同期内容的网络版。我国(不含港澳台)发行的第一份电子期刊是教育部主办的《神州学人》(1995 年)，该电子期刊为后来各类期刊上网奠定了基础。在它的带动下，我国许多大学都将其主办的学报上网。

大学及研究机构在 20 世纪末开始出版纯网络电子期刊。1994 年 4 月，世界上出现了第一种网上中文期刊——《华夏文摘》，在互联网上向全球发行，标志着网上中文期刊的诞生。我国(不含港澳台)最早出现的网络版学术期刊为

1996 年 1 月北京大学创办的《非线性科学与数值模拟通讯》(英文版)。这一时期,开放存取的概念尚未形成,这一类期刊被称为纯网络期刊或纯电子期刊。开放获取的概念形成于 21 世纪初,此后,开放获取的期刊大量出现,至今仍然是学术出版的热点。开放获取期刊的详细介绍请参见第 7 章。

21 世纪初,多媒体电子期刊兴起。2003 年,台湾的 KURO 音乐软件公司"飞行网"推出《乐酷志》,这是一本真正意义上的互动多媒体电子杂志。2004年,喜阅传媒(Xplus)推出《风格癖》,该杂志中包含了视频、音乐、特效等元素。POCO 创办于 2003 年,ZCOM(佐罗网)创建于 2004 年。Xplus、POCO 和 ZCOM 是当时国内著名的三大多媒体电子杂志网站。用户可以在这些网站上直接上传融入音频、文字、图片、视频等多种媒体元素的电子杂志。用户创建的多媒体杂志内容深度有限,流行几年后最终衰落。但在三大网站的带动下,一些传统期刊开始进行多媒体化的探索。

互联网移动阅读兴起后,纸质阅读面临衰落。2008 年,上海人民出版社出版的少年综合刊物《少女》杂志停刊。2015 年,曾被誉为"当下最具有互联网思维"的壹读传媒旗下的新闻生活类杂志《壹读》停止纸质版发行。杂志发行只占壹读传媒业务的 10%,此后,壹读传媒继续在视频、微博、微信等领域探索数字化生存之路。同年,瑞丽品牌旗下的《瑞丽时尚先锋》停刊,停发纸质版后,保留电子版,并发展电商业务。

2010 年之后,大屏幕智能手机普及,移动阅读方兴未艾。与其他出版类型一样,期刊业务也向移动端发展,一些期刊借助咪咕阅读等平台发行,另一些品牌期刊自建 App,或依靠小程序发行电子版。学术期刊数据库如中国知网也打造了手机知网等 App。大部分期刊通过其自主运行的微信公众号或头条号定期推送期刊内容。如,《中国新闻周刊》利用新媒体技术开发出中国新闻周刊网、基于苹果和安卓平台的 App 客户端、《中国新闻周刊》微博、智能电视客户端及一系列新媒体衍生产品,其是期刊数字化发展的代表案例。

此外,一些期刊尝试引进 VR、3D 等新型科技手段,试图改变传统期刊的出版形态。传统纸媒与智能终端的融合,最大限度地开发利用现有资源,面对不同层级受众,实现同一种内容可进行多次销售的目标,最终实现资源的深度融合。

6.3　各种类型的电子期刊

常见的电子期刊类型见表 6-1。其中,期刊数据库和开放获取期刊分别在其他小节详细论述，以下只对期刊 App、小程序期刊、多媒体期刊做介绍。

表 6-1　　　　　　　　　　　　**常见电子期刊类型**

电子期刊的类型	案例	备注
期刊数据库	中国知网中的学术期刊库	主要由传统学术期刊转型而来
期刊 App	《三联生活周刊》 官方 App"三联中读"	传统大众类期刊转型
小程序期刊	《知音》杂志旗下小程序 "知音传媒微刊"	传统大众类期刊转型
开放获取期刊	英国的 BMC； 中国的数据期刊《中国科学数据》	网络原生的学术期刊， 采用同行评审制度
多媒体期刊	佐罗网等	网络原生的多媒体期刊已经衰落， 但一些传统期刊转型的 电子期刊中有多媒体元素

6.3.1　期刊 App

6.3.1.1　期刊 App 的概念

期刊 App 指的是应用于手机和平板电脑等移动终端上的期刊推广和阅读App。随着移动互联网产业的壮大，移动应用也得以快速发展。期刊 App 是移动互联网环境下期刊数字化的主要形式，它具有便捷性、交互性和实时性的特点。在经营方面，期刊 App 具有拓宽发行渠道、提高盈利能力、优化期刊内容、提升品牌形象等价值和作用。

目前，中国期刊 App 可以分成四种类型。第一类是单一型期刊 App，即单种期刊推出的 App，《第一财经周刊》等期刊 App 是此类的优秀代表。第二类是整合型期刊 App，即一些传媒集团整合某类期刊打造的 App。如中国宇航出版有限责任公司开发的"中国航天期刊平台"，以多种航天专业期刊为核心，整合数万篇期刊文献，供航天科研人员和高校师生使用。第三类是综合平台型期刊App，即由第三方公司整合多种期刊形成的综合性期刊 App，如中国知网（含期刊）。第四类是聚合型期刊 App，即可以进行个性化信息筛选和聚合的期刊App，同样是由第三方运营。读者可以根据自己的阅读兴趣和偏好来订阅聚合的内容，这样的平台有 Flipboard、ZAKER、今日头条等。

6.3.1.2 期刊 App 的发展现状 ①

在移动阅读产业及庞大用户群体快速增长的驱动下,越来越多的市场主体参与其中,各类期刊 App 层出不穷,市场份额抢夺激烈,竞争加剧。为了顺应数字化的发展趋势,一些具有战略眼光且具有较强经济实力的一线杂志几乎都上线了自己的 App。

在期刊 App 的市场占有率上,品牌知名度高、综合实力雄厚的传统纸媒和掌握技术优势、注重用户体验的第三方整合开发平台仍然占据主导地位。根据 App Store 提供的期刊 App 统计数据,在时尚生活类期刊 App 中,康泰纳仕集团和赫斯特集团旗下的期刊 App 几乎占据了半壁江山。康泰纳仕旗下的《VOGUE 服饰与美容》《GQ》《悦己 SELF》和赫斯特旗下的《ELLE 世界时装之苑》《ELLEMEN 睿士》《嘉人》经常位居热销时尚类杂志前几名。而对于第三方整合平台 App 来说,凭借丰富的杂志类别和数量,通过优良的算法技术架构、简单易用的功能设计和用户体验,赢得用户的认可和青睐。

尽管当前大多数杂志社都已发布 App,但对于这种新的媒体形式并没有进行深入思考。大众期刊 App 的第一个缺陷是差异化服务不足。在期刊 App 开发环节,大多数杂志社倾向于技术外包。作为内容提供商,杂志社并没有直接参与 App 的产品设计,这使得内容与形式、内容与平台在源头上丧失融合与统一,导致诸多期刊 App 在内容呈现、设计风格、功能体验等方面别无二致,差异化服务有待提升。

大众期刊 App 的第二个缺陷体现在用户体验不足,用户黏性增强乏力。用户体验是指用户在使用产品或享受服务过程中建立起来的心理感受,涉及人与产品交互过程中的所有方面。对于期刊 App 来说,内容、设计、功能及用户所处的情景环境都是影响用户体验的重要因素。对于用户来说,期刊 App 是动态的、智能的、交互的。然而我们在使用一款期刊 App 时常常感到过程的烦琐和必要功能的缺失。

大众期刊 App 的第三个缺陷是与传统纸质杂志三次售卖的盈利模式相比,盈利模式不明朗,付费方式尚在摸索中。

---

① 雷阳.移动阅读时代大众期刊 App 发展的困境与对策[J].出版科学,2016,24(2):87-90.

6.3.2 小程序期刊

6.3.2.1 小程序期刊的概念

小程序期刊是指利用微信小程序功能,以小体量的轻型应用帮助目标对象通过相对较短的使用路径,获得较为便捷的期刊阅读服务。除此之外,小程序期刊正衍生出用户投稿、社区搭建、周边购买等多种功能。小程序期刊的服务对象与头部期刊 App 应用不同,偏向于中轻度读者及新读者。通过扫描二维码获取内容、在微信公众号导航栏点击指定内容或在微信搜索指定内容,读者可以在碎片化的时间内及时获取信息内容,小程序也在无形间增加期刊的读者黏性。当下比较有代表性的小程序期刊包括财经、VISTA 看天下、ZAKER 等。①

6.3.2.2 小程序期刊的发展现状

阿拉丁 2019 年小程序年度生态白皮书的发布向我们昭示着小程序互联网时代的到来:小程序数量从 2017 年的 58 万多个到 2020 年超过 300 万个,复合增长率达到 127.4%。2019 年,至少有 23 个小程序单日 DAU(日活跃用户数量)突破 1000 万,小程序日活跃用户数突破 3.3 亿。②

小程序期刊在当下的发展势头正劲,无论是传统期刊还是网生代期刊,都正着力于微信端的布局。以知音微刊为例,据统计,截至 2020 年,知音微刊服务号矩阵累计用户已超 20 万,月均增长率达 120%。这样的营销成果相对于过去的传统经营来说,相当于爆炸式的增长。③

但同时,小程序期刊内部也存在着发展不平衡的问题,新闻、时尚、旅游、育儿类小程序期刊占比较大,学术类小程序期刊开发的总体比例较低。就小程序自身功能而言,并未深度挖掘多样化的软要素,很多时候与期刊 App、期刊网站呈现的内容别无二致。④ 在匹配场景需求时,场景与服务的逻辑连接大多时候是断裂的,比如旅行类期刊小程序"途牛慧旅行当月热推旅行杂志",其主页面分为"杂志刊物"和"产品推荐"两栏,通过杂志软文对相应的旅行目的地进行推广。但是,"杂志刊物"栏目与"产品推荐"栏目之间缺乏关联,也没有针对用户位置的

---

① 汪全莉,李颖颖.学术期刊与小程序的融合探析[J].出版广角,2019(16):18-20.

② 阿拉丁 2019 年小程序年度生态白皮书发布:小程序互联网时代到来[EB/OL].(2020-01-03)[2021-12-21].https://news.pedaily.cn/202001/450122.shtml.

③ 蔡雅丽.基于博弈论视角下的媒体经营管理——以《知音》杂志旗下小程序"知音传媒微刊"为例[J].卫星电视与宽带多媒体,2020(8):216-217.

④ 汪全莉,李颖颖.学术期刊与小程序的融合探析[J].出版广角,2019(16):18-20.

推荐服务,因此用户使用率比较低。

6.3.3　多媒体期刊

多媒体期刊也称增强型期刊或富媒体期刊,本书采用业界习惯性称呼。它是指集合了文字、图片、音乐、动画、音视频等多种媒体形式的电子期刊,通过网络传播,用户可以使用计算机等移动终端阅读。目前的多媒体杂志可以分为两种:一种是发行在网站上的原创期刊;另一种是传统杂志的多媒体衍生品,如隶属于《中国国家地理》杂志的《行天下》。多媒体期刊的主要优势表现在:多种媒体集成,立体化展现;效果直观、动态化。主要缺点有制作成本高,过多依赖多媒体表现,内容浅显。

多媒体期刊多以传统纸刊思维进行编辑,按照往期杂志的卷首语、封面、目录及精彩节选等构建栏目,没有将内容充分打散,结合多媒体的元素,整合为新的网页结构。从长远发展来看,较难实现盈利。网络原生的多媒体期刊在 2010 年之前曾有过一个较为繁荣的阶段,但目前已经边缘化。

6.4　期刊数字化转型综合案例

6.4.1　《中国国家地理》

6.4.1.1　《中国国家地理》概述

《中国国家地理》是由中国科学院地理科学与资源研究所和中国地理学会主办的一本科学传媒杂志。其前身是《地理知识》,1950 年在南京创刊。该刊以传播科普知识、弘扬科学精神为己任,内容涵盖地理思想、中外地理、自然地理、地图及地理调查法、地理教学、地理资料等。

当互联网以风卷残云的势头袭来,《中国国家地理》杂志曾由于内外因素经历了两次停刊,一度陷入低迷。作为一本传统杂志,《中国国家地理》在市场上面对的不仅仅是外部的威胁,从行业内部开始的变化引起的震荡也是翻天覆地的,不仅有携程网、去哪儿网、同程网、途牛网等几十家网站对旅游杂志市场的强势入侵,还有来自《华夏地理》等竞争对手的奋步直追。

在互联网环境下,越来越多的传统媒体杂志社在互联网风潮的袭击下或苟延残喘、关门停刊，或积极改革、顺应市场找到新的春天。《中国国家地理》也越来越意识到转型的重要性，积极向新媒体时代的数字化转型。

6.4.1.2 《中国国家地理》数字化措施

（1）建立门户网站——中国国家地理网

《中国国家地理》在 2008 年开始全面进军新媒体平台。首先创建了自己的网站——中国国家地理网（http://www.dili360.com）。网站定位为"最权威的地理资讯，最专业的深度旅游，最具特色的互动社区"，吸引了大量用户。

2014 年 8 月，杂志社对网站进行改版。目前，网站的顶部菜单分为首页、景观、谈资、作者、大讲堂、活动、商城七大栏目。随着鼠标的上下滑动，焦点、社区、景观、推广、聚焦 CNG、征稿等版块依次呈现。

中国国家地理网后台以算法和技术为逻辑，依托强大的数据挖掘处理中心，搭建大体量的数据库，既整合杂志社已有的资源，又不断吸纳、整合社区用户的 UGC 内容。该网站已成为以用户、作者和编者为核心关系的一个社区型媒体，在同类期刊网中独树一帜。

在网站形式的表现上，对所有文章都进行了标签化管理，对所有的图片、文章也进行了地方行政区划、地理坐标、景观类型划分，以话题、栏目、作者等为坐标，对网站上来自用户的所有信息进行最大限度的细分，最大限度地实现数据资源的价值。用户在登录后，浏览过程中不仅可以就自己感兴趣的图片、文章在线发表评论，实现互动，还可以报名参加线下的地理大讲堂、摄影大赛等社群活动。

（2）推出付费多媒体电子杂志《行天下》

2009 年 7 月，《中国国家地理》推出了旅行版独家原创付费电子杂志——《行天下》。其办刊宗旨为"景色前沿，出行先锋"，倡导探索精神，引领全新户外生活方式。采取付费阅读的发行策略，使用 Flash 制作，由原创中心编辑部专门负责其运作。

《行天下》杂志是《中国国家地理》杂志新媒体事业的组成部分，作为成熟品牌内容的延伸，它试图将纸媒积累的用户和品牌形象顺延到新媒体中。《行天下》杂志相比《中国国家地理》有着更为年轻的目标人群定位，图片更加丰富，更贴近旅途中人们的需求，进一步延伸了杂志社的产品线。虽然由于电子期刊市场的迅猛发展，2014 年之后《行天下》已经退出历史舞台，但其无疑见证了中国大众类电子期刊发展起步时期的辉煌。杂志付费的举措背后是对内容品质的坚守，《中国国家地理》始终坚持为用户提供高品质的内容服务。若电子杂志实现免费阅读，则纸质杂志的销量必然受到严重影响，对杂志质量也会造成严重的影响。

（3）基于微博、微信等社交媒体的转型

截至 2021 年 1 月，《中国国家地理》杂志下的微博账号，有中国国家地理（"粉丝"数 1134 万）、中国国家地理旗舰店（"粉丝"数 383 万）、中国国家地理图书（"粉丝"数 10 万）、中国国家地理客户端（"粉丝"数 1 万）等。社长李栓科的微博"粉丝"数量为 241 万，执行总编单之蔷的微博"粉丝"数量为 147 万。与此同时，和《中国国家地理》这一杂志 IP 密切相关的一批摄影师、杂志编辑们也聚拢了不小的公域流量，专栏作者托斯卡纳的微博"粉丝"数量为 128 万，特约摄影师张帆的微博"粉丝"数量为 43 万。[①] 这些微博账号组成了一个品牌集群，开启话题互动，与普通网友交流，进一步增加了杂志社的"粉丝"数量，扩大了品牌的知名度。

《中国国家地理》在 2013 年创建了中国国家地理的官方微信公众号。随后，杂志社内部又诞生了"《中国国家地理》+"国家地理综合服务平台，提供中国国家地理畅读数字内容在线阅读、中国国家地理科学考察活动报名、博物旅行活动报名等服务；杂志社图书部建立了"中国国家地理 BOOK"等。在微信诞生之初，《中国国家地理》用敏锐的嗅觉捕捉到了潜在的价值，开通微信账号，推送《中国国家地理》的精彩内容，形成与受众更密切的接触。最开始的《中国国家地理》官方微信公众号还只是停留在推送"地理日报"的简单阶段，现在则更加重视对原创内容的打造和对热点的追寻，利用微信端口提供杂志阅读、书籍订阅、社群打造、来稿接收等多种服务，致力于与用户建立更平等的互动关系，挖掘用户参与创作的能力，提升品牌与用户之间、用户与用户之间的黏性。

（4）推出微信小程序"中国国家地理畅读"

随着微信小程序应用的普及，杂志社开发了"中国国家地理畅读"（简称"畅读"）微信小程序。目前，"畅读"已经上架了《中国国家地理》（2001 年第 1 期至今）、《中华遗产》（2008 年第 3 期至今）、《博物》[2004 年第 1 期（创刊）至今]、《行天下》（2009—2014 年）。上架的大多期刊（《行天下》除外）为电纸形态，即纸刊的原貌版。"畅读"在阅读方面与其他微信小程序并无特别之处，其主要特色体现在营销方面：①对现期期刊的营销。"畅读"上架期刊的时间与纸质期刊同步。单本现期电子期刊的售卖价格与纸刊基本一致，每期电子期刊售价 30 元。②对过期期刊的营销。"畅读"设有"全部推荐"和"特别推荐"栏目，对过期期刊进行营销，每册价格也为 30 元。"畅读"还推出了"精选合集"，如"华东地区合集"共 8 册，价格为 240 元。③单篇文章营销。"畅读"支持单篇文章购买，每篇 5 元。[②]

---

① 上述统计数据来自微博相关账号，统计时间截至 2021 年 1 月。

② 相关价格来自微信小程序"中国国家地理畅读"，统计时间为 2021 年 10 月。

6.4.1.3 《中国国家地理》案例小结

《中国国家地理》是地理科普方面的头部期刊,具有很强的独家性和权威性,多年以来,平均年发行量一直维持在百万本左右。该杂志于 2008 年开始进行数字化探索。杂志以网站为基础,先后进行了多种数字化尝试,形成了一网多端的模式。通过微博、微信、头条号等多个平台,聚集了大量地理爱好者,不但能为网站提供 UGC 内容,而且有利于线上与线下的配合经营,开展旅游等活动。通过"畅读"等端口,还可进行旧刊电子期刊售卖,挖掘旧刊价值。一直以来,该杂志社都非常注重媒体技术的应用,并将摄影图片作为期刊的重要表达方式,这一优秀的传统在期刊网站上也得到了很好的延续。网站主要采用高清图片集,读者可以感受到非常强烈的视觉冲击;主题栏采用了弹出条技术(fly out),用户在未进入栏目的情况下就可通过弹出条方便地了解该栏目的大致内容;几乎每一个栏目都会在醒目位置向用户提供视频资源,以动态的方式展现地理风貌。以上诸方面都是《中国国家地理》的发展带来的启示。

《中国国家地理》在数字化转型中也遇到一些问题,先后放弃过手机报及多媒体杂志《行天下》等业务。迄今为止,该刊一直坚持以文字和图片为主的风格。诸如"中国国家地理畅读"属于电纸形态产品,设有多种多媒体元素,但其售卖的价格与纸质版本同样为 30 元。虽然相同的价格符合《中国国家地理》精品化的杂志定位,保障了纸质版本的销路,但是无差别的定价势必考验电子期刊的生存能力。

6.4.2 《三联生活周刊》①

6.4.2.1 《三联生活周刊》概述

《三联生活周刊》的前身为邹韬奋先生在 20 世纪 20 年代于上海创办的《生活周刊》,1995 年,该刊在北京正式复刊。经过 20 余年的发展,《三联生活周刊》形成了自己独有的办刊特色。知识付费时代,《三联生活周刊》以内容升级为基础,围绕 IP 资源,为用户提供图书、音频、视频等不同形式的知识服务,以项目开发促进融媒体的成功转型。

在媒介融合趋势下,《三联生活周刊》融媒体转型满足了大众阅读习惯的客观需要,结合媒体融合的特征,坚守纸媒优势,创新编辑思维,增强与读者群体的互动性,推出有深度、原创性的报道内容,积极寻找自身的发展空间。整合内容

---

① 崔香丹.《三联生活周刊》融媒体转型探索[J].出版广角,2019,354(24):50-52.

资源和渠道资源,积极探索新兴媒体技术,提高了杂志传播的时效性,构建了融媒体服务矩阵,推动了杂志转型的进程。

6.4.2.2 《三联生活周刊》数字化措施

(1)重视内容建设

从《三联生活周刊》的融媒体实践来看,转变发展思维、重视内容建设是其转型成功的关键。一是基于内容升级的发展思维,即在把控内容品质的前提下,创新内容生产思维,从内容中提炼 IP 资源,以 IP 化形式开发图书、视频、音频等产品,实现产品链条的全面升级。2018 年 7 月,由《三联生活周刊》资深主笔联合推出的《我们为什么爱宋朝》一书受到读者好评后,杂志又陆续推出了"宋朝那些人"和"我们为什么爱唐朝"等特别策划内容,以系列化的展示方式构建知识生产新模式。二是基于内容产品化的开发思维。2014 年,《三联生活周刊》从用户需求出发,开发了付费类 H5 产品"听周刊",该产品通过不断更新升级,适应了用户阅读的新诉求。三是制订"1＋N"媒体融合战略。2018 年,基于内容生态平台建设的战略思维,《三联生活周刊》以"1＋N"媒体融合战略为核心,搭建了"生活＋阅读"的内容生态平台,"1"是杂志全面转型,"N"则是内部创业,通过探索开创知识服务的全新模式。

(2)开发融媒体技术平台

利用新技术开发融媒体平台是《三联生活周刊》转型成功的重要原因。首先,依靠数字技术和互联网技术,搭建网络平台。2000 年,《三联生活周刊》入驻新浪博客,同时,选择新浪网为战略合作伙伴,每期杂志选择 30％的重要稿件在新浪网发布。2003 年,《三联生活周刊》开通了自己的门户网站,为杂志提供展示窗口和营销平台。依托微信、微博等社交媒体,搭建社交化聚合平台。2010年,《三联生活周刊》成立新媒体发展中心,利用新浪微博的影响力搭建社交媒体平台。2012 年 11 月,《三联生活周刊》开通微信公众号 lifeweek,利用微信公众号服务广大用户是《三联生活周刊》融媒体建设的又一重要发展方向。

其次,依托今日头条搭建个性化内容分发平台,充分发挥技术优势,推动媒体融合向纵深发展。2017 年,《三联生活周刊》与今日头条签署战略合作协议,除内容分发外,双方在商业化、IP 产业开发等多个领域展开合作。

最后,依托多媒体和服务端,打造全方位的数字阅读平台。为满足受众多样化的阅读习惯,《三联生活周刊》从 2011 年起开始研发全媒体产品,先后开发"iPad 端""iPhone 端""Android 端""彩信手机报"等 8 个新媒体服务端,实现了受众群体全方位、多层次的覆盖。

(3)延伸产业链

由《三联生活周刊》开发的知识付费项目一经推出,便备受社会各界的广泛关注,获得了较好的社会效益和经济收益。《三联生活周刊》在发展新项目、延伸产业链时,主要开展了以下实践。

一是积极转型,开发新项目——松果生活 App。松果生活 App 是《三联生活周刊》融媒体转型发展的第一个项目,该项目以线下活动"阅读汇"和"生活汇"为平台,结合视频、微信公众号、H5 等线上资源,为读者提供文化、生活、艺术等多个领域的信息。2016 年,松果生活 App 仅上线一年便聚合了 500 位"生活家",组织线下活动超过 4000 场,App 下载量超过 50 万次。

二是立足新媒体时代,孵化熊猫茶园项目。该项目是《三联生活周刊》在多年茶叶报道经验基础上实现的"茶 IP 资源"开发。在熊猫茶园项目中,《三联生活周刊》以互联网思维为基础,通过挖掘经典 IP 资源,打造了 OFFIC 茶、茶杯、茶礼等一系列文创产品,实现了价值链的全面延伸。该项目既拓展了杂志的收入渠道,也为杂志的转型突围找到了新方向。

三是整合内容资源,开发付费知识阅读新平台。《三联生活周刊》通过挖掘纸质内容、开发新媒体精品课程,打造了付费知识阅读社交平台——中读 App。"中读"意为传统杂志"慢阅读"和碎片化"快阅读"的"中间阅读状态",诠释了读者对阅读的最佳期待。因此,中读 App 也是知识链接与阅读方式转化的平台,在这一平台中,《三联生活周刊》与出版社、网络视频公司等合作,使用 VR、AR 等新媒体技术,实现内容 IP 资源的全产业开发。

6.4.2.3 《三联生活周刊》存在的问题

(1)过于迎合用户,报道深度减弱

在新媒体时代,用户追求的是碎片化、高效率、浅层性的信息,为满足受众的需求,《三联生活周刊》主要通过微博、微信公众号、手机 App 进行发力。但是由于手机版面过小、用户阅读速度过快,《三联生活周刊》无法有效地对相关内容进行深度报道。这使得一向追求社会热点、讲究深度思考的《三联生活周刊》反而画地为牢,困于新媒体陷阱之中,如何突破自身局限、进一步提升内容品质、牢牢抓取核心用户是其进一步发展的关键。

(2)互动程度不够,忽视用户反馈

观察《三联生活周刊》的各个新媒体平台,发现其对用户的回复较少,对用户在评论中反馈的问题并没有进行即时的处理。除了中读 App 中设置了用户评论功能,其他平台并没有对用户交互进行深度设计。忽视用户,可能会使其之前在内容方面的努力功亏一篑,还有损自身品牌形象。如何加强与用户之间的互动、解决用户反馈的问题、提升用户满意度是其发展过程中亟须解决的又一难题。

6.4.3 《时尚芭莎》

6.4.3.1 《时尚芭莎》概述

中文版《时尚芭莎》是《时尚》与拥有 150 余年历史全球著名的时装杂志 *Harper's BAZAAR* 版权合作的结晶,是一本全球性的真正引导潮流的高级时装杂志。刊物中的时尚、文化、指南三大要素从未改变。《时尚芭莎》数字出版产品包括时尚芭莎 App、*MiniBAZAAR* 电子杂志和《时尚芭莎》明星电子刊。

时尚芭莎 App 从 2020 年 1 月起,推出一年 12 期 *MiniBAZAAR* 电子杂志,囊括时装、美容、明星、家居、旅行、艺术等内容。《时尚芭莎》明星电子刊是移动端电子杂志,将高清大片、精美视频、弹幕互动等多媒体形态融合为一体,方便手机用户随时阅读和与粉丝互动交流。《时尚芭莎》明星电子刊占据明星电子刊市场份额的 70％以上。[①]

6.4.3.2 《时尚芭莎》的特色

(1)多媒体联动传播

时尚杂志借助新媒体,形成传统纸媒、网络媒体与移动媒体共同发展的"全媒体"传播格局。多终端、立体化的传播方式增强了杂志的影响力,有利于杂志掌握时尚话语权。越来越多的时尚杂志不仅仅致力于传播服饰、美容、家居潮流等时尚文化,还积极发挥社会效应。新技术与全媒体平台为其助益不少,提高了时尚杂志的文化软实力。较早试水新媒体的《时尚芭莎》,在 2016 年"BAZAAR 明星慈善夜"活动中首次引入移动直播平台"一直播",短短 1 小时的公益直播共募集资金折合人民币 7 万元。这种采取"互联网＋明星＋慈善"形式为社会弱势群体提供资助的做法收获无数好评,获得巨大的社会效益。新媒体的冲击虽让传统纸媒收入下滑,但是提供了新的盈利渠道。2015 年,时尚传媒集团的新媒体收入将近 1 亿元,成为企业经济收入的重要组成部分。[②] 可见,新媒体业务已成为时尚杂志新的经济增长点。

(2)新媒体资本化程度高

在新媒体背景下,资本力量的介入为传媒产业转型创新注入了新的活力。时尚杂志转型的新媒体产品是年轻时尚人士获取价值信息和产品信息的阵地,

---

① 时尚芭莎 BAZAAR 中文网-关于我们[EB/OL].[2021-12-21]. http://about. bazaar. com. cn/us. shtml.

② 晓雪. 时尚集团新媒体进入 3.0 时代[EB/OL]. (2016-08-26)[2021-12-21]. http://www. cbbr. com. cn/contents/520/50200. html.

其用户多是由传统纸媒导流来的读者,强大的用户黏性和变现能力吸引了资本。如,《时尚芭莎》全力打造的新媒体 YOKA 时尚网在 2013 年获得了百度领投的 1500 万美元融资,用以建设跨平台时尚生活一站式服务商。[①]《Yoho! 潮流志》旗下的电商平台"Yoho! 有货"也因独特的商业模式在 2014 年获得 3000 万美元投资。[②] 时尚新媒体借力资本市场,拓展了市场发展空间,加速了传统媒体转型的进程。

(3)"电商化"成为发展的新方向

时尚杂志转型除了走数字化之路,还通过整合及配置各方资源延长时尚产业链,其中电商资源成为时尚媒体转型升级的又一发力点。新的媒介环境下,时尚杂志已不再满足于单纯传播潮流资讯,纷纷选择通过电商平台提供商品,走"时尚杂志电商化"的道路。杂志受众从读者变为消费者,可以在线即时购买编辑推荐的产品和服务。媒体电商化既可以延伸品牌价值,开拓新的盈利渠道,又可以获取用户的长期关注,提高媒体的变现能力。国外已有不少时尚杂志向电商领域延伸的成功案例,近几年,国内时尚杂志嫁接电商化的尝试也日益增多。《ELLE 世界时装之苑》的 ELLESHOP、《瑞丽》杂志的瑞丽女性网等,都为消费者提供了时尚商品的购买通道。除了自建电商平台,时尚杂志还利用其他成熟电商平台搭建售卖平台。

6.4.3.3 《时尚芭莎》数字化措施

《时尚芭莎》很早就试水新媒体,实施全媒体战略。2017 年人民网舆情数据中心公布的"两微一端"媒体融合传播排行榜中,《时尚芭莎》名列前茅,可见其融合转型已取得明显成效。该杂志在数字化转型中主要采取了下列措施:

(1)加强内容建设

在移动互联网的冲击与裹挟下,时尚纸媒原生的内容优势式微,仅有的文字和图片已不能够吸引受众的注意力。数字技术的产生打破了文字、图片、音频、视频等内容产品在技术上的壁垒,不同介质的内容产品都可以进行数字化处理和传输,内容生产逐渐走向融合,实现"一次生产、多次加工、多功能服务、多载体传播"。除了内容生产流程,内容生产主体也发生了巨大变化。过去,媒体内容是由专业机构生产,现在则出现了用户生产内容(UGC)。专业生产内容(PGC)与用户生产内容的融合,有利于媒体坚守专业主义,激发创新活力,创造出更多

[①] 每日风险投资速递:YOKA 时尚网获得 1500 万美元 C 轮投资[EB/OL]. (2013-12-24)[2021-12-21]. https://www.pingwest.com/a/25345.

[②] 潮流媒体和电商平台"YOHO! 新力传媒"宣布获得软银赛富 3000 万美元 C 轮融资[EB/OL]. (2014-01-21)[2021-12-21]. https://www.36kr.com/p/1641828925441.

有价值的信息。《时尚芭莎》iPad版重组和再造纸刊的内容生产流程,融"文字、图片、音频、视频和多样互动"于一体,将视听效果与互动体验相结合,提升了用户体验。它并没有局限于单一杂志内容,而是集成时尚传媒集团旗下四本重磅刊物的优质内容,使纸刊的羽翼更加丰满。《时尚芭莎》的"芭莎in"App整合纸媒和新媒体终端最新、最热、原创独家的潮流资讯,借助大量用户在平台上分享的时尚心得,与专业时尚编辑互为补充,共同生产内容。

(2)进行渠道拓展

新的媒介生态下,受众的阅读习惯和消费方式发生极大改变,以往传统媒体对信息的垄断格局早已被打破。随着个人时尚网站、时尚博主、时尚微信公众号等自媒体迅速崛起,时尚杂志的话语权优势也全面崩盘。在此形势下,传统媒体应该逐渐发展网络版、移动版,开发多媒体互动等非纸质媒体,由单一纸质媒体传播向综合平面、电视、手机、网络等跨媒体互动传播转型,实现纸媒信息生产一体化、自动化和可视化,不断创新传播载体,拓展传播渠道。《时尚芭莎》很早就开始实施全媒体战略,在渠道方面谋划建设数字终端,搭建全媒体矩阵,包括网站、iPad版等数字版微博、微信、客户端、TV视频群、移动阅读聚合平台等。全方位、立体化的传播方式既有利于提高传播触达率、构建线上时尚话语权,又凸显出时尚媒体社交化传播的优势。需注意的是,真正意义上的媒介融合并不是简单的跨屏传播,而是将互联网思维嵌入融合实践的方方面面。"芭莎in"App以服务用户为核心,在原生内容基础上增加了社区和电商功能,着力打造"媒体+社区+电商"的媒体生态。用户既可以打造自己的时尚朋友圈,又可以在线购买专业团队量身定制的产品与服务。个性化、互动化、社区化的功能设计与用户至上的理念符合互联网思维,真正体现了媒介融合的本质。

(3)实现跨领域多元发展

整合运用传媒上下游资源开展跨界经营、构建合作共赢的商业模式是媒体应对环境变化、提升盈利水平的关键。《时尚芭莎》是以媒体产业为基础,积极谋求跨界、跨领域合作的典范。在众多跨领域发展中最引人瞩目的当数慈善产业,其主办的"BAZAAR明星慈善夜"活动自2003年起一直持续至今,并且年年创新慈善形式。2016年联手移动直播平台呼吁网民通过线上方式参与公益活动。构筑"互联网+明星+慈善"的公益新模式。近几年,随着电商产业的迅速崛起,《时尚芭莎》与电商平台的合作也颇为成功,不仅联合天猫、京东等电商平台,还自建电商平台提供个性化产品与服务。时尚杂志跨领域多元发展,是打造一体化时尚产业链的必经之路。①

---

① 马卉.我国时尚杂志的融合转型探究——以《时尚芭莎》为例[J].青年记者,2017(9):78-79.

6.4.3.4 《时尚芭莎》存在的问题

(1)电子刊存在"割韭菜"的行为

"割韭菜"为股市常用语,比喻机构、基金、大户抛售股票导致股票市场(或个股)大跌,为其创造新的建仓机会,再重新在低位建仓,如此循环波段操作,获取利润。时尚杂志发行电子刊确实是杂志转型的好路径,但是一些电子刊的"割韭菜"行为也令人深思。例如,ELLE idol 拍摄的男团 R1SE 封面,以拼销量的方式解锁单人封。"粉丝"买一本电子刊为其中一位"爱豆"投票,到了一定的票数才能解锁这位"爱豆"的单人封。《时尚芭莎》电子刊也存在这种给电子刊销量搞排名的操作。这样的操作无疑是为了寻求更多的销量,但是这样的"割韭菜"行为不利于电子刊销量的正常增长,且其引发的"粉丝"之间相互攀比的风气,迟早会引起"粉丝"群体的不满。时尚刊物拥有最具有消费实力和消费动机的受众群体,因此应该珍惜受众的喜爱和支持,而不是将受众作为疯狂谋利的工具。"粉丝"与被关注者之间更多的是情感的连接和驱动,一旦情感维护失败或"粉丝"信任度减弱,"粉丝"经济也将随之消失。

(2)过度娱乐化

时尚电子期刊存在过度娱乐化问题。时尚电子期刊面对的用户群体大多是心智未成熟的年轻人,过度的娱乐化会让他们形成娱乐化的认知模式和思维模式,不利于理性思维的建立。

7 开放科学背景下的出版活动

开放科学背景下的出版活动属于网络学术出版范畴,是一种秉承"开放""共享""自由"宗旨的出版模式。从 20 世纪 90 年代末至当下的研究看,首先是开放获取出版(主要是 OA 期刊和 OA 仓储)得到广泛关注。大约在 2008 年后,开放科学和开放数据的实践和研究逐渐增多。虽然开放科学成为研究焦点的时间晚于开放获取,但它一经提出即展现出更加丰富的内涵。一般认为开放获取、开放数据、开放同行评议等是开放科学运动的支柱力量。本章即围绕开放科学背景下的出版活动展开研究。

7.1 从开放获取、开放数据到开放科学

7.1.1 开放科学的内涵

开放科学(open science,OS)可以溯源至 17 世纪的启蒙运动,科学家们为了满足获取科学知识的需求相互共享资源、集体协作,推动了开放科学的诞生。2008 年,欧洲科学开放论坛网站上发布了由科学共同体起草的开放科学的目标。美国的开放科学肇始于美国国立卫生院 2009 年的全面拨款法案,2012 年后上升到政策层面,包括开放数据、学术出版物、数据访问等。之后,一些研究机构和管理部门开展了一系列开放科学的尝试,开放科学运动遂呈现蓬勃发展之势。

开放科学至今还没有统一的定义,但它涵盖了一系列旨在促进科学发展的原则,并阐明了公众对知识的需求。围绕开放科学的概念,众多学者和机构对之进行了解读。欧盟委员会(EU)认为"开放科学是通过数字工具、网络和媒体,传播科研并转变科学研究的方式,通过为科学合作、实验、分析提供新的工具,促进科学知识的获取,并使科学研究过程更加高效、透明和有效。它依赖于技术发展

和文化变革对科研合作和科研开放的共同影响"①。

经济合作与发展组织(OECD)将开放科学解读为"科研人员、政府、科研资助机构或科学界努力使公共资助的科研成果(出版物和科研数据)在没有或最小限制的情况下以数字形式公开获取,以提高科研的透明度,促进科研协作和科研创新"②。我国学者陈秀娟、张志强认为"现代意义上的开放科学是将概念、工具、平台和媒体结合起来,以自由、开放和更具包容性的方式促进知识创造和传播,从而能从科研中获取更大的效益"③。爱思唯尔将开放科学描述为一个更加包容、合作、透明的研究世界。

在此不一一陈述各种解释,这些定义虽然在表达方式与侧重点上各有不同,但都贯穿渗透着"开放、合作、共享"的开放科学理念。无疑,开放科学的发展会为科研环境带来深刻的变化,使科学更加开放、透明、全球化、不可分割,更加协作,更贴近公民。

7.1.2 开放科学、开放获取和开放数据的比较

与开放获取和开放数据不同的是,开放科学不局限于文献和数据的自由获取,而是聚焦于知识传播和知识应用,加强科研工作者甚至是公民间的科研交流,推进和加强各主体间交流协作的深度和广度,从而推动科学的发展。有学者从开放的内容、形式、渠道、环节等方面,对开放获取、开放数据及开放科学进行了对比,见表 7-1。

表 7-1 　　　　　　　　　开放获取、开放数据及开放科学的对比④

对比项	开放获取	开放数据	开放科学
开放内容	科研成果	实验数据、科研成果	科研成果、实验数据、实验笔记、实验设备、实验材料、实验空间
开放形式	期刊文献	期刊文献、数据(知识)仓储	期刊、数据、互动空间、网络平台
开放渠道	网络	网络	网络、实地

① 易志军,庄岩,江丽辉.拟定全球"开放科学"准则:促进后疫情时代的国际科学合作[J].科学观察,2020,15(5):63-67.

② 同①.

③ 陈秀娟,张志强.开放科学的驱动因素、发展优势与障碍[J].图书情报工作,2018,62(6):77-84.

④ 赵艳枝,龚晓林.从开放获取到开放科学:概念、关系、壁垒及对策[J].图书馆学研究,2016(5):2-6.

续表

对比项	开放获取	开放数据	开放科学
开放环节	科研完成之后	从科研进行中到完成后	从科研开始、进行中到完成
知识流向	从作者到读者单向流动	从作者到读者单向流动	双向流动
读者参与	—	数据验证	在线交流、实验补充等
读者费用	免费		

从实践活动和学者的研究进程来说,首先是开放获取获得关注,然后才是开放科学和开放数据的发展。但开放科学一经提出就体现出更加丰富的内涵。学者一般认为开放科学是科学研究的理想、愿景和目标,它通过提高透明度、加大开放性、扩展网络协作来促进科学的发展。而开放获取、开放数据、开放同行评议则是开放科学的重要支柱力量。四者之间的关系可以概括为:开放获取是所有开放科学运动的前提,适用于大学、科研机构、出版社、文化机构等;开放数据是开放科学的重点,也是社会需求的体现,适用于政府部门、商业机构、图书馆等机构;开放同行评议的目的在于提升评审透明度,确保学术质量,应用于出版和学术领域等。

7.2 开放获取出版

7.2.1 开放获取的含义及特征

开放获取(open access,OA)通常还可称为开放访问、开放使用、公开获取、公开取用等。目前,国内大多学者采用"开放获取"一词。开放获取的概念主要来源于"3B 宣言",即《布达佩斯开放获取先导计划》(*Budapest Open Access Initiative*,BOAI)、《百斯达开放获取出版宣言》(*Bethesda Statement on Open Access Publishing*,也称《百斯达声明》或《毕士达开放获取出版声明》)和《关于自然科学和人文科学领域知识的开放获取柏林宣言》(*Berlin Declaration on Open Access to Knowledge in the Sciences and Humanities*,也称《柏林宣言》)。

《布达佩斯开放获取先导计划》将开放获取描述为:作品可以通过公共互联网免费获取,即允许任何用户阅读、下载、复制、传播、打印和检索作品的全文,或者对作品进行链接、为作品建立本地索引、将作品作为数据传递给相应的软件，或者对作品进行任何其他出于合法目的的使用，而不受经济、法律和技术方面的任何限制，除非网络本身造成数据获取障碍。对复制和传播的唯一要求，以及版权在 BOAI 开发获取定义中的唯一约束是，作者保留保护其论文完整性的权利，并要求他人在使用该作品时注明论文的出处。

2003 年 6 月通过的《百斯达开放获取出版宣言》认为开放获取应满足以下两个条件：①作者和著作权人赋予世界范围内所有用户免费获取论文的权利；只要恰当地注明原著者，就可以在任何数字媒介上公开复制、使用、传播和展示原作品，以及在原作品基础上创作和传播其衍生作品。允许打印作品供个人使用，但份数不可过多。②作品发表后，应以标准的格式将完整作品及版权声明存入开放获取仓储中，这些仓储通常由声望较高的科研机构、学术团体、政府机关或其他机构支持和维护，实现资源的开放获取、无限传播、互操作和长期保存。

2003 年 10 月 22 日，德国、法国、意大利等国的科学研究机构在柏林签订了《关于自然科学和人文科学领域知识的开放获取柏林宣言》。该宣言指出：开放获取的出版物包括原创科研成果、原始数据和元数据、原始资料、图片和图像材料的数字表达及多媒体学术材料。该宣言重申了《百斯达开放获取出版宣言》中关于开放获取必须满足的两个条件，并且明确强调开放获取的对象和覆盖的学科范围，从自然科学领域向人文科学和社会科学领域延伸。

尽管 BOAI 对开放获取的界定广为学界所接受，但学者对开放获取是否是一种出版模式存在疑问。如，李武、刘兹恒认为将开放获取定位于学术出版模式是为了区别于营利的商业出版机制。关于这个问题，其他开放获取支持者还对这些定义进行了延伸，例如，英属哥伦比亚大学的 John Willinsky 认为，将商业出版模式与开放获取模式折中似乎可以解决一些冗余问题。如果期刊文档在初始发表中前 6 个月或 1 年内是开放的，或者期刊对发展中国家读者是开放的，则属开放获取模式。此扩展定义包括了当前许多由传统出版商出版的期刊。

综上所述，可将开放获取的定义归纳为：作者将自己的学术著作或者其他作品发布在学术领域内认可的网络期刊或者网络作品数据库中，读者可以通过相应的阅读终端，不受任何经济和法律条件限制，免费地在线阅读、下载、复制网络期刊或者网络数据库中的作品的一种在线出版方式。

从定义中我们可以看出，开放获取的核心特征在于：其一，作者和著作权人允许用户免费获取和传播其作品，前提是尊重其著作权。其二，完整的作品应存储在一个稳定、可靠的数据库中，以确保用户免费阅读和不受约束地传播，并实现资源长期的保存。虽然开放获取和商业的学术出版模式有很大不同，但从实质上讲，开放获取仍然是一种出版模式，是学术出版的创新。本书将开放获取和开放获取出版视为同义词。

一般认为,实施开放获取有如下好处:①对作者而言,开放获取能增加作品的影响力,缩短出版时间,方便检索和获取,从而大大提高文章的利用率。②对读者而言,可无经济负担地在网上获取目标文献且没有"合理使用"的困扰或侵犯版权的担忧。③对图书馆而言,可缓解学术出版带来的经费危机,形成科学交流的良性循环。

7.2.2　开放获取的实现途径

《布达佩斯开放获取先导计划》(BOAI)提出了两种模式:BOAI-1 自建文档(self-archiving,也称"自行文档")模式和 BOAI-2 开放获取期刊模式。一些专家认为开放获取的实现路径还有个人网站(personal website)、电子图书(e-book)、博客(blog)、维基百科(Wiki)等。

其中,个人网站是指存放作者学术论文的网站,包括个人网站和个人博客(指学术内容的博客),作者存放论文的目的是供读者免费检索和使用。电子图书开放获取的代表是免费数字图书馆,即由政府、社会机构或个人捐资建设的数字图书馆,收集经典公版书和受人捐赠的版权图书,向全世界用户免费开放。如1971 年就开始的由米切尔·哈特发起的"古登堡计划",是历史最悠久的免费提供网络图书下载和阅读的开放运动。博客等网站则是著名的"五零"制度,即"零编辑""零技术""零体制""零成本""零形式",博客主要是按照时间顺序展现日志。维基百科是指开放式百科全书,其主要功能是查阅、参考。

上述各类型开放获取的实现路径的共同特征是"开放",基本取消了付费阅读,提倡知识共享和自由交流,这都与开放获取的理念一致,但这些网站的学术传播功能不强。因此,一般认为,最为典型的开放获取出版活动是 BOAI 推荐的开放获取仓储和开放获取期刊。在这两种出版活动的框架下,又诞生了多种运作方式,形成了不同类型的开放获取出版物。

7.2.2.1　开放获取仓储

开放获取仓储(open access archives or repositories)即研究机构或作者,将"预印本"(pre-print)或"后印本"(post-print,也称"刊后本")存储于学科仓储(disciplinary archives)或机构仓储(institutional repositories)中。这种传播模式被称为绿色开放获取(green OA)。绿色开放获取的初衷是通过学者自存储实现研究成果的开放获取。仓储模式的优势在于成本较低,研究成果能够更快面世。

学科仓储是指某些学科为了让学者相互分享彼此的研究成果而建设的开放

获取仓储。机构仓储是指以机构为单位建设的知识仓储。为了能够长期保存机构内部研究人员的科研成果,让公众免费使用,许多大学、科研机构都建立了自己的知识仓储,形成了开放获取出版这类平台。预印本一般没有经过同行评议,作者上传这些文献的目的是希望在线征求意见或者提醒同行注意自己的研究成果。后印本与预印本的主要区别在于是否经过了同行评议制度的考验。作者提交给期刊的预印本,经过同行评议和期刊的编辑后发表,成为后印本。

绿色开放获取能让出版商根据自身情况对开放获取的程度进行控制,即是否允许作者存储预印本、后印本或 PDF 版本及其他条款限制。

7.2.2.2 开放获取期刊

开放获取期刊(open access journal,OAJ)是类似传统期刊的网络连续出版物,基于开放获取模式而产生,提供开放、自由的信息供大众免费使用。在开放获取期刊上发表文章被称作实现开放获取的"金色之路"(golden road to open access)。与开放获取仓储不同,开放获取期刊采用同行评议制度对论文的质量进行控制。

金色开放获取(gold OA)模式意味着读者不需要支付任何费用即可自由地浏览文章,而作者可能需要支付出版费用。采取这种模式的有著名的英国生物医学中心(BioMed Central,BMC)和非营利性的美国科学公共图书馆(Public Library of Science,PLoS),等等。金色 OA 期刊又可以细分为如下类型。

(1)完全 OA 期刊(full OA journals)

这是开放获取期刊的理想模式,期刊论文自出版之日起提供免费的访问服务。美国的 PLoS 期刊和英国的 BMC 期刊采用这种理想模式。开放获取期刊目录(directory of open access journal,DOAJ)也只收录这种类型的期刊。

(2)延时 OA 期刊(delayed OA journals)

采用延时 OA 的期刊在出版后先采用传统的订阅模式供用户阅读,一段时间之后,再在网络上免费开放。美国 HighWire 平台的期刊较多采用这种模式。OA 期刊的延时被称为"开放获取时滞",英文为 embargo period。通常,OA 政策允许 12 个月的开放获取滞后,以确保期刊出版商的商业利益,但这造成了学术成果传播的滞后。2014 年以来,世界多个著名学术团体联合签署声明,要求取消 OA 时滞,实现学术论文的立即开放获取。签名机构包括学术出版与学术资源联盟(SPARC)、欧洲学术图书馆协会(LIBER)、开放获取知识库联盟(COAR)及中国国家科学图书馆等。盖茨基金会也宣布自 2017 年起不再对其资助研究发表的论文允许 12 个月的开放获取时滞。因此,未来延时 OA 的发展,尚有待观之。

（3）部分 OA 期刊（partial OA journals）

这是订阅期刊出版商采用的一种折中方法，作者支付了出版费用，就可选择 OA 模式，该作者的文章就可马上免费访问，反之，文章会被锁在付费墙（journal paywalls）之内，这种模式被称为混合模式（hybrid）。大量的订阅期刊出版商采纳了这种模式。但"科学欧洲"团体的"S 计划"已经宣布不支持混合模式，因此，部分 OA 期刊的未来也充满变数。

（4）白金开放获取（platinum OA）

与金色开放获取期刊的不同在于，选择白金开放获取的出版商不收取作者任何费用。他们通过政府、个人或一些公共机构的志愿活动、捐赠、补贴等形式来获得资金。然而政府或其他机构的赞助具有不稳定性，例如，不同国家对于开放获取的支持程度和政策不同、其他类型机构对资助目的或程度的改变等，都会对依赖它们的开放获取出版商造成影响，使走白金开放获取出版道路的出版商面临严峻的财务考验。

（5）巨型期刊（mega journal，MJ）①②

巨型期刊走的是金色 OA 道路，但鉴于社会需求和商业利益驱动，又产生了新的特点，形成了巨型期刊这类变种。巨型期刊并没有准确的定义，根据 *PLoS One* 等典型巨型期刊的特点，有学者将巨型期刊描述为大型、学科范围广泛、采用仅衡量"科学合理性"为同行评议标准的开放获取期刊。

巨型期刊的发展从 *PLoS One* 开始。2006 年 12 月，OA 出版商美国科学公共图书馆推出了一种新型的 OA 期刊 *PLoS One*，其最主要的特点在于它特殊的同行评议政策。它不采纳传统的同行评议政策（审核文章是否符合期刊编辑范围及文章的新颖性、重要性等），仅根据文章技术的健全性来决定取舍，如技术是否过关、实验设计是否严谨等。*PLoS One* 具有收录论文的学科范围较广、出版量较大、作者支付论文处理费（article processing charge，APC）等特点。*PLoS One* 模式取得了成功，2011 年之后，逐渐有更多类似的期刊诞生。

巨型期刊产生和发展的背景主要有三：首先，大量文章出版的需求。当下，开放获取出版在全球发展迅猛，开放获取期刊每年新增 18%，开放获取论文每年增加 30%，其中一部分原因在于学术晋升的高压使作者有强烈的发表论文的需求。其次，大科学的发展背景。巨型期刊的快速发展部分原因是大科学的进步。科研活动复杂化、专业化和学科交叉化趋势越来越明显，这使得科学家和学

---

① 许洁，吕江建.争议中发展的巨型期刊（Mega Journal）[J].出版广角，2017(24)：24-27，30.

② 陈秀娟，陈雪飞，郭进京，等.巨型开放获取期刊发展现状及未来影响分析[J].编辑学报，2017，29(5)：505-510.

者常常苦于没有合适的期刊以供投稿。加之,大多数科研成果都是多学科合作的结果,使得巨型期刊这种涉及多学科的开放获取期刊更具实际意义。最后,经济利益的推动。由于开放获取期刊收入的主要来源是作者支付的论文处理费,因此,出版机构的收入直接来源于 OA 论文的发表数量。以 PLoS 为例,在 2010年之前,PLoS 一直处于亏本状态。依靠 *PLoS One* 巨大的文章发表量及向作者收取的论文处理费,2012 年 PLoS 实现了 750 万美元的盈余,2013 年利润更是突破了 1000 万美元。

目前,被普遍认可的巨型期刊有:*PLoS One*;自然科学和临床医学方面的 *Scientific Reports*(Springer Nature 创办于 2011 年);医学刊物 *BMJ Open*(British Medical Journal 出版集团于 2011 年创办);生物科学、医学领域的 *Peer J*(Peer J 于 2013 年创办);物理学领域的 *AIP Advances*(American Institute of Physics 于 2011 年创刊);社会科学领域的 *SAGE Open*(Sage Publications 创办于 2011 年);基因学刊物 *G3*(Genetics Society of America 创刊于 2011 年);*Biology Open*(The Company of Biologists 创办于 2012 年);分子科学领域的 *FEBS Open Bio*(Bio Elsevier 于 2011 年创办);电子学的 *IEEE Access*(IEEE 于 2013 年创办);*MDPI*;*Cell Reports*(Cell Press 于 2012 年推出);等等。

7.2.3 开放获取出版的发展历程

本书将开放获取出版的发展历程分为萌芽期(20 世纪 60—90 年代初期)、形成期(20 世纪 90 年代初期—2001 年)、发展期(2002 年至今),三个阶段呈现不同的特征。

7.2.3.1 开放获取出版的萌芽期

20 世纪 60—90 年代初期是开放获取出版的萌芽期。这一阶段的开放获取出版活动主要包括:①创建免费数字图书馆。如诞生于 1971 年的、由 Michael Hart 创建的旨在"让全世界所有人都能够自由地获取为数众多的著名重要文献"的古登堡计划。②一些预印本数据库问世。如高能物理领域的斯坦福公共信息检索系统(Stanford Public Information Retrieval System,SPIRES)。③同行评审电子刊问世。1980 年,美国新泽西技术研究所建成了电子信息交换系统。美国国家科学基金会在该系统中开办了一个经同行评议的期刊 *Mental Workload*,它是世界上最早的纯网络期刊,创办 *Mental Workload* 的目的在于提高出版的效率,降低出版费用,但它很快就遭遇失败。20 世纪 80 年代初期,大英图书馆研究与发展部门在英国的 Birmingham Loughborough Electronic Network Development(1980—1985)项目中也创办了一个经同行评议的期刊

Computer Human Factors Journal。然而,它还是难以逃脱 *Mental Workload* 同样的命运。1987 年,美国雪城大学研究生 Michael Ehringhaus 创办了免费的同行评议电子期刊 *New Horizons in Adult Education*,一年出版 2～3 期。1991 年,万维网的发明为电子期刊的发展创造了条件,更多采用同行评议制度的免费电子期刊问世。如 1991 年 Edward M. Jennings 创办的《E 期刊》(*E Journal*)等。

这一时期诞生了许多学术期刊,它们后来都被叫作开放获取期刊,它们具有免费、共享等特点,但实际上,开放获取的概念尚未产生。

7.2.3.2 开放获取出版的形成期

通常认为,真正意义上的开放获取出版可以追溯到 20 世纪 90 年代初期。由美国阿拉莫斯国家实验室(LANL)的物理学家 Paul Ginsparg 建立的高能物理领域的电子预应本库 arXiv.org 被视为开放获取的雏形。

开放获取作为一种理念被提出,始于 1998 年的"自由扩散科学成果运动",该运动要求减少科学文献版权限制条款,反对将作品复制权从作者转让给出版商。同一年,September98 论坛创建,学者开始就在线免费提供学术文献问题进行全面探讨。这两个事件的发生说明"开放获取"开始从个别科学家的想法变成科学家群体共同关心的话题,这标志着开放获取初步形成。1999 年,Harold Varmus 博士提议建立公共医学中心(PubMed Central,PMC),这是一个发布生物医学领域论文的开放获取网站。由于 PMC 的运作并不成功,2001 年初,Varmus 博士牵头创建了美国公共科学图书馆。

总而言之,在形成期,开放获取的雏形产生,并且形成了开放获取理念的主要内容。科学家开始群体性关注开放获取出版的发展。

7.2.3.3 开放获取出版的发展期

21 世纪开始,开放获取出版逐渐进入发展期。2001 年 12 月,开放社会研究所(Open Society Institute,OSI)在布达佩斯召开了一次会议。会议商定了《布达佩斯开放获取先导计划》,并于 2002 年正式发布。前文所述的开放获取的基本含义和实施途径,就是这次会议的成果。

2003 年 4 月 11 日,在霍华德·休斯医学研究所(The Howard Hughes Medical Institute)的一次会议上,与会者起草了《百斯达开放获取出版宣言》,并在 2003 年 6 月 20 日公布。

2003 年 10 月 20—22 日,由德国马克斯·普朗克科学促进学会(Max-Planck-Gesellschaft,简称"马普学会")发起的"科学与人文知识开放获取大会"在柏林召开。会上,多国科研机构和基金会依据开放获取精神签署了《关于自然科学和人文科学领域知识的开放获取柏林宣言》。该宣言的主要内容有:鼓励科研人员在"开放使用"的原则下公开研究成果;鼓励文化机构通过网络公开他们的资源来支持"开放使用"。

经过 3B 宣言,开放获取的内涵和外延较为明确和完整。此后,开放获取运动从理论研究到实践活动,都进入了快速发展时期,包括联合国和国际图书馆协会联合会在内的许多组织对开放获取表示了支持。

2004 年初,经济合作与发展组织的一次大会上,共有 30 多个国家签署了《公共资助研究数据的开放获取宣言》,承认对研究数据的开放获取有助于提高世界范围内科研系统的质量和效率(换位)。2008 年 6 月,38 个国家在韩国首尔签署《世界科学联盟协议》,为世界各国的多种科学资源和专业知识提供一个单一的、精确的接入点,任何连接互联网的人都可以通过该网站查询 44 个国家的 32 个国家级科学数据库。2013 年,全球研究理事会(Global Research Council,GRC)通过了《科技论文开放获取行动计划》。

德国马普学会等机构于 2016 年 3 月 21 日发起 OA2020 倡议,邀请全球高校、研究机构、资助者、图书馆和出版商共同努力,将大部分传统订阅期刊转型为开放获取模式。截至 2018 年 12 月 15 日,已有 36 个国家(包括中国)或地区的 114 家机构签署了加入该倡议的意向书。

近年来,各国加强了开放获取出版相关政策的支持力度。2018 年 9 月,"科学欧洲"(Science Europe)团体发起了一项重要的里程碑式的开放获取倡议——"S 计划"。"S"代表科学(science)、速度(speed)、解决方案(solution)、冲击(shock)。该计划表示:从 2020 年 1 月 1 日起,所有由欧洲研究委员会(European Research Council,ERC)和签署国拨款支持的科研项目,都必须将研究成果发表在完全开放获取期刊或完全开放获取出版平台上,让研究论文一经发表就能够被用户免费获取,且要允许其他人下载、翻译或以其他方式重复使用这些论文。"S 计划"明确表示"任何科学都不应该被锁在付费墙(journal paywalls)之内!"。

对于"S 计划",在德国马普学会召开的第 14 届柏林开放获取 2020 会议(2018 年 12 月 3—4 日)上,中国国家自然科学基金委员会、国家科技图书文献中心、中国科学院文献情报中心发布立场声明,明确表示中国支持 OA2020 倡议和开放获取"S 计划",支持公共资助项目研究论文立即开放获取,同时强调"我们将采取灵活的措施达成这一目标"。

总而言之,开放获取出版已经得到各国政府、商业公司、文化机构等的大力支持,而且政策支持力度越来越大。

7.2.4　国外著名的开放获取平台

开放获取的信息自由共享理念得到了众多的支持后,出现了一批大型开放获取网络平台,国外著名的开放获取平台如下。

①arXiv.org:Paul Ginsparg 在 1991 年 8 月创建了 arXiv.org,它是公认的最早的电子预印本库。arXiv.org 最早出现在美国的洛斯·阿拉莫斯国家实验室(LANL),2001 年转给康奈尔大学,已成为传播物理学、数学、非线性科学、计算机科学、生物学、金融学和统计学的主要论坛。由于它按学科收录、整理和检索论文预印本,并主要在同一学科或相关学科专家之间进行科学交流,因而被称为学科仓储。在 arXiv.org 上,作者可自由上传文献,不经过编辑或同行专家评议。作者也可以将已上传的论文投稿到学术期刊上正式发表。

②英国生物医学中心(BMC):BMC 成立于 1999 年,是一家定位为生物医学领域的独立的新型出版社,是最重要的开放获取期刊出版商之一。BMC 坚持在官网为读者提供免费信息,其出版的网络版期刊可供全球的用户免费检索、阅读和下载。BMC 采用同行评议制度,其部分刊物有较高的影响因子,学科涉及健康、生物、环境等。

③美国科学公共图书馆(PLoS):PLoS 成立于 2000 年 10 月,由生物医学科学家哈罗德·瓦尔缪斯(Harold E. Varmus)、帕克·布朗(Patrick O. Brown)和迈克尔·艾森(Michael B. Eisen)创立,致力于向全世界免费提供科技和医学领域文献。最初,PLoS 号召科技和医学领域的期刊出版机构通过在线知识仓库(如 PMC)为研究人员提供免费文献。2001 年,PLoS 认识到,更为有效和实际的方法应该是自己创建提供免费获取的高质量 PLoS 期刊。此后,PLoS 出版了 7 种生命科学与医学领域的开放获取期刊,即 *PLoS Biology*, *PLoS Medicine*, *PLoS Computational Biology*, *PLoS Genetics*, *PLoS Pathogens*, *PLoS One*, *PLoS Neglected Tropical Diseases*,目前,这 7 种期刊已成为国际上顶级水平的科学期刊。*PLoS One* 为 PLoS 系列期刊之一,是一个综合类的巨型期刊。

④HighWire Press:HighWire Press 成立于 1995 年,由斯坦福大学图书馆组建,是全球最大的免费提供全文的学术文献出版商之一。HighWire Press 于 2020 年被收购,现在由 MPS Limited 支持。出版物涵盖物理、生命科学、医学、社会学等领域。

⑤学术出版与学术资源联盟(The Scholarly Publishing and Academic Resources Coalition,SPARC):该机构于 1998 年 6 月正式创建,由大学图书馆和相关教学研究机构共同建设。SPARC 本身不是出版机构,它试图通过支持和赞

助的方式,扶持学会或者小型出版商出版非营利或低价刊物,作为高价商业期刊的替代产品,以引导学术传播系统回归正轨。

⑥viXra:viXra 是预印本库,出版物主要涵盖物理、数学、生命科学、化学、人类学等领域,提供免费全文下载服务。viXra 的建设目的是替代 arXiv 预印本库。arXiv 预印本库储藏的文献日益增多,为了保证质量,arXiv 采取了系列审核措施,因而限制了一部分科研人员向 arXiv 投稿。为了更好地满足更多用户的需求,viXra 得以建立。它采取更包容和开放的措施,鼓励科研人员上传自己的文稿,以便广泛传播。

⑦DOAJ:DOAJ 建于 2003 年,是由瑞典隆德大学(Lund University)图书馆创建和维护的开放获取期刊列表,该列表旨在覆盖所有学科、所有语种的高质量的开放获取同行评议刊。其涵盖商业经济和食物科学、生物和生命科学、化学、数学与统计学、法律和政治学、语言学等学科主题领域。DOAJ 列表初建时仅有 300种期刊,截至 2019 年底,列表含 14075 种期刊,期刊来自 130 个国家,学术论文超过 400 万篇等。截至 2022 年 4 月 6 日,DOAJ 收录的期刊达到 17565 种。①

7.2.5 开放获取出版模式分析

开放获取的实现途径为开放获取期刊和开放获取仓储,即金色 OA 和绿色OA,以下分述其出版模式。

7.2.5.1 开放获取期刊出版模式

开放获取期刊和开放获取仓储都实现了对传统学术出版模式的革新和颠覆,其中,开放获取期刊(OAJ)出版业务流程更为复杂、更具有代表性,其流程示意图如图 7-1 所示。

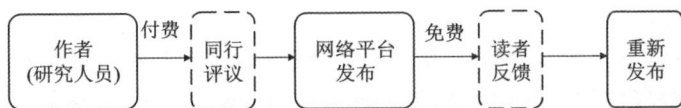

图 7-1 OAJ 出版业务流程

开放获取期刊出版过程中,由作者提交有关文章,然后经同行评议,作品发布后,要接受读者的在线评议。作者可根据读者意见对文章进行修订,然后重新发布。在这个出版模式中,作者发布文章必须付费,以维持网站和读者评议等的运转。而这个出版模式的终点——读者,则可免费阅读文章。

---

① 见 Directory of Open Access Journals-DOAJ。https://doaj.org/,统计时间为 2022 年 4 月 6 日。

图 7-2 所示为基于订阅的传统学术出版模式。其中,论文发表受限于"版面"的篇幅及"同行评议"的速度,因而影响了传播效率;并且传统学术出版中的"出版机构"有垄断之嫌,往往会将出版物价格定得非常高,致使"订阅"环节受阻,有可能导致传播的中断或者传播面的减小。当今科技人员对文献日益增长的需求与传统学术出版模式中的垄断行为的矛盾尖锐,而开放获取则是对传统学术出版模式的一种修正和挑战。

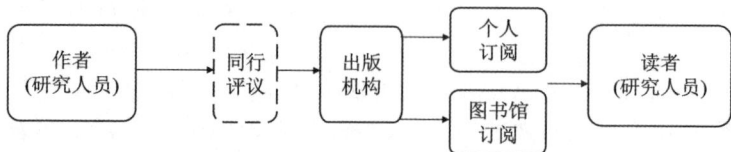

图 7-2 基于订阅的传统学术出版模式

7.2.5.2 开放获取仓储出版模式

开放获取仓储出版模式较为简单,其与开放获取期刊的差别主要在于不采用同行评议制度,而是通过读者反馈来修正文章(图 7-3)。作者选择仓储作为发布平台多为追求发表速度,提醒同行注意自己的科研成果。也有作者在仓储发表文章后,因内容不够成熟而撤稿。已在仓储中发表的文章也可再投稿至期刊。

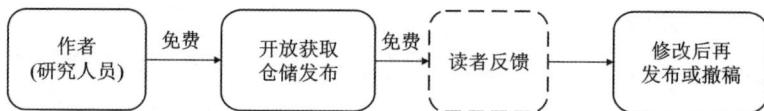

图 7-3 开放获取仓储出版模式

7.2.5.3 开放获取出版的要素

开放获取出版的构成要素包括内容、支持者、经济收入模式及版权方案。

①内容:开放获取出版的内容早期局限于科技领域,后向人文社会科学领域扩展。开放获取期刊一般发表论文。开放获取仓储不但包括论文、研究数据、图书、会议演讲、教学资料,还包括大量图片图像资料、音频、视频、多媒体学术资料等原始科研成果。开放获取为灰色文献[国外将正式出版的文献称为"白色文献",而将不通过常规出版渠道发行,介于公开正式出版物和保密文献(黑色文献)之间的文献称为"灰色文献",这些文献出版迅速,信息量大,发行范围狭窄,不易获取,但极具参考价值]的学术交流提供了便捷的渠道。

②支持者:开放获取网站在建设内容的时候得到科学研究资助机构等的大力支持。在欧美,一些国家政府和科研资助机构积极倡导由公共投资支持的科

研成果为全社会免费利用和共享,并通过制定政策来加以保障。如 2005 年 2 月,世界上最大的医学研究资助单位美国的 NIH(National Institutes of Health,美国国立卫生研究院)正式发布政策,要求作者在发表由 NIH 支助的研究成果时,将成果提交给 NIH 的国家医学图书馆(National Library of Medicine),该成果将被存入公共医学数据库中心。英国资助科学研究的主要公共基金机构——英国研究委员会——也规定:从 2005 年 10 月起,所有接受资助的科研人员都须将论文提交到免费公共数据库。

开放获取的网络平台一般由科学家及其组织机构、图书馆,以及传统出版机构搭建。如 arXiv. org 由美国阿拉莫斯国家实验室的物理学家 Paul Ginsparg 创建。又如 SPARC 最初由美国十所大学图书馆及相关教学研究机构联合创建。在我国,由于开放获取期刊多为刊后本,参与搭建开放获取平台的"期刊社"等较多。

③经济收入模式:开放获取出版模式与基于订阅的传统学术出版模式的最大区别在于其主要收入来源不同。传统学术出版模式主要向图书馆和读者收取订阅费,而开放获取出版模式则向作者或作者所属机构收取论文处理费,对读者是完全免费的。此外,开放获取网站平台通过接受资金赞助、向会员收费、收取广告投放费及增值服务费等多种方式来获得经营收入,以满足其可持续发展的需要。需要说明的是,作者付费模式并不意味着作者从自己的腰包掏钱,通常是指作者从项目或课题经费中抽取部分经费用于出版研究成果。

④版权方案:传统期刊运作中,期刊社一般通过协议的形式让作者把版权转让给出版机构,也有版权转让协议规定版权归双方共同拥有。开放获取期刊提倡由作者保留部分版权,同时与公众共享一部分版权,以便尽可能降低读者和信息服务提供者使用文献时的版权限制。作者长期持有版权的唯一目的是保证作品的完整使用。

7.2.6 开放获取的同行评议制度

目前,学界推崇的审稿制度是同行评议制度。学者普遍认为,只有采取高标准的同行评议制度,才能保证学术期刊的质量。因为严格的同行评议制度使期刊可以不受外界干扰筛选和发表所提交的论文。许多开放获取期刊都在努力运行同行评议系统。然而,传统期刊订阅出版模式下,出版费用主要由读者和图书馆支付,商业因素对稿件是否被采用的影响较小。而在作者付费模式下,期刊直接受惠于作者,发稿越多,收益越高。因而,对于许多作者付费的期刊来说,同行评议制度不可避免地会受到作者付费模式的影响。面对来自各方的质疑,一些开放获取平台采取开放式同行评议制度和发表后同行评议制度。

7.2.6.1 开放式同行评议制度

（1）开放式同行评议的含义

开放式同行评议（open peer review，OPR）是开放获取期刊采用的一种新的同行评议方法。所谓开放式同行评议，就是把评议专家的身份、姓名透露给所评审论文的作者，有的还将评审报告向读者公开。

为了评估开放式同行评议制度的可行性，Walshe 等针对《英国精神病学学刊》（*British Journal of Psychiatry*）的评议专家进行了一次调查研究，针对随机送审的 408 份稿件（送给了 332 位评议专家），询问评议专家是否同意将自己的姓名透露给其所评审论文的作者，同时考查评审质量、语气、发表建议、审阅时间等内容。结果表明，总计有 245 位评议专家（占 73.8%）同意签署姓名；而且，与不署名的评审相比，署名的评审报告质量高、措辞更谦恭、花费在论文评审的时间更长；署名的评议专家更倾向于推荐发表。研究证实了开放评审体系的可行性。事实上，开放评议专家的身份有利于增强评议专家的责任感，有利于公众和读者参与监督，有利于敦促评议专家更加认真、客观、公正地评审论文。这就能够有效地抑制"瞎审"情况的出现。

BMC-series 的部分期刊就是采取开放式同行评议制度，即要求评议专家在评审报告上签名。IIBC-series 期刊的开放式同行评议系统包括作者提交的原本、评议专家的意见、作者的修改稿和修改回复等发表前的记录，随同正式发表的文章一起在网上登载。

以 *BMC Clinical Pharmacology* 为例，该刊是由 BMC 出版的临床药理学领域的开放获取期刊。评议专家需要对论文提出自己的见解，并同意实施开放式同行评议。如果原稿出版了，不仅作者可以收到评议专家签名的报告，同时，读者也可以直接查阅这份报告。一般而言，作者可以在评议专家的意见基础上对原稿进行两次修改。最后，论文的初稿、评议专家的意见和签名、作者的修改稿连同论文的终稿都同时在网络上发布。

开放式同行评议制度提供了作者直接与评议专家就关键问题进行讨论的机会。根据评议专家的意见和建议，作者尽可能根据自己的接受程度来完成手稿的修改工作。另外，读者也可以针对论文、评议意见和作者的修改情况发表意见，指出问题与不足。这就使文章的发表成为一个编者、审者、作者、读者互动的动态过程，有利于促进文章质量的提高。

（2）开放获取期刊同行评议的特点

无论是采用传统的同行评议方法，还是采用开放式同行评议制度，开放获取期刊都致力于增强同行评议的公正性。开放获取期刊同行评议的特点如下：

①缩短评议周期。周期长是传统同行评议的一大问题,从选择专家、寄送评议材料到评议结果的反馈都需要很长一段时间。而网络环境下的同行评议可以及时收到专家的反馈意见,对于无法进行评议的专家及时予以调整,缩短了同行评议的工作周期。

②突破地域限制。网络环境下,评议专家无论在世界的哪个角落,只要能登录互联网,就可以对期刊论文进行评议。开放获取期刊还可以通过建立评议专家数据库,邀请全球的本学科和相关学科的专家参与评议。

③便于意见反馈。在开放同行评议环境下,网上评议加快了反馈的速度,也有利于同行评议专家与论文作者之间的学术交流。评议报告对被评议作者是公开的,要求评议专家更加认真、负责,这有利于客观、公正地评价科研成果。

7.2.6.2　发表后同行评议制度

(1)发表后同行评议的含义

传统的"发表前同行评议"的一般流程为,期刊编辑在收到论文之后,首先对论文的适宜性和相关性进行初步筛选,然后将这些论文送交同行评议。选择同行评议专家的依据通常是他们的兴趣、专长、出版记录及以前审稿的质量。同行评议专家花上几个小时去阅读论文,查阅现有文献并写出评审报告。经过同行评议之后,提交的评审报告会被期刊编辑再进行慎重的审查,并做出是否发表的决定。确定论文发表之后,论文初稿还可能被要求修改,以保证论文的准确性和科学性。在审稿后期,作者经常会被要求对论文中涉及的材料和数据做出解释。在大多数情况下,这一系列的编辑检查流程可以取得很好的效果。而事实上,这种方法并非十全十美。在《科学》《自然》等需要经过严格同行评议的顶级学术期刊中仍然可以发现造伪论文,这给学术期刊同行评议制度的有效性带来了严峻的挑战,同时也引发了公众对科学权威的怀疑。

对于大多数学术期刊来说,期刊编辑和同行评议专家的审稿工作通常从作者提交的论文和附带的其他资料(比如调查手段、图表和数字)入手,他们设法确保论文反映了原始的规范设计和分析。然而,仅靠这些几乎无法发现这些资料是否真实,或者是否缺少关键因素。因为,对于期刊编辑来说,他们很少具备特定研究课题的专门知识,这使他们无法准确地察觉论文是否作假。而评议专家虽然具备一定的专业知识,但不一定有时间详细地审查论文,而且,他们只能评估论文作者实际提交的数据,无法察觉数据背后的操作。

为弥补同行评议制度的缺陷,发表后同行评议被提出。发表后同行评议(post-publication peer-review)也被称为"出版后同行评议"或"出版后的 OPR"等,一方面是指论文经过编辑快速的非限制性审查后,便可进行公开发表,再邀请专家或公众进行评议,如 *PLoS One*、F1000 Research、The Winnower、中国科技论文在线等即实行这种发表后同行评议;另一方面也指论文经过严格评审得到发表后,鼓励公众进一步参与讨论,如 Pub Peer、*Peer J* 等。二者都尝试引入更多评价指标,以弥补当前科研成果评价体系的不足,前者更大程度上重视先发表再进行公开评议,意图使学术出版回归到发挥思想交流作用的初衷,而后者则将出版后的 OPR 作为传统同行评议模式和出版前 OPR 模式的一种补充或改进措施。这种学术评价方法是对传统同行评议制度的颠覆,不注重发表前的同行评议过程,而强调"先发表,后评议"。开放获取期刊正在积极尝试采用这种评议方法。

(2)发表后同行评议平台

目前,主要的发表后同行评议平台见表 7-2。

表 7-2   **国内外发表后同行评议平台列表**

平台	创办者	所属国家	成立时间	发展目标
The Winnower	Josh Nicholson	美国	2014 年	打破科学传播障碍,实现科学革命
F1000 Research	BioMed Central	英国	2012 年	面向生命科学家提供即时发表的论文和其他研究成果
Science Open	Alexander Grossman,Tibor Tscheke	美国、德国	2013 年	为科研人员提供一个自由访问、分享和评价科学信息的网络平台
Pub Peer	Brandon Stell,George Smith,Richard Smith	美国	2012 年	通过促进社区互动的创新方法,提高科学研究质量
Peer J	Jason Hoyt,Peter Binfield	美国、英国	2012 年	降低出版成本,改善整体流程,为作者提供一个 21 世纪的出版平台
Research Gate	Ijad Madisch,Sören Hofmayer,Horst Fickenscher	德国	2008 年	连接科学世界并向所有人开放研究
PLoS One	Public Library of Science	美国	2006 年	加快科学发展,展现科学价值
中国科技论文在线	教育部科技发展中心	中国	2003 年	阐述学术观点、交流创新思想、保护知识产权、方便论文共享
OSID 开放科学计划	国家新闻出版署出版融合发展(武汉)重点实验室	中国	2018 年	提升期刊出版融合创新能力,推动论文科研诚信建设

在发表后同行评议的实践上,开放获取期刊 *PLoS One* 是具有代表性的,它是率先采用发表后同行评议的出版平台,其做法得到了众多学者的支持。美国麻省理工学院高级研究员张曙光说:"这是非常好的主意。论文的发表意味着真正的评判才开始,而不是结束。如果论文真的很好,大家知道得就更快,可以节省很多时间、精力和金钱。同样,如果一篇论文有问题或是造假,那么也能很快被发现。从长远来看,这有利于科学的发展。"①

前文已经介绍,*PLoS One* 是 PLoS 系列刊物中的巨型期刊,它在出版前采用的是轻触同行评议(light-touch peer review)。在具体的操作上,*PLoS One* 的审稿人只核查论文中的实验方法和分析是否有明显、严重的错误,而不注重对研究结果的审查。*PLoS One* 开发了在线评论系统和一个简单的评级系统(1～5级)。在线评论系统包含撰写文本说明、提出意见和疑问的功能,同时,与一般 Web2.0 相兼容,能够添加引用的功能及链接来自博客的引文。一般来说,*PLoS One* 所有论文中略多于13%的论文有评级,约23%的论文有评论,而且论文收到的引用次数和评论数之间呈一个很弱的正相关关系。Cameron Neylon 认为论文得到10%～20%的评论或评分已可以被视为一个巨大的成功。

当然,改进论文评价制度是一件非常困难的事情。实际上,许多开放获取期刊也注意到发表后同行评议的重要性,只是目前还不敢贸然放弃原来的同行评议制度,但在发表后对论文的评论和评级方面也进行了一些积极的尝试。

(3)发表后同行评议特征

①跟踪评价。例如,The Winnower(https://thewinnower.com/)引入 Altmetrics 指标,通过跟踪单篇论文在社交媒体、报纸、政策文件、博客、专利、维基百科等数据源的引用状况,显示出由不同颜色组成、类似于甜甜圈的替代计量关注度分数(Altmetric Attention Score)。Science Open(https://www.scienceopen.com/)也为每一个用户提供基于 ORCID 识别码(Open Researcher and Contributor ID,开放研究者与贡献者身份识别码)的个人档案,并可查询论文的引用情况、分享次数和替代计量关注度分数。*PLoS One*(https://journals.plos.org/plosone/)反对完全依赖影响因子的评价方式,通过记载每一篇论文的浏览、下载、分享和引用的次数,帮助说明论文影响力。中国的 OSID 开放科学计划(https://www.osid.org.cn/)则通过为单篇论文配备 OSID 码,利用二维码制作成本较低、便于移动传播的轻量化优势,记录扫码量、浏览量、读者分布等读者数据,同时建立基于移动端的学术信息库。

---

① 什么是发表后同行评议(post-publication peer-review)? [EB/OL]. (2009-03-13)[2021-08-29]. https://blog.sciencenet.cn/home.php? do=blog&id=219983&mod=space&uid=39731.

②公开交流。公开交流可以保证作者在通过编辑的非限制性审查后,审稿人出于自身信誉考虑,倾向于给出更加公正、可靠的审稿意见。The Winnower 的作者可自行邀请专家或同事在选定时间内参与评议,作者再根据评审意见反复进行修改,最终在存档和注册 DOI 时再进行收费。*Peer J*(https://peerj.com/)则允许作者和审稿人选择是否公开身份和审稿意见,不允许用户匿名或使用假名。F1000 Research 要求作者在提交论文时推荐不少于五位评审专家,并鼓励作者根据审稿意见不断更新版本,每个版本都有不同的 DOI,可单独引用。而出现在 Pub Peer(https://pubpeer.com/)上的论文因为允许用户匿名进行评论而导致相当一部分论文受到批评和质疑,因此颇受争议,甚至遭到起诉,认为这是对作者的不尊重。Research Gate(https://www.researchgate.net/)更像是一个连接世界科学家的社交网络,注册用户可编辑个人档案,上传论文、数据、演示文稿等最新研究成果,与其他用户公开讨论与互动。

③公众参与。是否允许公众参与是判断出版后 OPR 模式的主要方式,目前主流出版后 OPR 平台都允许用户免费浏览、下载、分享论文,但部分平台只有注册用户或认证专家才可进行评论,不同平台对于注册用户的资格也有一定要求。为了最大限度地保证评论的专业性和可靠性,Pub Peer 的注册用户必须是曾有论文被 PubMed(http://pubmed.cn/)收录的第一作者或通讯作者。Science Open 的用户分为四个等级,只有绑定自己的 ORCID 识别码,同时提供有效邮箱,才能对已发表论文进行评论和打分,并且发表 5 篇以上经过同行评议的论文的专家才可正式参与评议。中国科技论文在线上只有认证学者和专家才被允许参与评论,并且所有的评论需要经过编辑审核后才会得到展示。OSID 开放科学计划则不限制用户资格,任何读者扫码进入文章开放科学资源与服务页面后,都可使用语音或文字实时向作者提问或与之探讨,并与其他读者进行交流。

7.3 数据出版

正如前文所述,开放数据是开放科学宏观框架下重要的共享活动,而数据出版就是推动数据开放的重要手段。

7.3.1 相关概念辨析

7.3.1.1 开放数据的概念

欲了解数据出版,应先从科学数据等概念谈起。科学数据,也称研究数据,是产生或收集后有待进一步检查并作为推理、讨论或计算基础的信息,尤其是事实或数字信息,如统计数据、实验结果、测量结果、实地观察记录、调查结果、访谈记录、图像等。

科学数据是学术资源开放获取的重要组成部分及大数据时代数据开放共享的重要内容范畴。目前,开放数据(open data,OD)尚未有统一定义,不同学者和机构对之有不同理解。一般认为,开放数据是指数据可被任何人自由、公开地获取、使用与再使用,不受版权或专利等条件的限制。也有机构直接从出版运作的角度定义开放数据,如,学术出版与学术资源联盟(SPARC)主张开放数据为科学数据的一种新型学术出版模式和理念。

全球开放数据运动始于美国。2009 年 1 月,时任美国总统奥巴马签署了《开放透明政府备忘录》,要求建立更加开放透明、参与合作的政府,体现了美国政府对开放数据的重视。同年 5 月,美国的 data.gov 正式上线,囊括了交通、经济、医疗、人口等方面的数据。之后,开放数据运动在全球范围内迅速兴起,众多国家加入开放政府数据行列。

2010 年 1 月,英国的 data.gov.uk 正式投入使用,通过纳入大量政府数据的方式,使公众获取政府数据及相关服务更便捷。2011 年 9 月 20 日,巴西、印度尼西亚、墨西哥、挪威、菲律宾、南非、英国、美国等 8 个国家联合签署《开放数据声明》,成立开放政府合作伙伴组织。

2013 年 6 月,法国、美国、英国、德国、日本、意大利、加拿大和俄罗斯(G8)国家首脑在北爱尔兰峰会上签署了《开放数据宪章》,承诺进一步向公众开放可机读的政府数据。《开放数据宪章》提出了开放数据五项原则:数据开放为本;注重质量与数量;让所有人使用;为改善治理而发布数据;发布数据以激励创新。

一些联盟机构也建立了开放科学数据系统,如,英国的 DCC(Digital Curation Center),对受国家基金资助的科学研究产生的数据进行监管、存档并对外开放;一些知名大学,如哈佛大学、耶鲁大学、斯坦福大学、杜克大学等也纷纷成立了专业数据监护组织,承担本校科研数据的管理和开放工作;一些出版机构也进行了开放数据的尝试。

2012 年 7 月 16 日,约翰威立国际出版公司(John Wiley & Sons Inc.)联合其合作伙伴英国皇家气象学会发行新期刊 *Geoscience Data Journal*(GDJ),该刊通过在线发行,主要发表地球科学数据短篇论文,是 Wiley 开放获取出版计划的一部分。这些论文与存放在数据中心(经认可的)的数据集和数字对象识别符(DOI)存在交联关系。

自然出版集团于 2014 年 5 月正式推出在线出版的开放获取杂志 *Scientific*

Data,读者通过 *Scientific Data* 在线数据平台,可以对科学数据进行访问和检索。

剑桥大学 Peter Murray-Rust 教授以化学实验为例,阐述了数据开放对于科研的必要性,提出了支持开放数据的八大论据:①数据属于全人类,如人类基因组、生物、医疗、环境数据;②公共资金支持了这些研究,故其数据应被广泛获取;③数据由政府机构收集或为政府所拥有;④事实性数据不应受到法律上的版权保护;⑤只有通过科学研究产生的数据能自由获取到,其赞助者才能得到最大化的价值;⑥限制对数据的再使用会产生"反公共体"(anti-commons);⑦人类公共活动的正常运行需要数据支持;⑧更佳的数据获取方式能提升科研新发现的概率。

2015 年 8 月,国务院印发了《促进大数据发展行动纲要》(国发〔2015〕50号),提出"加快建设国家政府数据统一开放平台,制定公共机构数据开放计划,于 2020 年年底前,逐步实现就业、交通、医疗、教育等与民生紧密相关的政府数据向社会公众开放"。此后,全国数据开放呈现爆发式增长。

7.3.1.2 数据出版的概念

正如 SPARC 的主张,开放数据为科学数据(scientific data)的一种新型学术出版模式和理念。实现开放数据的途径是数据出版(data publishing 或 data publication),亦称科学数据出版。

关于数据出版,不少研究者和机构都对其进行了释义或辨析。从出版的角度看,正式的数据出版,不仅可揭示数据集的科学质量和重要性,也能为数据生产者带来声誉,同时还意味着对数据长期保存的承诺和面向数据消费者的数据增值。

吴立宗等学者认为,科学数据出版是学术共同体中的学术期刊、学术机构或学术社群等主体从科学研究的角度对研究人员产生的科学数据及相关信息进行同行评议、编辑加工等,使之符合一定规范和标准并能为学术界方便地获取和利用的过程。[①] 这个定义比较强调数据出版的主体及流程的规范性。

我国数据期刊《全球变化数据学报》对数据出版的描述较为简洁:数据出版包括元数据、数据论文和实体数据一体出版。《全球变化数据学报》进一步解释了与数据出版相关的术语:元数据是对数据予以介绍的数据。数据论文是一种对数据给予说明和对数据的产生的创新性和可靠性给予论证的说明论文。实体数据是数据出版的核心,实体数据可以有各种不同的数字化数据格式。

---

① 吴立宗,王亮绪,南卓铜,等.科学数据出版现状及其体系框架[J].遥感技术与应用,2013,28(3):383-390.

　　我国代表性的数据期刊《中国科学数据》对"科学数据出版"的解释为：科学数据出版是科研人员与数据工作者按照规范的质量管理和控制流程，以数据论文的方式，通过互联网公开发布其通过观察、实验、计算分析等科研过程所得到的原始数据，或通过对已有的数据进行系统化收集、整理和再加工后得到的数据产品，使得其他使用者能便捷地发现、获取、理解和再分析利用，且可在科研论文及相关科研成果中引用。

　　上述解释可以提炼出数据出版强调的四大要素：①出版的主体——传统出版机构或新型网络出版平台；②出版过程的规范性——"按照规范的质量管理和控制流程""进行同行评议、编辑加工等"；③产品的内容和形式——"原始数据""系统化收集、整理和再加工后形成的数据产品"或"科学数据论文"；④保存和利用——"数据长期保存"和"方便地获取和利用"。笔者认为《中国科学数据》对数据出版的解释较为全面。

7.3.1.3　数据论文的概念

　　上述数据出版的定义中出现了"数据论文"一词，数据论文（data paper）也称科学数据论文。可简单地描述为：数据论文是指按照学术规范正式出版的，可被检索的元数据文件，用以描述单个或一组可在线访问的数据集。

　　《中国科学数据》对"科学数据论文"也做了详细、全面的解释：科学数据论文是结合传统期刊论文内容和结构化描述模式，对具有科学价值的某类或某个数据集进行规范化描述所形成的科学研究论文，遵循 Creative Commons Attribution 4.0 International License(CC BY 4.0)协议在线发表，能够使数据更具发现性、引用性、解释性和重用性。数据论文应当提供数据集的描述细节，包括数据收集和加工处理方法、数据质量评估和验证的方法、便于理解和使用数据的相关信息等，但不包含新的科学假设。完整的数据论文出版应包括数据论文和对应数据集两部分，二者通过唯一标识符(DOI)实现一致性关联，经同行专家评议以保障数据的高质量与可读性。

7.3.2　数据出版的模式

　　数据出版模式，也可称为数据出版的实现途径或方式。从数据出版的实践活动看，主要有以下三种模式：

　　①数据知识仓储模式。数据知识仓储模式是指作者将数据上传至开放获取数据知识仓储(data repository)以供用户利用。数据知识仓储又称为数据知识库、数据中心等，它是为具有研究价值的数据提供长期存档、管理、出版及利用的数据平台。该模式也称独立出版模式。

数据知识仓储通常被划分为通用型和学科型,著名数据知识仓储包括 Dryad,Figshare,Dataverse,Zenodo,GenBank 等。其中,著名的 Dryad 国际数据存储库(https://datadryad.org/stash)由期刊出版社、科研团体和其他利益相关者共同管理,截至 2017 年 12 月,Dryad 在全球范围内拥有 20 家会员单位,包括美国科学促进会、BMJ 出版集团、牛津出版社、Wiley 出版社等大型知名出版单位。此外,Dryad 与 656 种期刊建立合作关系,支持期刊开展数据出版。Dryad 数据提交流程已与很多在线稿件处理系统整合,以满足不同期刊数据出版的需求。[①]

②数据论文出版模式。这种模式是指将科学数据作为一种文本文献进行出版,包括发表在专门数据期刊的数据论文和发表在综合性期刊的数据论文。数据论文与传统学术论文最大的不同在于数据论文的重点是描述科学数据本身,而不是描述基于科学假设和科学问题的研究结果。[②] 专门数据期刊出版对象为数据论文,如 *Scientific Data*,*Earth System Science Data* 等;综合性数据期刊在出版数据论文的同时,也出版综述、研究论文、会议报告等其他类型的文献。

③论文数据附件模式。在这种模式中,数据往往被作为论文的附件、附录出版或存储到期刊指定的数据知识仓储并建立论文和数据的关联。

7.3.3　数据出版的流程[③]

论文数据附件模式和数据论文出版模式的出版流程遵循传统期刊出版流程或数据期刊的出版流程。数据知识仓储(即独立数据出版模式)已经形成了一套比较固定的工作流程,即数据提交、数据存储、数据审核和数据发布,具体如下:

①数据提交。一般由数据生产者将数据存入数据知识仓储。数据知识仓储作为平台方,为了帮助作者完成数据提交,必须编制详细的提交指南,指南通常包括 4 个部分,即提交原因、提交准备、提交流程及提交后对数据集的处理。

也有数据知识仓储采用协助提交方式。即由数据知识仓储的工作人员协助数据生产者将科学数据存入仓储中。工作人员通常需要对科学数据进行评估以判断是否适合本仓储,对科学数据进行格式化调整以利于提交或保存,帮助数据生产者将数据上传至仓储。

②数据存储。数据提交后,数据知识仓储需要用相关的科学数据元数据框

① 张恬,刘凤红. 数据出版新进展[J]. 中国科技期刊研究,2018,29(5):453-459.
② 王丹丹. 数据论文:数据集独立出版与共享模式研究[J]. 情报资料工作,2015(5):95-98.
③ 王舒,黄国彬. 国外科学数据仓储的数据出版流程研究[J]. 数字图书馆论坛,2021(1):60-66.

架对数据进行描述、标引、分类和存储。描述方面,一般是采用科学数据的元数据和数据标识符等进行描述;标引,一般指对文献对象进行主题词、人名、地名和类号标引;分类的主要依据一是基于学科专业,二是基于实验环境与科学数据创建方式(如实验获得、观测获得等),三是基于科学数据的表现形式(如文本型、数据型等)等;存储方面,数据知识仓储对格式有严格要求,会有统一的部署。

③数据审核。数据审核方式主要有人工审核与自动审核两种。人工审核是指数据知识仓储专门的质量审核人员,在数据集提交前后对数据质量进行审核。自动审核是指在数据提交过程中,数据存储系统的校验工具对上传的数据质量进行审核。如 Harvard Dataverse 在数据提交过程中,由提交系统自动对数据的格式、元数据进行审核,以确认数据集的运行状况和元数据的完整性。

质量审核的内容包括数据集及其元数据,数据质量包括技术质量与科学质量。技术质量涉及数据本身的完整性、描述的充分性等方面。科学质量是指数据收集方法的评价、科学数据的合理性和再使用的价值。目前,数据知识仓储对数据本身的质量审核侧重技术质量。

④数据发布。数据出版的最终实现,是通过一定的渠道将其发布出来。不同数据知识仓储,数据集发布渠道不同。目前,数据知识仓储的数据集发布渠道包括:①本库的数据目录渠道。这是主要的发布渠道,发布的信息一般包括数据集本身、元数据信息和使用许可协议。②相关期刊论文渠道。对有来源文献的科学数据,数据知识仓储通常将期刊论文作为发布数据的补充渠道。来源文献中需要注明数据集的存储地址和访问方式,以此来发布科学数据。③集成数据目录渠道。集成目录也是数据知识仓储发布数据集的渠道之一,如 CEDA (Center for Environment Data Analysis)允许科学数据的元数据被 NERC(the Natural Environment Research Council)的数据目录(NERC Data Catalogue)收割。通过集成数据目录发布数据集的元数据是数据知识仓储的扩展发布渠道,增加了数据集被发现的可能性。

7.3.4 数据出版的质量控制[①②③]

数据知识仓储本身并不产生数据,而是与期刊出版商、学术团体、研究机构、

---

① 刘兹恒,涂志芳.数据出版及其质量控制研究综述[J].图书馆论坛,2020,40(10):99-107.

② 涂志芳,刘兹恒.我国多学科领域数据出版质量控制最佳实践研究[J].图书馆杂志,2020,39(9):70-77.

③ 涂志芳,刘兹恒.国外数据知识库模式的数据出版质量控制实践研究[J].图书馆建设,2018(3):5-13.

图书馆、个人等合作,接收来自这些合作方的数据并对其进行筛选与审查,以方便后续的数据管理、存储和发布。在这个过程中,数据质量控制贯穿其中,力求使之达到出版标准。针对数据知识仓储的质量控制,包括数据格式、数据本身、元数据及相关文档等内容。

(1)数据格式

数据经提交后,就进入数据存储环节。文件存储时对数据格式有统一部署,格式最大化兼容才能最大限度地方便用户获取和利用。因此,数据知识仓储十分重视对于数据格式的要求、检查和转换工作。

数据所采用的格式及软件取决于研究人员如何收集、分析数据,通常依照特定标准和惯例选择最适合的一种或几种;在完成数据分析与处理后进行数据存储时,需要将其转换为标准的、常用的、可转换的、持久的且对用户友好的格式,以保障其能被长期利用。例如,UK Data Archive 数据知识仓储会根据学科范围、数据类型特点,为定量数据、定性数据、地理空间数据、图像、音视频、文档、脚本等数据类型分别推荐常用的和非常用但可接受的数据格式,如定量数据推荐. sav,. dta 等格式,文本性定性数据推荐. xml,. rtf,. txt,. html,. doc 等格式,音频数据推荐. mp3,. aif,. wav 格式。

(2)科学数据的元数据

科学数据的元数据是关于科学数据内容、质量、条件状态及其他特征的描述,具有数据管理、数据质量控制、数据发现、数据利用等功能。数据知识仓储接收到数据后,对照所采用的元数据标准方案,对元数据进行检查、修正和完善。

数据出版所采用的元数据包括通用元数据标准和特定学科/行业的元数据标准。《信息与文献——都柏林核心元数据元素集》(ISO 15836—2003)是国际上广泛应用的通用元数据标准,具有很强的扩展性和移植性,现有的各类元数据方案大多参考《信息与文献——都柏林核心元数据元素集》而设计。

数据知识仓储在接收数据时,往往对元数据进行检查、评审、验证、完善等工作,以保障元数据完整、准确、科学并与所描述的数据事实相匹配。

(3)数据标识符

在数据出版中,还需统一数据标识符(DOI),它是对包括互联网信息在内的数字信息进行标识的一种工具,也是一套识别数字资源的机制。数字对象唯一性、永久性是 DOI 的典型特征,DOI 也是数字出版物的"身份证"号码,它的体现形式主要包括二维码、条形码、字符码、网络域名等。

DOI 由国际 DOI 基金会(International DOI Foundation,IDF)管理,于 2010 年通过了国际标准化组织 ISO 认证,为"信息与文献"领域的一项标准,标准号为 ISO 26324(文献和情报数字化对象识别符体系)。此后,DOI 广泛应用于数字化图书、期刊、数据等类型内容的学术出版。DOI应用于数据出版便于数字版权管理、元数据动态更新、数据规范引用，可提高数据的可发现性、可获得性和可利用性。

（4）数据评审

目前，数据知识仓储的数据质量控制主要表现在技术性审查，对数据本身的科学评审开展得相对较少。主要从技术标准层面对数据及数据文档进行完整性的控制，确认数字资产的完整性、评价数据集的完整性，以及评估数据文档的完整性，但目前有相当一部分数据知识仓储不进行同行评审或只进行内部评审。数据期刊的质量控制则主要遵循传统期刊出版过程中的同行评议制度。

目前，学界对科学数据同行评议缺少准确的理解，对数据评审与传统出版物评审的关联与区别尚在探索中。学者张小强、李欣指出，应"制定数据出版用稿规范"，以解决两个方面的问题：其一，评审机制。评审规范的建立需要考虑两方面的因素。一是内部因素，主要指数据出版的数据本身的质量，在评审规范中对数据的质量、规范性、真实性等因素制订出具体的衡量标准；二是外部因素，如对评审者的素质要求、评审机制的完善等。其二，具体用稿机制。与传统论文出版不同，数据出版涉及多个主体之间的合作，主体之间如何配合形成科学用稿机制是值得研究的问题。[①]

7.3.5 我国的数据出版实践活动

我国对数据出版工作比较重视。2018年2月，科技部和财政部印发《国家科技资源共享服务平台管理办法》，以进一步推动相关工作。2018年3月，国务院办公厅颁发《科学数据管理办法》，旨在加强和规范科学数据管理，保障科学数据安全，提高开放共享水平，更好支撑国家科技创新、经济社会发展和国家安全。目前，我国数据出版已经形成了"数据中心"和"数据中心＋数据论文"两种模式。"数据中心"模式实际上就是数据知识仓储模式，它主要专注于平台的建设与管理、数据更新与维护、数据共享与使用。"数据中心＋数据论文"模式在建设和维护数据平台的同时，聚焦数据的共享、使用、增值及规范传播，数据中心是基础、数据论文是拓展，两者共同构成数据管理与共享。[②]

---

① 张小强,李欣.数据出版理论与实践关键问题[J].中国科技期刊研究,2015,26(8):813-821.
② 涂志芳,刘兹恒.我国多学科领域数据出版质量控制最佳实践研究[J].图书馆杂志,2020,39(9):70-77.

7.3.5.1　数据知识仓储模式

在我国,数据知识仓储模式也被称为"数据中心"模式,以国家科学数据中心和中国科学院科学数据库为代表。

(1)国家科学数据中心

国家科学数据中心是科学数据管理领域的"国家队",在政策保障、经费支持、建设与服务水平方面极具代表性。2019年6月,《科技部 财政部关于发布国家科技资源共享服务平台优化调整名单的通知》(国科发基〔2019〕194号)确定国家科技资源共享服务平台优化调整名单,包括20个国家科学数据中心和30个国家生物种质与实验材料资源库,纳入国家科技基础条件平台体系给予支持,科学数据管理实践在国家层面得到有力的政策和条件保障。

科研院所是现阶段国家科学数据中心建设的主力军。在工作机制方面,数据中心根据学科特点采用适应的数据分类方式和工作体系;各中心还制定了适用的标准规范,发布本中心适用的数据管理规定,比如数据提交流程,数据元数据相关规定,论文标注规范,等等。在服务方面,各中心普遍提供数据检索服务和数据分类导航服务。大部分数据中心还提供元数据数量、数据资源总量、在线访问量、累计下载量、注册用户数量等的统计数据。

(2)中国科学院科学数据库

中国科学院科学数据库也是中国数据知识仓储中的生力军。中国科学院科学数据库的建设始于1987年。根据中国科学院数据云官网介绍,科学数据库的数量在58个以上,包括"人地系统主题数据库""化学专业数据库""中国科学院数据应用环境""资源环境遥感数据库""中国淡水鱼类物种鉴别专业数据库""中国动物数据库""亚热带农业生态系统要素数据库"等。在政策与经费支持方面,科学数据库受到中国科学院"信息化建设重大专项""科技数据资源整合与共享工程""科学大数据工程"等专项支持。

"十二五"期间,面向科技创新和科研信息化需求,中国科学院启动"科技数据资源整合与共享工程"建设。在中国科学院的统一部署下,中国科学院计算机网络信息中心作为科学数据库牵头建设和技术支撑单位,于2015年底,"科技数据资源整合与共享工程"项目系统地整合了58家单位的数据库,初步实现了以基础设施云服务、科研数据云服务、数据应用云服务为主体的服务体系建设,逐渐建设形成共享开放、服务创新的国家级科技数据中心。2019年7月,中国科学院数据云推出。数据云是在保留原有科学数据库服务的基础上进行整合的。网站提供数据汇集、数据管理、数据发现、数据分析等主要功能,具体来说,包括元数据信息录入,数据文件上传和存储,出具许可协议,数据质量审核与发布,数据更新,统计报表,搜索、导航与分享,引用评价、数据使用反馈、影响力评价等。

7.3.5.2 "数据知识仓储＋数据论文"模式

目前,以《中国科学数据》《全球变化数据学报》等为代表的探索实践初显成效。以数据论文出版过程中数据论文与所属期刊及关联数据存储的关系、数据出版的背景与动因等为划分依据,可将该模式下的探索实践划分为三类,即"数据论文＋数据集指定存储""数据论文、数据中心一体化""数据论文＋期刊论文＋数据知识仓储"。以下以《中国科学数据》为案例[①],着重介绍"数据论文＋数据集指定存储"模式。所谓"数据论文＋数据集指定存储"模式,即以创建新型数据期刊为前提出版数据论文,并将数据论文所描述的数据集存储到指定知识库,数据期刊可独立于数据平台之外的模式。《中国科学数据》是该模式的代表。

(1)《中国科学数据》案例概述

《中国科学数据》,全称《中国科学数据(中英文网络版)》(*China Scientific Data*),创刊于 2016 年 6 月,是面向多学科领域科学数据出版的中英文期刊,由中国科学院主管,中国科学院计算机网络信息中心和国际数据委员会(COCODATA)中国全国委员会合办。该刊致力于科学数据的开放、共享和引用,推进科学数据的长期保存与数据资产管理,探索科学数据工作的有效评价机制,推动科学数据的发展,促进科学数据的可发现(findable)、可访问(accessible)、可理解(intelligible)、可重用(reusable)。其收录范围重点关注生命科学与医学、地球系统科学、空间科学与天文学、物理学、化学化工、材料科学与工程、信息科学、社会科学等领域的基础数据及数据产品。

《中国科学数据》为开放获取期刊,所发布的论文均遵循 CC BY 4.0 协议(Creative Commons Attribution 4.0 International Licence,知识共享-署名 4.0 国际许可协议),读者可免费浏览和下载论文及其关联数据。

(2)《中国科学数据》出版相关制度

《中国科学数据》建立了严格的出版制度,涉及投稿、数据存储、同行评议等流程。具体规定如下:

①作者所投稿的数据论文对应的数据集须具有清晰的知识产权所属关系,即数据论文的作者具有或被授权具有全权处置数据集的权利,能够自主地安排数据的开放共享相关事宜。

②数据质量。数据论文所描述的数据集应遵循严谨的数据生产与加工方法,采取有效的质量控制措施,并能在数据论文中对上述信息及关于数据集生产背景、内容组成、大小和数据格式等方面的信息做充分介绍。

---

① 本案例资料来自《中国科学数据》官网(资料引用时间为 2021-08-05)。

③数据论文。数据论文应当详细描述其所对应的数据,包括数据采集和处理方法,数据样本描述,数据质量控制和评估,以及数据价值、数据使用方法和建议等其他便于理解和使用数据的相关信息等。但论文中不应当包括新的科学假设、新的观点、新的科学方法等内容。

④数据存储库。《中国科学数据》规定投稿的作者必须将数据集提交至刊物认可的数据存储库(ScienceDB,网址为 http://www.scidb.cn)以便论文评议。所谓"认可的数据存储库",必须符合行业通用规范,且数据组织得当,可公开访问,能提供长期稳定服务,便于读者查询获取。中国科学院计算机网络信息中心建设的 ScienceDB 是一个公共的通用型数据知识仓储,是国家基础学科公共科学数据中心的指定存储库,旨在为科研工作者、科研团队、学术期刊、科研机构及高校提供数据在线存储、数据在线汇交及管理、数据长期保存、数据共享和数据出版及数据在线获取服务。2020 年 9 月 25 日,中国科学院计算机网络信息中心自主研发的 ScienceDB 被 Scientific Data 和 Springer Nature 收录到其推荐的通用型数据存储库名单中,成为继 Dryad,figshare,Harvard Dataverse,OSF,Zenodo,Mendeley Data 之后的第 7 家被收录的通用型存储库。同时,ScienceDB 也是该名单中唯一一家由中国自主建设维护的数据存储库平台。ScienceDB 数据发布流程如图 7-4 所示。

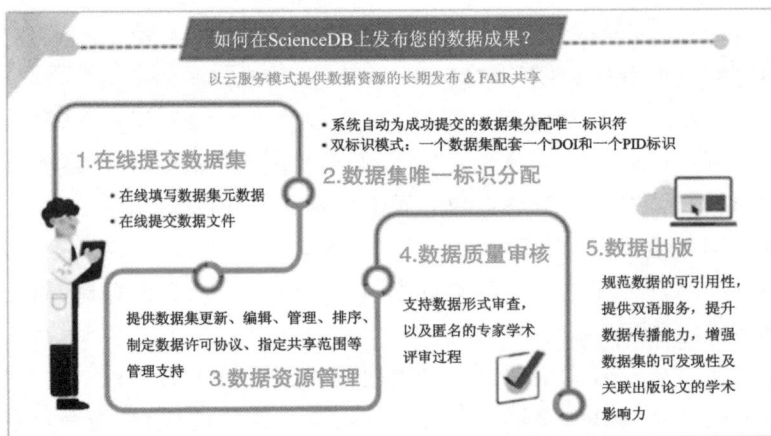

图 7-4 ScienceDB 数据发布流程

⑤同行评议制度。《中国科学数据》采用严格的同行评议制度。数据论文评审流程主要包括责编初审、数据初审、同行评议(大众评议)、责编委复审、编委会投票等主要环节。来稿论文一通过编辑部初审(含数据质量审核)即于出版平台Ⅰ区在线发布,同时接受同行评议和大众评议。完整通过全部审核步骤后的论

文则由编辑部组织正式发表于Ⅱ区。该出版平台在线公开全部评审意见与反馈,并根据实际处理进度及时发稿。该刊设有"评审中论文"栏目并公开在审论文的全文信息,设有"近期来稿"栏目提供摘要、关键词和作者信息,在一定程度上实现数据论文出版过程的公开、透明。

⑥论文发表费用。在《中国科学数据》发表论文需缴纳一定费用,用于:a. 论文版面费。主要包括不少于两名资深同行评议专家评审、中英文双语专业审校、美术编辑与设计排版、多版本(html/PDF)在线稳定服务、持续增加的数据库收录等方面的费用。b. 数据长期保存费。主要涵盖 10GB 十年归档保存的标准服务、稳定可用的数据统一标识、标准化的元数据与简单易用的数据描述。c. 数据深度加工与价值增值服务费。

(3)案例小结

首先,《中国科学数据》拥有中国科学院院士主编和学术实力强大的编委会,是国家网络连续型出版物的首批试点刊物,得到国家科技基础条件平台的指导和中国科学院的有力支持与保障,并通过中国全国委员会与国际数据委员会(CODATA)产生深度联结,在国内支持和国际联络方面均有良好的发展起点。

其次,从出版结果及其影响力看,《中国科学数据》创刊后发表了中国科学院等科研院所和北京大学等高校的研究人员的数据论文,并且入选中国科学引文数据库。

最后,《中国科学数据》与 ScienceDB 合作办刊,数据平台具有领域认可度,符合行业规范,管理严格,已经得到国际认可。

8 网络文学出版

数字出版新业态不断涌现,网络文学已经成为用户休闲阅读的重要窗口之一。随着数字阅读的蓬勃发展,网络文学的 IP 运营也保持良好发展态势。本章陈述了网络文学的含义、主要特点及发展历程,分析了网络文学的产业链及商业模式,并全面解析了网络文学的质量控制机制。

8.1 网络文学出版概述

8.1.1 网络文学的含义

网络文学是 20 世纪末出现在互联网上的一种文学形态。广义的网络文学是指在互联网上传播的所有文学和类文学形态。这仅是一种以传播介质来定义文学的方法,由于网络媒介的包容性,网络文学不具备特征性,可以传播所有文学和类文学形态。狭义的网络文学是指只能存在于互联网上,未正式出版,充分体现网络特点的网络超文本文学、多媒体文学,由网友共同创作的接龙文学,通过计算机软件创作的准文学等。[①] 早期学界对网络文学的认可度不高,仅仅承认网络文学是一种"准文学"。

从定义来看,网络文学大致可以分为两类,一类是指纸本传统文学作品的网络再传播,另一类是指在网上首发的原创性文学作品。本书研究的网络文学是指第二类,即网络原创文学,也是目前被学界大多数人所认定的网络文学——网民利用电脑创作,首先发表于互联网上,供网民欣赏、批评或参与的文学或类文学作品。鉴于数字出版行业及媒体报道常用"网络文学"一词代指"网络原创文学",故本书所有关于网络文学的表述,均代指网络原创文学。

---

① 欧阳友权.网络文学词典[M].北京:世界图书出版公司,2012:18.

网络文学的生产和传播与传统出版活动息息相关。网络文学出版,即以网络作品为内容,借助互联网和移动互联网进行大规模传播,用户通过电脑和移动阅读终端阅读的一类网络出版活动。在中国,网络文学出版是作品规模最大的大众出版活动。

其中,网络文学出版的主体是网络文学网站,即专门提供网络文学生产和传播服务的网站,它们是集创作、编辑、发行、交易于一体的商业化运营平台,是当前网络文学最主要的经营平台。目前,围绕着网络文学的生产和传播,已经形成了网络文学产业。与世界其他国家的同类产业相比,我国网络文学出版活动颇具特色,因此,本章的主要研究对象也聚焦于我国网络文学的出版与传播。

8.1.2　网络文学出版的主要特点

网络文学出版与传统出版有明显的不同,具有传统出版所不具备的独特属性,具有即时性、互动性、开放性、作者草根化、作品内容通俗化等特点。[①]

①即时性。与传统出版相比,网络文学出版中间环节减少,实现了编印发三位一体出版,是典型的网络一体化出版模式。作品一经网络文学网站发布,传播活动就已开始。

②互动性。网络文学作品生产过程互动化,读者或用户可随时与作者互动,作者可随时更新内容。传统文学作品是作者个人独立劳动的成果,而网络文学作品则更像是作者和读者的一场狂欢,读者可以经常性地介入作者劳动过程。

③开放性。从理论上说,网络文学作品可以二十四小时面向任何受众进行传播和交流,不受时间、空间和地域的限制。出版载体的束缚消失了,一般读者利用随身携带的手机阅读或视听即可。网络文学的开放性有助于文化的交流和传播。

④作者草根化。在遵纪守法的前提下,任何人都可以在网络文学平台上发表自己的作品。由于只需投入热情和努力,大量草根作者加入网络作家队伍。出版资源被垄断的现象消失,再也不用为书号、选题审批和编辑审稿而发愁。

⑤作品内容通俗化。网络文学平台采取商业化运作,针对休闲阅读市场,作品内容通俗化。

8.1.3　网络文学生产与传播平台的主要类型

网络文学出版是文学出版活动的一部分。然而,在网络文学行业的形成时

---

① 孙宜君,桂国民.论我国网络文学创作特点[J].北京理工大学学报(社会科学版),2003(5):3-6.

期,鉴于政府对出版许可的限制,各大网站申请不到出版资质,所以,当时生产与传播网络文学内容的网站一般持有的执照是"电信与信息服务业务经营许可证""增值电信业务经营许可证""信息网络传播视听节目许可证""网络文化经营许可证"等。在这种情形下,网络文学生产与传播的平台多种多样,主要包括博客平台、门户网站的读书频道、论坛开设的原创文学栏目、专业网络文学网站、自媒体平台等。

(1)博客平台

博客是个人原创作品的一个重要的发布平台。一些文学爱好者常常喜欢利用博客平台分享自己的作品。但博客并不是专门的网络文学发布平台。博客作品也有"下线"出版的情况,如徐静蕾的《老徐的博客》,以及同一时期推出的潘石屹的《潘石屹的博客》。①

(2)门户网站的读书频道

门户网站的读书频道也是网络文学生产与传播的主要平台类型。如新浪读书、搜狐读书、网易云阅读、凤凰读书、腾讯读书等。这些网站通常都是综合性网站,长期以来聚集了较多的读者,品牌知名度较高。网站设立的"读书"频道,最初以传统正式出版的图书阅读、导读及书评交流为主,后来逐渐发展到网络文学阅读,如网易云阅读以图书、原创小说、资讯、漫画阅读为主,后发展出原创小说生产和经营业务。

(3)论坛开设的原创文学栏目

论坛类文学网站的鼎盛时期在 1997—1999 年。20 世纪 90 年代,互联网刚刚进入我国,中文网站还不多。当时西祠胡同、天涯社区、西陆网等专业论坛网站的出现,丰富了文学爱好者的网络生活。随着网络文学网站的多样化,这些论坛都发展成了综合性论坛。比如天涯的"舞文弄墨"。天涯同时还设置有专门的文学板块"天涯文学",提供 VIP 付费阅读服务,并帮助作者免费出版纸质图书,但出版图书的数字版权必须授予天涯。

(4)专业网络文学网站

专业网络文学网站(一般称为网络文学网站)是集创作、编辑、发行、交易于一体的商业化运营平台,它有专门的投稿系统、编辑管理制度、发布制度、版权交易制度等。著名的专业网络文学网站有起点中文网、纵横中文网、17K 小说网、创世中文网、红袖添香、潇湘书院、逐浪网等。我国影响较大的网络文学商家先期以盛大文学有限公司(简称"盛大文学")为代表,目前以阅文集团、中文在线、百度文学和阿里巴巴文学(简称"阿里文学")等为代表,部分读书频道和一些论

---

① 史蓉蓉. 博客图书文化现象初探[J]. 出版发行研究,2006(11):63-65.

坛也加入了这个行列。尽管网络文学的发布网站甚多,但其商业化操作方式类似,即起点中文网开创的付费阅读模式和版权运营模式。

(5)自媒体平台

近年,网络文学作家也落户于微信公众号、头条号等自媒体平台。这些自媒体平台设置了收费及打赏功能,直接挑战专业网络文学网站的收费分成制度,对网络文学作家来说,有天然吸引力。但与网络文学网站相比,自媒体平台是一种分散传播式平台,大量网络文学用户仍然云集在专业平台上。

除这些网站之外,另有一些有特色的文学发布和阅读平台。如我国著名作家韩寒创办的"ONE·一个",这是一款文艺类应用,以连续出版物的形式发布文学作品。还有豆瓣网创建的"豆瓣阅读",为数字作品提供阅读和出版平台。

这些网站都可以作为网络文学作品的生产或发布平台,其中以专业网站为代表的网络文学出版模式是中国人自己创新的商业模式,一是已有稳定的内容产生机制,二是商业化运作已成规模,三是已有一定的规模和影响力。

8.2　网络文学的发展历程

结合我国网络文学的发展状况,其发展历程可分为导入期(1991—2004年)、成长期(2005—2011年)和成熟期(2012年至今)。

8.2.1　导入期(1991—2004年)

从整个华语网络文学发展状况来看,1991年,全球第一家中文电子期刊《华夏文摘》在北美创刊,而在该刊上发表的《奋斗与平等》是目前所知的最早的一篇中文网络小说。此后,又有1992年ACT的开设,ACT即alt.chinese.text的缩写,这是当时唯一的中文网民聚集的新闻组。1994年,中国加入国际互联网后第一份中文网络纯文学刊物《新语丝》创办。

1997年12月,美籍华人朱威廉创办"榕树下",中国文学期刊接入国际互联网。这一时期之于网络文学,应该是孕育种子的过程。华语网络文学由海外学子的思乡情点燃,但这一阶段的网络文学传播范围极窄,即便很快从国外引入国内,也带有传统文学的影子。因此,当时的网络文学仅属于少数人,属于一种高质量的精英文学。在这一时期,网络文学只是单纯的网络与文学的结合,相较于传统文学,只是载体不同,并未显现出更多的有别于传统文学的特性。这一时期的文学网站很少。

1998 年,由台湾作家蔡智恒①以"痞子蔡"为网名发表的《第一次的亲密接触》在大陆掀起了第一次网络文学冲击波,从此,网络文学走进大众生活,网络作者与读者群体逐渐形成,大众、"草根"成为网络文学的主要特征。关于网络文学低俗化的质疑声此起彼伏,但不容置疑的是网络文学正在飞速成长。

网络文学成长的主要平台是论坛及专业网络文学网站。大批论坛和专业网络文学网站在这期间成立,其中部分至今仍然活跃在网络上。西祠胡同始建于1998 年初春,是华语地区第一个大型综合社区网站;天涯社区创办于 1999 年 3月;西陆网创建于 1999 年 7 月;红袖添香创建于 1999 年 8 月 20 日;幻剑书盟创立于 2001 年 5 月;潇湘书院创建于 2001 年;晋江文学城创办于 2003 年;2003年 3 月,天下书盟正式开通;逐浪网成立于 2003 年 10 月;小说阅读网成立于2004 年 5 月。

2001 年 11 月,起点中文网的前身玄幻文学协会(Chinese Magic Fantasy Union)由一批爱好玄幻写作的作者发起成立。2002 年 5 月,玄幻文学协会正式成立起点中文网(http://www. qidian. com,简称"起点网")。起点网是迄今国内最大的网络文学写作和阅读平台,先后隶属于盛大文学和阅文集团旗下。起点网的创立是中国网络文学产业发展历史上的重要事件。

2002 年,"榕树下"开始大规模地与出版社合作,出版了不少深受读者喜欢的青春文学图书,如慕容雪村的《成都,今夜请将我遗忘》、蔡智恒的《洛神红茶》、安妮宝贝的《告别薇安》、林长治的《沙僧日记》、今何在的《若星汉天空》,等等。

1998—2001 年,文学论坛兴起并发展。而 2001—2004 年,专业网络文学网站大量涌现。这些网站的创立使网络文学创作变得有组织、有规则,为网络文学的作者和读者搭建了一个稳定的沟通平台。

这一时期的网络文学网站竞争激烈,群雄逐鹿,小网站和依靠盗版链接为生的网站也层出不穷。当时主要有五大网络文学网站——榕树下、红袖添香、清韵书院、幻剑书盟和起点中文网。这些网络文学网站呈现出六大优势:其一,选题定位上,这些网络文学网站各具特色;其二,栏目设置上,体裁多样化;其三,稿件数量上,足以让传统出版机构骇然;其四,作者群体上,数量可观且拥有各自的品牌写手;其五,庞大的读者群体;其六,优秀的网络原创作品走向线下出版。然而,尽管网络文学已经有所发展,这一时期仍属于导入期,有着一般产业在导入

---

① 蔡智恒,网名"痞子蔡",1969 年生,著名网络小说作家,台湾成功大学水利工程博士。1998 年写下了《第一次的亲密接触》,引发全球华文地区的"痞子蔡"热潮。随后,蔡智恒又先后推出了《雨衣》《爱尔兰咖啡》《夜玫瑰》等书,也都深受欢迎。

期的共同特征:网络文学企业规模较小;对行业未来发展方向有着不同看法。

8.2.2 成长期(2005—2011 年)

2005—2011 年是我国网络文学的成长期。这一时期,资本进入网络文学市场,形成了网络文学的商业模式,产业集群逐渐形成,产业链日臻完善。

起点中文网是国内首家跻身世界百强的文学网站,至 2003 年前后,人气良好的起点中文网面临赢利困难。为了解决这个难题,起点中文网率先在 2003 年10 月引入"VIP 制度",开创了在线付费阅读模式,这是一个标志性事件。第二个标志性事件是盛大集团的介入。

VIP 制度推出后不久,起点中文网进入发展的瓶颈期。商业化的进程需要一个强大的销售渠道的支撑和建设更多的辅助性服务。可是,当时的起点中文网根本无法满足架设一条完善的销售渠道的资金需求。起点中文网面临两个选择:寻求投资基金的介入或者被收购。而作为当时中国最大的在线游戏运营商的上海盛大网络发展有限公司(简称"盛大"),带着一套可以铺设到全国近 70%二级城市的销售推广渠道,拥有将点卡卖到全国每一个有电脑的地方的能力。双方在这种情况下一拍即合,2004 年 10 月,盛大收购起点中文网,正式进军网络文学市场。2005 年,起点中文网推出作家福利制度,主要是为了保障作家创作的时候能够维持生计。2006 年,作家品牌化的运作制度也开始萌芽,起点中文网推出"白金作家制度",之后越来越多的网络文学作家进入了一些畅销书榜单,并且排名越来越靠前,其自身知名度也得到了提升。2006 年 10 月,本物天下霸唱的《鬼吹灯》(盗墓者的经历)在起点中文网发表。十年之后,《鬼吹灯》依旧具有强大的生命力,证明网络文学作品中蕴含着很多经得起时间考验的精品。

在收购起点中文网后,盛大又于 2007 年 12 月收购晋江文学城,2008 年 7月收购红袖添香。盛大以起点中文网、晋江文学城和红袖添香三家文学网站为基础成立盛大文学有限公司。盛大收购或投资各大网络文学网站的时间见表 8-1。

表 8-1 　　　　　　　　**盛大收购或投资网络文学网站时间表**

时间	收购或投资的网站	备注
2004 年 10 月	起点中文网	网站排名①第 1

---

① 此排名根据艾瑞咨询提供的该网站被收购前 3 个月的"文学类网站月均覆盖数统计排名"平均所得,其中"榕树下"的排名在收购前 3 个月未进入前十。而收购后 2 个月排在第 10 名,故其综合排名为第10;起点中文网的排名上文已有所叙述。

续表

时间	收购或投资的网站	备注
2007 年 12 月	晋江文学城	网站排名第 5
2008 年 7 月	红袖添香	网站排名第 7
2008 年 7 月	盛大以上述三家文学网站为基础成立盛大文学有限公司	
2009 年 12 月	榕树下	网站排名第 10
2010 年 2 月	小说阅读网	网站排名第 3
2010 年 3 月	言情小说吧	网站排名第 5
2010 年 4 月	潇湘书院	网站排名第 6
2010 年 8 月	天方听书网	有声读物网站
2010 年 9 月	悦读网	电子期刊阅读网站

从盛大收购或投资网络文学网站的时间来看,起点中文网显然是盛大对网络文学经营的试水。随后,收购的步伐越走越快,特别是从 2009 年 12 月起,盛大文学在短短 5 个月内就收购了 4 家网络文学网站。自 2010 年开始,盛大文学还将电子期刊和有声读物纳入经营范围,借助天方听书网和悦读网的资源和技术开拓有声读物和电子期刊业务领域,战略布局听书和期刊业务。

从 2008 年开始,盛大文学便与中国移动达成战略合作协议,共同开辟无线阅读市场。随着国内手机阅读市场需求逐渐扩大,盛大文学成为中国移动阅读基地最大的付费内容提供商。2010 年年度畅销榜前十作品中盛大文学占七成。

盛大文学在付费阅读商业模式运营取得一定成功后,很快就开始实行版权运营,即为线下出版、电影、游戏、动画等提供有版权的内容。为此,2013 年 4 月,成立盛大文学编剧公司,这是中国首家编剧培训公司。

这一时期也可以叫作盛大文学时期,有着如下特点:①在此期间,由起点中文网创立的付费阅读模式完全确立。这种读者按章阅读付费,作者与网站分成的模式大大刺激了网络原创作品的生产,并塑造了网络文学生产的主要形态——连载发布、篇幅宏大、更新迅速。起点模式对网络文学的发展至关重要。[①] ②起点中文网无论是作者数量还是作品数量均居第一。③网络文学的全版权运营模式为盛大文学所提出,并初见成果。④网络文学产业的兼并风潮成为行业常态。⑤2010年,网络文学的主流化初见成效,唐家三少、月关等加入中国作家协会。

----

① 邵燕君,周轶,肖映萱,等."大神"是怎样养成的——中国文学网站生产机制与粉丝文化考察[M]//陈圣来,主编.上海文学发展报告.2015:青年批评家崛起.北京:社会科学文献出版社,2015:222.

8.2.3 成熟期(2012年至今)

2012年起,我国网络文学进入新的时代。第一,网络文学网站进入移动阅读时代。2012年前后,各大网站的用户数量持续增长,移动用户数量比例大增。表8-2显示,网络文学用户量和手机网络文学用户量都约占网民数量的一半。中国互联网络发展状况统计报告(简称"CNNIC报告")从2013年起统计手机网络文学用户规模,从2012年至今,网络文学移动端阅读趋势十分明显。

表8-2 　　　　　　　　　　　　中国网络文学用户规模

统计截止时间	网络文学用户规模/亿人	用户使用率/%	手机网络文学用户规模/亿人	手机网民使用率/%
第32次CNNIC报告,2012年12月	2.33	41.4	—	—
第33次CNNIC报告,2013年12月	2.74	44.4	2.02	40.5
第34次CNNIC报告,2014年6月	2.89	45.8	2.22	42.1
第35次CNNIC报告,2014年12月	2.94	45.3	2.02	40.5
第36次CNNIC报告,2015年6月	2.85	42.6	2.49	42
第37次CNNIC报告,2015年12月	2.97	43.1	2.49	41.8
第38次CNNIC报告,2016年6月	3.08	43.3	2.81	42.8
第39次CNNIC报告,2016年12月	3.33	45.6	3.04	43.7
第40次CNNIC报告,2017年6月	3.53	46.9	3.27	45.1
第41次CNNIC报告,2017年12月	3.78	48.9	3.44	45.6
第42次CNNIC报告,2018年6月	4.06	50.6	3.81	48.3
第43次CNNIC报告,2018年12月	4.32	52.1	4.10	50.2
第44次CNNIC报告,2019年6月	4.55	53.2	4.35	51.4
第45次CNNIC报告,2020年3月	4.55	50.4	4.52	50.5
第46次CNNIC报告,2020年6月	4.52	50.5	—	—
第47次CNNIC报告,2020年12月	4.60	46.5	4.59	46.5
第48次CNNIC报告,2021年6月	4.61	45.6	—	—

资料来源:第32～48次CNNIC(中国互联网络信息中心)报告。

第二,网络文学于2012年前后进入改编时代,网络文学商业模式朝对内容的深度、长线开发发展,并引进越来越多的跨界合作。

从 2000 年到 2010 年,经过十年的发展,网络文学作品量和影响力都大大增加。2011 年被称为网络文学的改编元年。① 此后,国内数字内容版权制度不断完善。在行业内部,各网络文学平台对作者的扶持力度不断加大。如阅文集团成立内容产业基金,从优质内容出版、内容方商业扶持、内容品牌传播和优秀青年作家创作扶持四个方面支持作者进行创作。阿里文学与其影视业务共同宣布将为内容生产者提供包括平台、IP、宣传等资源在内的一站式服务。《2020 中国网络文学蓝皮书》显示,2020 年,网络文学产业进入转型升级发展新阶段,拉动下游文化产业总产值超过 1 万亿元。IP 改编热度不减,全年网络小说改编的影视剧目在 140 部左右,热度最高的网剧中,网络文学改编的比例达 60%,《大江大河 2》等现实题材改编作品引发观看热潮。网络文学国际传播成为新的增长点,累计向海外输出网络文学作品 10000 余部,网站订阅和阅读 App 用户达 1 亿多人,覆盖世界大部分国家和地区。②

第三,盛大文学淡出网络文学领域,BAT③ 等互联网巨头进入。2013 年 3 月,盛大文学在网络文学界的"铁桶江山"开始分裂,其旗下主要成员起点中文网的创始人吴文辉及其同伴们因"集团意志与具体业务公司自主发展之间的碰撞"集体请辞,盛大文学的发展受到重大打击。吴文辉辞职后签约腾讯。2013 年 4 月,腾讯宣布游戏转型覆盖文学等业务。2013 年 9 月 10 日,腾讯文学正式亮相。2015 年 3 月,失去起点中文网的盛大文学最终与腾讯文学合并,阅文集团成立。

2014 年 11 月 27 日,百度文学宣布成立,它主要由"纵横中文网""熊猫看书""百度书城"等子品牌构成。2015 年 4 月 23 日,也就是世界读书日,阿里巴巴宣布推出阿里巴巴文学。腾讯、百度和阿里巴巴同一时期进入网络文学产业,形成 BAT 在网络文学领域竞争的局面。

然而,竞争并没有仅仅停留在互联网巨头之间。掌阅科技股份有限公司于 2015 年 4 月 28 日宣布成立掌阅文学,投入 10 亿元进军网络文学领域。④ 掌阅的优势在于品牌影响力,在多家行业权威调研报告中,掌阅 iReader 一直占据国内移动阅读 App 市场份额第一名。2017 年,掌阅科技股份有限公司已经实现上市。

---

① 舒晋瑜.邵燕君:中国网络文学发展的绘图人[N].中华读书报,2020-09-30(17).

② 《2020 中国网络文学蓝皮书》发布 现实题材作品占比过半[EB/OL].(2021-05-26)[2021-06-15].https://baijiahao.baidu.com/s? id=1700815146730073778&wfr=spider&for=pc.

③ BAT:中国互联网公司百度公司(Baidu)、阿里巴巴集团(Alibaba)、腾讯公司(Tencent)的首字母缩写。

④ 掌阅科技投 10 亿成立掌阅文学 进军原创文学[EB/OL].(2015-04-28)[2021-03-15].https://tech.sina.com.cn/i/2015-04-28/doc-iczcmvup0554985.shtml.

2015 年 1 月 15 日,中国移动宣布中国移动咪咕文化科技有限公司(简称"咪咕文化")正式成立。2015 年 4 月 20 日,咪咕数字传媒有限公司(简称"咪咕数媒")启动运营,移动运营商正式介入网络原创内容的生产和运营。咪咕数媒对未来行业竞争格局的影响不容小觑。

此外,在网络文学产业中,还有老牌劲旅中文在线、晋江文学城、逐浪网等。虽然在行业中阅文集团的市场份额远远高于其他公司,但腾讯面临的竞争仍然很激烈。

第四,"泛娱乐"的概念被提出并得到发展。2011 年,腾讯公司副总裁程武提出以 IP 运作为核心的"泛娱乐"构想。这是"泛娱乐"概念在行业内的首次提出。2014 年 4 月,程武将"泛娱乐"概念刷新,定义为"基于互联网与移动互联网的多领域共生,打造明星 IP 的粉丝经济"[①]。同月,文化部发布《2013 中国网络游戏市场年度报告》,提到了"泛娱乐"概念。这是中央部委报告首次提及"泛娱乐"概念[②]。2015 年成立的阅文集团,依托强大的互联网家底,打造以作家为核心的网络文学产业链,在盛大文学的基础上,网络文学的商业模式有所发展。2015 年,网络文学的阅读总产值在 70 亿元左右,而 2015 年泛娱乐核心产业规模达 4229 亿元。[③] 腾讯等公司在掌控网络文学网站的同时,还搭建动漫、影业、游戏等平台。百度、阿里等紧随腾讯,加快向泛娱乐的发展。2015 年,"泛娱乐"被业界公认为"互联网发展八大趋势之一"[④]。2019 年,程武在 UP2018 腾讯新文创生态大会上表示,"要从泛娱乐升级为新文创。"[⑤]"新文创"是多年以来腾讯探讨"泛娱乐"理念并通过实践积累后的再一次升华。从泛娱乐到新文创的最大的变化是:从关注"粉丝经济",发展为关注产业价值和文化价值的良性循环和互相赋能。

第五,网络文学的主流化已见成效。至 2021 年 6 月,网络文学用户已经达到 4.61 亿人(第 48 次 CNNIC 报告),不但形成了自己的商业模式,而且版权远销境外,被改编成多种内容产品,影响民众的阅读兴趣,重构中国的作家队伍。

在教育方面,2017 年,江苏省作家协会、江苏省网络作家协会、三江文学院

① 迈向泛娱乐 腾讯理工男程武的文艺战术[EB/OL]. (2015-11-21)[2022-03-16]. http://finance. sina. com. cn/roll/20151121/040523813917. shtml.

② 泛娱乐时代未来趋势的五点思考-厂商新闻[EB/OL]. [2016-04-16]. http://www. mofang. com/csxw/1165-615497-1. html.

③ 2015 年泛娱乐核心产业规模 4229 亿[EB/OL]. (2016-04-16)[2021-08-05]. http://games. qq. com/a/20160318/037908. htm.

④ 泛娱乐指的是什么? 2020 泛娱乐产业发展前景及趋势分析[EB/OL]. (2020-11-03)[2022-03-16]. https://www. chinairn. com/scfx/20201103/113536244. shtml.

⑤ 同④。

联合创立了江苏省网络文学院,在全国首开"网络文学编辑与写作"本科专业,促进网络文学人才的培养。2017 年 11 月 22 日,"阅文集团·上海大学创意写作学科产学研合作"签约仪式在沪举行,成立了中国网络文学第一个创意写作硕士点。2020 年 10 月,中国社会科学院文学研究所网络文学研究室在北京成立。此次网络文学研究室的成立,是当下文学学科发展的现实需要,也是网络文学学科建设史上的一个大事件。

在奖励和激励方面,2009 年,网络作家阿耐所著的《大江东去》成为第一部荣获中宣部"五个一"工程奖的网络小说。鲁迅文学奖和茅盾文学奖相继于2010 年、2011 年对网络文学开放。2010 年起,中国作家协会开始吸收网络文学作家的加入。2017 年 12 月,首届"茅盾文学新人奖·网络文学新人奖"颁发,骠骑(董俊杰)、唐家三少(张威)、酒徒(蒙虎)等 10 名作家获奖。"茅盾文学新人奖·网络文学新人奖"的设立,无疑肯定了网络文学的重要性,鼓励新生代作家的同时,促进网络文学精品化、健康化发展。

在政府引导和推动方面,2014 年"剑网行动"加强了对网络文学的规范,再度让人们感受到了意识形态强大的管束和规训力量,但同时也从另一个角度向人们暗示,网络似乎成为国家"主流文艺"的"主阵地"。① 2015 年 10 月,《中共中央关于繁荣发展社会主义文艺的意见》出台,提出要"推动网络文学、网络音乐、网络剧、微电影、网络演出、网络动漫等新兴文艺类型繁荣有序发展"②。2017 年6 月 26 日,国家新闻出版广电总局对外发布了《网络文学出版服务单位社会效益评估试行办法》,明确提出对从事网络文学原创业务、提供网络文学阅读平台的网络文学出版服务单位进行社会效益评估考核。2020 年 6 月 5 日,《国家新闻出版署关于进一步加强网络文学出版管理的通知》(国新出发〔2020〕11 号)印发,目的是规范网络文学行业秩序、推动网络文学繁荣健康发展。

8.3　网络文学的产业链

网络文学产业链可分为两个层次:一是网络文学作品的生产和培育,二是

---

① 邵燕君,周轶,肖映萱,等."大神"是怎样养成的——中国文学网站生产机制与粉丝文化考察[M]//陈圣来,主编.上海文学发展报告.2015:青年批评家崛起.北京:社会科学文献出版社,2015:236-272.

② 中共中央关于繁荣发展社会主义文艺的意见[EB/OL].(2015-10-19)[2021-08-15].http://www.gov.cn/xinwen/2015-10/19/content_2950086.htm.

IP 的开发。第一个层次是产业链的构成,即作者、网站和用户;第二个层次是实现影视剧、网游、动漫等多个领域的跨界发展,实现市场经济效益的最大化。本节重点探讨产业链的第一个层次——网络文学产业链的构成及各个环节,第二个层次 IP 的开发将在下一节探讨。

8.3.1 概述

中国网络文学的先驱起点中文网诞生于 2002 年 5 月,但直到 2003 年才探索出合适的赢利模式。2003 年 10 月,起点中文网建立了付费阅读模式。此后十几年间,网络文学的付费阅读市场规模不断扩大。2013 年,中国网络文学市场规模为 34.2 亿元,2014 年增长至 43.7 亿元,2015 年增长至 66.3 亿元,2016 年增长至 95.6 亿元,2017 年增长至 129.2 亿元,2018 年增长至 159.3 亿元,2019 年增长至 201.7 亿元。[①] 随着网络文学市场加速发展的时代到来,相关统计数据显示,付费阅读已经达到一定的规模,网络文学产业正在崛起。

网络文学的产业链更具互联网的特点,不仅印刷环节完全消失了,就连出版社的作用也日趋衰弱,取而代之的是盛大文学、阅文集团、百度文学等网上的内容集成商,而读者对数字资源的获取也越来越便捷,丰富的、个性化的终端阅读设备方便了人们的生活,让人们随时可以用终端阅读设备上网下载电子书或阅读已下载的书。数字出版的火热发展也引来了其他一些服务商的介入,如支付宝等金融服务提供商,互联网一体化的文学出版模式日趋成熟、完善。这条产业链的基本结构为:作者→网络文学网站→读者/用户。

中国网络文学网站在产业链的构建上一方面选取了横向扩展方式,即在产业链横向方向上扩展产业链的构建方式。主要是对网络文学网站所掌握的核心资源——内容资源——进行深度整合开发,以拓宽资源的附加价值与产业链的宽度。[②] 为了整合资源,网络文学商家不断进行兼并重组,诸如盛大文学和阅文集团都是在兼并和控股中实现爆发式成长。另一方面,为了获得更大的利益,网络文学公司等还向下游延伸产业链,进一步拓宽销售渠道,向移动阅读方向发展。这样就形成了中国网络文学比较复杂的产业链结构[③],如图 8-1 所示。

图 8-1 所示的中国网络文学产业链包括两部分:①作者→网络文学网站→移动阅读客户端→读者/用户;②作者→网络文学网站→影视公司、游戏公司、动

① 艾瑞咨询:《2020 年中国网络文学出海研究报告》。
② 曾元祥. 数字出版产业链的构造与运行研究[D]. 武汉:武汉大学,2015:48.
③ 贺子岳,梅瑶. 泛娱乐背景下网络文学全产业链研究[J]. 出版广角,2018(4):40-43.

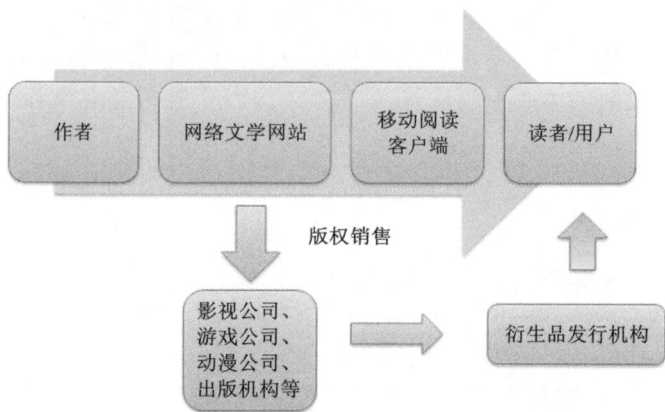

图 8-1　网络文学产业链示意图

漫公司、出版机构等→衍生品发行机构→读者/用户。其中,产业链的第一部分显示的是网络文学生产和阅读产业,第二部分显示的是产业链的延伸,即内容的第二次售卖,这是全版权运营(或"全产业链运营")的结果。网络文学的衍生品影视、动漫、游戏及周边产品产生了更大的市场价值和社会影响。尽管如此,网络文学与衍生品之间的关系并不是分裂的,而是有机统一的,是以网络文学网站为中心的。

8.3.2　网络作家

8.3.2.1　网络作家的称谓

网络作家处于网络文学产业链的最上游,承担内容生产的工作。对于网络文学作者的称呼至今没有统一,网络作家、网络写作群体等称呼不一而足。"作家"与"作者"的小小区别在于成就和资历,凡有专著,都可称作者,但不一定是作家;作家是已成名的作者,须经文学界公认。《现代汉语词典》对"作家"的解释是:"从事文学创作有成就的人。"这里的文学是指传统文学。套用这个定义,网络作家应是指在网络文学上有成就的人。但按照起点中文网的网络作家注册制度,凡通过简单的注册审查的人,就可成为网络文学的作者。成为起点中文网的签约作家,则需要在起点中文网发布满一定字数,通过资深编辑、主编的交叉审核,等等,审核通过后才能成为签约作家。因此,笔者认为网络文学作家是指以网络文学网站为发表平台,作品达到了网站的审核标准的作者。过去,人们会将网络作家称为"网络写手",近年越来越多的网络作家加入作家协会,进入主流阵营。"网络写手"一词已经渐渐淡出。

8.3.2.2 网络作家的特点

①网络作家逐渐被传统文学界接受。从 2010 年前后开始,网络文学渐渐走向主流化。2010 年,鲁迅文学奖将网络作品纳入评选范围,网络作家唐家三少也在 2010 年加入中国作家协会。随后,茅盾文学奖也接纳了网络作品。2013 年 12 月 25 日,唐家三少开始担任上海视觉艺术学院网络文学专业教授,高等教育领域也开启了网络文学教育。

②网络作家收入差距大。艾瑞咨询发布的《2018 年中国网络文学作者白皮书》以阅文集团旗下签约作者为主要调研对象,结果显示,在作者群中,大神级别的作者仅占 17.8%,其余的多是普通作者,他们认为梦想是支撑写作的最大动力。他们一般是兼职写作,主要原因是"写作收入不稳定"。[1] 网络作家的收入来自付费阅读、影视游戏改编、纸质出版等。

③网络作家长期处于高强度的工作状态。在通过网站审核成为作者时,需遵循网站规定,按时大量更新而不得"断更",作者想要保住位次和点击量就必须每日更新相应字数。传统作家们"十年磨一剑"的节奏远远跟不上读者阅读兴趣更新的步伐。要想在众多网络作者中脱颖而出,需要付出很大的努力。

④网络作家熟悉读者市场,擅长商业化写作。网络作家的写作目的是获得高点击率,作家的收入与点击率直接挂钩,如何写出深受读者喜欢的作品就成了网络作家日夜思考的问题。于是网络作家写出的作品被打上了商业烙印,内容世俗化,按照市场需求来制作文学商品。读者喜欢"都市言情",网络作家便开始一窝蜂地创作都市言情小说,流行"清宫穿越"后,网站上又出现大批穿越小说。

⑤网络作家年轻化趋势明显。艾瑞咨询发布的《2018 年中国网络文学作者白皮书》显示,以阅文集团旗下签约作者为主要调研对象的作者中,30 岁以下的占比超过七成,"90 后""95 后"已经成为主流。2020 年阅文集团新增网络文学作家中,1995 年以后出生的群体占比近八成,成为作家队伍新增主体。[2] 同时,结合艾媒咨询《2020 年中国网络文学作家影响力榜单解读报告》及阅文集团推选出的 2020 年度网络文学榜样作家"十二天王"样本分析可以发现,不仅新增作家年轻化,新生代作家的接连崛起也使得"成神作家"愈发年轻。[3]

---

① 艾瑞咨询:《2018 年中国网络文学作者白皮书》。

② 同①。

③ 中国社会科学院:《2020 年度中国网络文学发展报告》。

8.3.3　网络文学网站

网络文学网站是作品的发布平台和阅读平台,也是"粉丝"的聚集地。至2021年,在网络文学网站排名靠前的有起点中文网、创世中文网、纵横中文网、云起书院、潇湘书院、晋江文学城、17K小说网、红袖添香等。[①]

网络文学产业链中,参与者甚多,但其中起到关键作用、拥有产业链话语权的是网络文学网站,它是网络文学产业商业模式、运行制度和版权拓展机制的创立者,是网络文学产业链的主导者,在行业中的地位举足轻重。

网络文学网站的主要职能,首先是充当内容提供商,建设发表作品的平台。为此,需要建立一系列的流程和制度。其一,建立作品发布流程,指导作家发布作品。其二,建立作家管理制度,包括作家的认定、薪酬制度,作家的级别,作家低保制度,网站还进一步建立了作家培育制度,包括指导作家写作,举行文学大赛,举办培训班等,这一系列制度都是为了促进网络作家的成长。其三,建立网络文学作品的筛选机制,包括制订作品的推荐规则、榜单制度等等。其四,建立读者管理制度,包括指导读者使用网站,建立作者激励制度、VIP用户管理制度、打赏制度等。

其次,网络文学网站还需提供阅读服务。为此,需要建立一系列有利于阅读和推广的制度。其一,建立作品推广制度,设计推广功能模块,如分类、榜单、推荐、书库、搜索等,以便用户找到图书;其二,建立读者制度,激励读者成长;其三,建立分享机制,助力作品的推广;其四,建立互动机制,有利于作者和读者的互动,读者和读者的互动。

最后,进行版权运营。对于优秀的作品,会进行版权售卖,这些作品会得到纸书出版、游戏改编、动漫改编、电视剧电影改编等机会,以最大化地实现IP价值。

8.3.4　移动阅读平台

移动阅读平台是指移动阅读客户端(即移动阅读App,或移动阅读应用)的经营者。[②] 移动阅读平台本是网络原创作品的分销渠道,但近年来因网络文学市场的火爆,一些原本仅仅经营移动阅读业务的商家,开始进军网络文学,但目前它们在生产网络文学作品方面业绩尚不突出。仅就阅读来说,移动端已经成

---

① 2021年小说网十大品牌榜[EB/OL].[2021-03-15].https://www.maigoo.com/best/15429.html.
② 黄先蓉,冯婷.IP生态视域下移动阅读产业盈利模式创新研究[J].出版科学,2018,26(1):20-26.

为网络文学的最主要消费渠道。目前,就网络文学的移动阅读来说,第一梯队的企业是阅文集团,其旗下的移动阅读平台有 QQ 阅读、起点读书、起点国际、红袖读书等。其次是掌阅。掌阅与 QQ 阅读一直是移动阅读领域的"双星",但就网络文学作品来说,阅文集团占据优势。此外,进军网络文学的其他企业都建立了著名的移动阅读平台。如阿里文学的书旗小说 App 和 UC 浏览器,百度文学旗下的纵横中文网 App 和熊猫看书等平台。

8.3.5　网络文学用户

根据中国互联网信息中心(CNNIC)第 48 次中国互联网络发展状况统计报告显示,截至 2021 年 6 月,我国网络文学用户规模达 4.61 亿人,占网民整体的45.6％。[①] 中国的网络文学用户呈现下列特征。

(1)主流群体阅读网络文学比例增大

网络文学诞生初期,用户主要为青少年群体。近年来,用户年龄结构产生较大变化,35 岁以上用户群体不断增加,逐渐成为成熟和稳健读者。用户学历结构也产生较大变化,大专以上学历用户增长幅度较大,说明网络文学正逐渐改变"边缘"形象,愈来愈走进主流阅读群体。

(2)网络文学读者"粉丝"化

网络文学读者"粉丝"化,给衍生品提供了巨大商机。"粉丝"是指崇拜某行业名人的一种群体。网络文学网站建立了鼓励作者成长的制度,当作者成为"大神"级作家,就会受到"明星"式的待遇。如唐家三少五度蝉联网络作家富豪榜榜首,并跻身中国福布斯名人榜。唐家三少有强大的"粉丝"团,号称"唐门",无论是作品的网络出品,还是线下出版及改编,都会受到"粉丝"们的热捧。

(3)付费阅读基本成惯例,但版权意识仍然有待提高

根据艾瑞咨询《2020 年中国数字阅读产品营销洞察报告》显示,80％的数字阅读产品用户具有较稳定的内容付费倾向,用户付费习惯良好;从付费方式来看,用户偏好直接购买整书与购买单月会员,自动扣费的连续月包形式使用占比较低[②]。由此可见,对于数字阅读产品,用户付费的意愿更多基于特定作品,付费阅读已成用户习惯,从而成就网络文学的商业模式,并为网络作家的成长奠定了基础。

---

① 中国互联网络信息中心. 第 48 次中国互联网络发展状况统计报告［EB/OL］.［2021-08-31］. http://n2.sinaimg.cn/finance/a2d36afe/20210827/FuJian1.pdf.

② 艾瑞咨询:《2020 年中国数字阅读产品营销洞察报告》.

艾瑞咨询《2020年中国网络文学版权保护研究报告》也对用户付费意愿和版权意识进行了调研。根据调研,用户对版权的认知程度表现为:只看正版的用户占32.9%,正版和盗版都看的用户占46.7%,不清楚是正版还是盗版的用户占18.4%,而只看盗版的用户占比不高,为1.9%。[①]

由此可见,有相当一部分用户为网络文学买单,包括订阅、打赏和实体书购买等。但就版权意识来看,只看正版的用户只有近三成(32.9%),比例仍然偏低,而大多数读者阅读作品时不考虑是否是正版(正版和盗版都看的用户占46.7%,不清楚是正版还是盗版的用户占18.4%)。这一则说明用户版权意识仍待提高;二则说明管理方面应加大对盗版网站的惩罚力度,杜绝盗版出现;三则说明应该考量网络文学的服务,如是否将文学作品推广到位,用户是否可以更方便地获取和阅读正版作品。

(4)读者有明显的阅读偏好

艾瑞咨询《2020年中国数字阅读产品营销洞察报告》对网络文学用户的阅读偏好做了调查。该报告指出,数字阅读用户中网络文学阅读者占比高达65.7%。网络文学用户更偏爱的题材是悬疑推理类、武侠类、仙侠玄幻类和言情类。其中,喜爱悬疑推理类的用户占比高达44.6%,喜爱武侠类、仙侠玄幻类和言情类的用户占比也都超过三成。[②] 该报告反映了读者的阅读偏好,可见休闲阅读是网络文学阅读的主要特点。

纵观各大文学网站,其书库中充满了玄幻、奇幻等各种类型小说。其中一些题材在传统上被认为难登大雅之堂。因而,网络文学作品历来被称为另类文学或边缘文学。网络小说的读者在工作之余,不需要深层次思考,只需阅读和付费方便,能打发时间。这样的需求导致网络文学作品大量产生,质量参差不齐。但也正是在这样的背景下,一些优秀作品才能脱颖而出。

8.4　网络文学的商业模式

上节我们分析了我国网络文学产业链的各个环节,但要深入地厘清产业链各环节间的关系,则要对其商业模式进行分析。

---

① 艾瑞咨询:《2020年中国网络文学版权保护研究报告》。
② 艾瑞咨询:《2020年中国数字阅读产品营销洞察报告》。

8.4.1 全版权运营模式

全版权运营,指对一个产品的所有版权进行开发,包括网上的电子版权、线下的出版权、手机上的电子版权、影视和游戏改编权,以及一系列衍生产品的版权等。① 盛大文学是国内全版权运营的先驱。

网络文学全版权运营有一个发展过程。早在20世纪90年代,图书附属版权销售的概念就在国外动漫产业兴起。如美国DC漫画公司授权的《超人》《蝙蝠侠》等系列电影,随后又有漫威漫画公司授权的《绿巨人》《钢铁侠》等电影产生。

在国内,20世纪90年代,中国影视逐渐市场化,但影视产业链各个环节收入分配极其不合理。明星片酬居高不降,编剧收入则很低,且创作上的自主性很小,从投资方、制片人到导演,都可以对剧本创作指手画脚,导致好剧本难寻。长期的内容资源匮乏下,网络小说崭露头角。2006年的《成都,今夜请将我遗忘》《向天真的女生投降》《爱上单眼皮男生》,2007年的《谈谈心恋恋爱》《双面胶》,2010年的《泡沫之夏》《佳期如梦》《美人心计》等,2011年的《千山暮雪》《倾世皇妃》《甄嬛传》《裸婚时代》《步步惊心》等均为由网络小说改编的影视剧。2011年,有超过50部影视小说改编权被售出②。根据阅文集团2017年年度财务报告显示,仅2017年一年,阅文集团就对100多部网络文学作品进行了改编③,其中由网络文学作品改编的动画《全职高手》取得了极好的收益。《全职高手》在经历了一次改编之后,还推进了主题人物形象建设和主题餐厅开设的二次运营开发,把版权资源利用到了极致,逐渐向全版权运营中的"全"字靠拢。2018年6月,阅文集团IP手游《新斗罗大陆》上线,同年9月,阅文集团独家IP改编剧《斗破苍穹》开播。2019年,阅文集团把160部文学作品改编权授予第三方,在版权授权和改编方面取得进展,涉及电影、电视剧、网络剧及游戏等多种形式。如2019年由网络文学改编的电视剧《庆余年》,一经播出,广受好评。④

版权运营具有重要意义。

第一,版权运营延长了作品品牌寿命。好的网络文学作品虽然能直接占领部分市场,但是,图书本身的影响力和受众面仍然比较有限,一旦开发成衍生品,

---

① 周艳.全版权运营:网络文学营销的转型维度[J].出版广角,2019(22):68-70.
② 艾瑞咨询:《2015年中国网络文学IP价值研究报告》。
③ 数据来源:阅文集团2017年公开年度财务报告。
④ 头豹研究院:《2021年中国网络文学行业概览》。

将大大增加该品牌的用户数量,形成品牌效应延伸后的支撑力量。

第二,版权运营降低了原创平台经营的成本,增加了作者收入,进而稳定和激励了作者队伍。网络文学衍生品产生的前提是其他经营者购买了作品的附属版权中的一项。通过作品附属版权的销售,作品的成本不再由网络文学网站单独承担,而是和各个衍生品的开发者共同承担,这无疑降低了网络文学作品的经营成本。同时,作者还可以从附属版权的销售中分成获利。

第三,形成传播联动效应。衍生品尤其是影视产品对原文学作品的促进作用非常明显。如果没有电视剧版《芈月传》的热映,网络小说《芈月传》的付费阅读及纸书销售也不会那样火爆。同时,以图书促进衍生品的营销也比较常见,典型的例子如《鬼吹灯》。2006 年,起点中文网首发网络文学作品《鬼吹灯》,后由安徽文艺出版社于 2007 年出版发行纸本《鬼吹灯》,获得 1000 万册的发行量。[①] 此后,《鬼吹灯》先后以有声小说、评书、漫画等形式出版和发布。2015 年 9 月,由《鬼吹灯之精绝古城》改编的电影《九层妖塔》上映,获 6.78 亿元的票房[②];2015 年 12 月,由《鬼吹灯》原著作者天下霸唱任编剧、乌尔善执导的电影《寻龙诀》上映,票房突破 12 亿元。[③] 新动互娱联合上海游趣与掌域科技签下《鬼吹灯》版权,推出《鬼吹灯 3D》手游,其 iOS 版手游于 2016 年 6 月 12 日正式上线,游戏上线 3 个月时间内,注册人数已突破 300 万,流水超过 8000 万元。[④] 2019 年,"鬼吹灯"系列网剧《怒晴湘西》上线。2020 年,"鬼吹灯"系列网剧《鬼吹灯之龙岭迷窟》一上线,就有近 10 万人参与评分,豆瓣分数一路飙到 8.3,是目前所有"鬼吹灯"系列影视剧中分数最高的一部。2021 年,腾讯视频宣布了"鬼吹灯"系列网剧《云南虫谷》《昆仑神宫》《南海归墟》《巫峡棺山》的连拍计划,这也让《鬼吹灯》成为近几年国内为数不多的可以稳定排播的季播剧,并将长期稳定产生价值。[⑤]

第四,网络文学 IP 销售支持了文化产业的发展。网络文学越来越成为文化产业的支柱。艾媒咨询《2020 年中国移动阅读行业发展专题研究报告》显示,中国电视剧行业 IP 剧数量占比逐年上升,截至 2019 年,IP 剧数量占总电视剧数量的 71%。[⑥]

---

① 艾瑞咨询:《2015 年中国网络文学 IP 价值研究报告》。

② 同①。

③《寻龙诀》累计票房突破 12 亿茬架老炮儿输给恶棍[EB/OL].（2015-12-29）[2021-03-15].https://society. huanqiu. com/article/9CaKrnJSJvE.

④ 头豹研究所:《2021 年中国网络文学行业概览》。

⑤《鬼吹灯》作者侵权《鬼吹灯》? 没办法,它已成为国内最有价值 IP[EB/OL].（2020-05-01）[2021-03-15]. https://baijiahao. baidu. com/s? id=1665488314962290165&wfr=spider&for=pc.

⑥ 艾媒咨询:《2020 年中国移动阅读行业发展专题研究报告》。

8.4.2　全版权运营的起点——VIP 付费阅读制度

盛大文学真正成立的时间在 2008 年 7 月,但其网络文学经营的起点是 2004 年 11 月对起点中文网的收购。先有起点中文网,然后才有盛大文学。起点中文网是盛大文学的起点,而起点中文网的付费阅读模式也正是盛大文学全版权运营链条上的起点。

VIP 付费阅读制度为网络文学阅读变现而设计,是 2003 年 10 月由起点中文网首创的真正意义上的网络文学盈利模式。网络文学作品发布后,首先进入公众章节阶段,即免费阅读阶段。编辑根据市场表现,选择优秀作品同作者签约。签约作品上架后,进入 VIP 章节阶段,即付费阅读阶段,这时用户需要订阅。以起点中文网为例,网站上使用的虚拟货币为起点币,100 起点币等于 1 元人民币,可用于订阅 VIP 章节、打赏等,读者可以通过网上银行、支付宝等方式在网站上付费购买起点币。作者参与订阅费的分成,一般为月结,分成方式一般为五五开。

付费阅读模式完善了以创作、培养、销售为一体的在线出版机制,初步探索出了网络文学网站的盈利模式,也给其他网络文学网站提供了示范,各大文学网站如晋江文学城、纵横中文网、潇湘书院、17K 小说网等文学网站纷纷建立付费阅读制度。

8.4.3　移动阅读——版权的二分销售

要在中国的移动阅读市场立足,掌控渠道是关键。一般会在移动阅读市场上布局自有渠道:一是自建 WAP 网站,供用户付费阅读;二是自建客户端,如阅文集团自建 QQ 阅读。客户端植入手机的方式:一是与手机厂商展开合作,在手机中内置阅读平台;二是在应用商店中分发。如腾讯集团拥有"应用宝",对推销阅文旗下的 QQ 阅读及起点读书等非常有利。

合作渠道也是占领移动阅读市场的关键,如与占市场份额较大的掌阅、咪咕阅读等合作。尤其是 17K 小说网、晋江文学城、逐浪网等没有自建移动阅读渠道的商家,必须依赖合作渠道开展业务。

8.4.4　改编版权的销售

网络文学在阅读阶段吸引了大量粉丝之后,接受评估,若评估结果为可改编,就进入改编阶段。改编形成的衍生品市场规模远远大于阅读产业本身。在备受资本青睐的情况下,IP销售制度正在形成。在IP销售中,估值是第一环节。

(1)"粉丝"群体的估算①

核心"粉丝"是热门IP估值的第一要素。核心"粉丝"群体数量庞大,不但可以直接带来衍生品的市场,而且可以减少衍生品营销成本,并开发出潜在"粉丝"。如何确定核心"粉丝"群体的数量呢? 其一,以点击量作为考量标准。如风凌天下四部作品的点击量,见图8-2。

图 8-2　风凌天下四部作品的点击量②

风凌天下所著的三部完结作品在起点中文网的点击量均在千万次之上,而在中国移动阅读基地和阅读App的点击量则高达数亿次。其作品《天域苍穹》发布半年后,在起点中文网和创世中文网的点击量已经超过500万次。

"粉丝"还通过多渠道表示对喜欢的作者的支持(图8-3)。

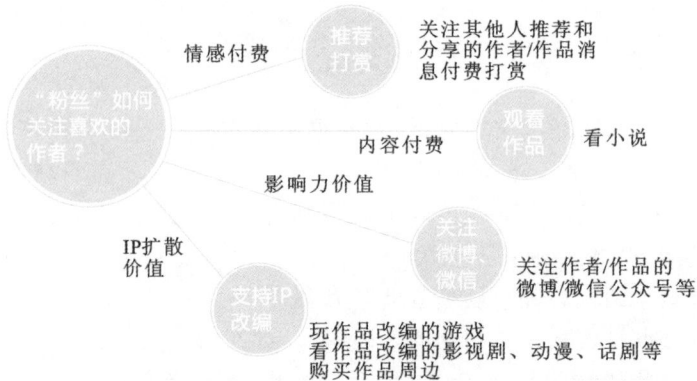

图 8-3　"粉丝"通过多渠道表示对喜欢的作者的支持③

---

① 艾瑞咨询:《2015年风凌天下IP价值研究报告》。
② 参考艾瑞咨询:《2015年风凌天下IP价值研究报告》。数据统计时间截至2015年7月。
③ 参考艾瑞咨询:《2015年风凌天下IP价值研究报告》。

（2）改编潜力的考量

在对"粉丝"进行考量之后，就要考量作品改编的潜力。其中，题材独特性非常重要，一要作品题材新颖，二要改编类型符合市场热门风格。[①] 一般来说，首开类型的小说比较热门，IP 估值要高很多。

用户匹配度指标也是重要指标。它是指在对"粉丝"群体进行精准分析后，进行原 IP"粉丝"可转化的衍生品潜在用户数量及兴趣匹配度分析。[②] 如通过对《盗墓笔记》的"粉丝"群体进行分析后，就可以对其"粉丝"群体的性别、年龄和学历进行画像，从而确定该群体关注的作品类型，策划针对性的衍生品。

艾瑞咨询在《2019 中国文学 IP 泛娱乐开发报告》中给出了 IP 价值的分析模型。该模型认为 IP 开发的价值评估主要从"影响力"和"消费力"两个维度进行（图 8-4）。IP 的"影响力"是根据作品属性、作品表现、作品的关注度、作品内容评估、所属平台属性、作者相关等方面进行评估；IP 的"消费力"则从线上观看/阅读付费情况、游戏流水、电影票房、其他市场变量等方面进行评估；从"影响力"到"消费力"的转化则需要考虑原作的衍生适配度、衍生产品类型、潜在市场规模、"粉丝"转化率及同类产品的表现。成熟的 IP 价值的分析模型可以科学地考量 IP 的改编潜力，为资本投资提供依据、降低风险。[③]

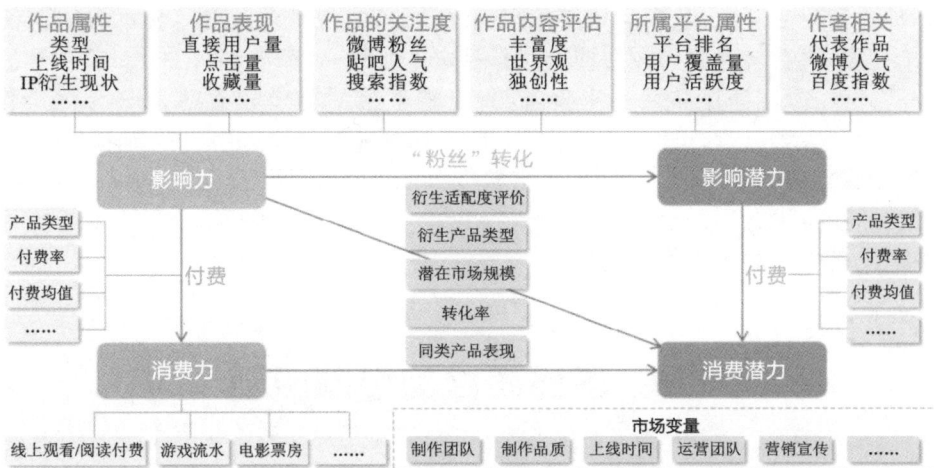

图 8-4　文学 IP 开发价值评估模型[④]

---

① 易观智库：《中国网络文学 IP 价值研究及评估报告 2015》。

② 杨雪.中国 IP 影视产业国际竞争力提升研究[D].武汉：武汉大学，2018.

③ 艾瑞咨询：《2019 中国文学 IP 泛娱乐开发报告》。

④ 同③。

（3）IP 销售中的分成模式[①]

IP 的改编还使版权商家和作者收入大增。在阅文集团 2020 年 6 月新推出的"作品合作授权协议"中,阅文集团为作者提供了"甲版"和"乙版"两种合作方式,并由作者自行选择。两版作品合作授权协议的作家分成比例如下。

"甲版"授权协议中规定:协议作品独家授权期限为"自签署之日起至协议作品著作财产权保护期满之日止"。平台转授第三方行使协议作品影视/动画/漫画/游戏改编权、周边衍生品开发权、商品化权并产生收益的,应将平台所得净收益的 50%分配给作家;平台转授第三方行使协议作品电子版权/音频改编权/"互动阅读体验作品"开发权/翻译作品并产生收益的,应将平台所得净收益的 50%分配给作家;平台转授第三方行使协议作品简、繁体中文出版权并产生收益的,应将平台所得净收益的 70%分配给作家;平台转授第三方行使协议作品其他权利并产生收益的,应将平台所得净收益的 50%分配给作家。

此外,平台将为作家提供包括编辑、推广等在内的系统增值服务,给予作品各种形式的宣传和推广,协助作家全面提升作品价值。同时还为作家提供包括但不限于保障、激励、奖励、扶持等各种形式的福利。

"乙版"授权协议中规定:协议作品独家授权期限为"自签署之日起至协议作品完本后二十年止"。平台转授第三方行使协议作品影视/动画/漫画/游戏改编权、周边衍生品开发权、商品化权并产生收益的,应将平台所得净收益的 70%分配给作家;平台转授第三方行使协议作品电子版权/音频改编权/"互动阅读体验作品"开发权/翻译作品并产生收益的,应将平台所得净收益的 50%分配给作家;平台转授第三方行使协议作品简、繁体中文出版权并产生收益的,应将平台所得净收益的 70%分配给作家;平台转授第三方行使协议作品其他权利并产生收益的,应将平台所得净收益的 50%分配给作家。与此同时,合同中对甲方网站推荐、作家福利等不做强制规定。

8.5　作品质量的控制机制

8.5.1　网络文学内容质量的问题

网络对于文学,可以说是一把双刃剑:一方面,网络为文学创作提供了开放、

---

① "IP 销售中的分成模式"来自对阅文集团 2020 年 6 月新推出的"作品合作授权协议"的分析。

自由的创作空间,涌现出很多优秀的作品;另一方面,也带来了一些内容怠于思考的文字垃圾。网络文学作品内容质量上的主要问题如下:

首先,从网络文学的总体上看,作品内容趋于单一,文学创作走向模式化。其题材大部分局限在玄幻奇幻、武侠仙侠、都市言情及历史架空类。各类题材跟风现象严重,比如说爱情故事类里出现了《和空姐同居的日子》,在起点中文网里可以找到《和校花同居的日子》《我和校花同居的日子》《跟校花同居的日子》《和明星同居的日子》《和大小姐同居的日子》《大学同居的日子》《和护士同居的日子》《和名模一起同居的日子》等同题材作品。

其次,作品内容低俗。一是,部分网络文学网站为谋取经济利益,作品内容有宣扬色情的倾向,一些作品使用挑逗性的标题,一些网站提供内容低俗的文学作品或提供下载链接服务;二是,以带有侵犯个人隐私性质的内容吸引网民的注意。

再者,作者文字水平较低,逻辑性差。网络文学作品门槛低,很多作者创作经验不足,文化层次不高,语言表达能力达不到要求,错字、错词和标点错误都很常见。另外,网络语言本身也具有随意性、恶搞性。绰号、嘲谑、戏仿、反讽,甚至是粗俗的脏话野蛮生长。且常常有作者为蹭热度而歪曲历史事实等。

近年来,文章冗长注水也成为内容质量低下的重要原因。由于网络文学绝大多数以收益最大化为导向,字数和稿费挂钩,且对于新手作者而言,作品字数更需要达到一定数量才能被编辑审核、推荐。当字数成为衡量标准时,作者为达到要求,不可避免会扩充文章,加入与情节无关的低质量内容。

8.5.2 网络文学质量的内部控制

成熟的网络文学网站,已经形成了一套对作品进行筛选、淘汰和修正的工作办法,我们称这些工作办法为内部质量控制机制,这一整套"机制"值得我们全面研究。

由于网络文学的运行机制不同,其产品作为内容质量控制对象有其特殊性。

第一,经济成本是网络文学网站考虑的重要因素。网络文学网站兼有作品传播和商务交易的功能,如果按传统的编审方式操作,网络文学网站作品动辄需花费百万元,没有一个网站能够支撑起这笔巨大的费用。

第二,"点击率"在网络文学网站的商业杠杆中起着重要作用,它反映了作品的受关注程度。网络作家根据点击率获得报酬,网站也可用点击率吸引广告主。因此,作品常常需要"炒热",这需要大量网民的参与。网络"喧哗"实际上是网络文学出版中的重要推动因素,这就决定了传统出版幕后的精编、精校不适合用在网络文学之中。

第三,发表平台是互动的、开放的。作者、读者、编辑都在一个平台上保持着密切的联系,任何一方的行为都在平台上有清晰的展现。作者每天的更新量,读者的评论和点击状况,编辑的推荐等,所有活动交汇在一起,让信息交互澄清,可以更快地发现和改正错误。这就决定了网站可以采用"互动"等办法来进行质量控制。互动不但可以使问题在最短时间内得到解决,而且有利于"炒热"作品。

第四,"置顶""加精"等功能的应用,可以将一篇好作品分享给网民。同时,长期没有人评论点击的作品就可能"沉底",这就形成了一种自然的淘汰制度。

网络文学网站利用上述特殊性,形成了一整套对产品内容质量进行控制的办法,包括内部制度控制、筛选机制、自我修正机制,另外再辅以作者激励机制等。

8.5.2.1　内部制度控制

在网络文学网站上发布的作品数量众多,每个编辑平均每天要审读数百万字的作品,如果没有明确的内容质量要求,就无法对作品进行统一的评价。对网络作家来说,必须有一个规则加以约束。而对网站管理本身来说,制订相关的作品发布制度、推荐规则、服务制度等,是必不可少的。

起点中文网"作者申请指南"[①]中对作品的要求见表 8-3。

表 8-3　　　　　　　　　　　起点中文网对作品的要求

起 点 中 文 网 对 作 品 的 要 求	作品内容	作品应是自己的原创作品;作品不能涉及现实政治或影射现实政治;作品不能有露骨的色情描写;作品中不能有影射攻击他人的言行;作品中不能有大量极端低俗无味、有悖于现实社会公众道德的内容
	作品篇幅	申请专栏时必须有已写的三个章节或者 3000 字以上,同时在开通专栏后、完成 2 万字的作品前不能再新增作品(特殊情况另行协商)
	作品质量	作品应该有自己的特色,故事要通顺、流畅;要准确、规范使用文字和标点符号,不能有太多错字;排版要合理,以方便原创书库的收录。书名与章节名应与作品内容相符,不具有文学性、故意夸大其词的广告性、政治性及恶搞性作品名,我们将拒绝收录
	作品题材	起点收录的作品,题材以起点书库分类为标准,作品必须具有文学性
	法律法规	反动、淫秽、违反国家法律法规、有悖社会道德伦理、政治色彩强烈的作品,网站不予发表;作品违反了国家有关法律政策的,网站有权撤销、删除作家的专栏;作者作品属于非原创作品的,将根据《非原创作品起点处理规定》进行处理。此类作品所产生的一切后果、责任由投稿人自负

① 起点中文网《作者申请指南》"投稿说明"[EB/OL].[2021-03-15]. http://wwwploy. qidian. com/ HelpCenter/default. aspx? type＝0＆categoryid＝55＆parentid＝53.

"17K 用户守则"①(17K 小说网)规定主要内容有:用户单独承担发布内容的责任。用户必须承诺,在 17K 的网站上发布信息或者利用 17K 的服务时,必须符合中国有关法律法规。

百度旗下纵横中文网"法律声明"②规定:①用户务必上传自己的原创作品。②内容违法、违规或被他人投诉的作品,网站不通知本人即先行删除、屏蔽上传内容,应司法、行政机关要求披露用户的个人信息。如经最终认定用户的违法、侵权行为不成立,网站就上述已经采取的措施免责。③因用户违反法律、法规规定及网站要求导致的一切纠纷及法律责任,由用户个人自行处理并承担,同时网站保留追究用户相关法律责任的权利。

归纳起来,对于作品的要求,网络文学网站一般都做出以下几个方面的规则:①强调内容不得违法③;②强调内容不得侵犯版权;③强调内容不得有悖伦理道德;④反对内容低俗淫秽;⑤不得上传带有强烈政治色彩的作品;⑥作品要有文学性,不得上传学习资料等。

起点中文网在作品内容方面的规定最为全面,然而网站虽然对内容有规制,但一般不会审查内容质量。如起点中文网在新建作品第一次上传的时候,一般要在 48 小时内进行编辑审核,方可公布。更新作品也需要简单的审核。但这些审核都不是传统意义上的编辑审核,只是对违法等问题进行的粗放式审核,或称过滤性的审核(包括电子把关)。纵横中文网就明确声明"本网站除依据相关法律法规对涉黄、涉政以及违反公序良俗原则等禁止出版、传播的内容进行筛查和过滤之外,无法对用户上传的所有内容一一进行监测和审核"④。

8.5.2.2 筛选机制

网络文学网站中呈现的信息传递结构是立体的,蕴含着评价筛选机制。它的结构是金字塔形的,包括基础层、中间层和最高层。

---

① 17K 小说网-用户守则[EB/OL].[2021-03-15].https://www.17k.com/inc/agreement/usercode.html.

② 纵横中文网-法律声明[EB/OL].[2017-08-05].http://www.zongheng.com/company/copyright.html.

③ 每个网络文学网站都重申《互联网信息服务管理办法》的第十五条规定:"互联网信息服务提供者不得制作、复制、发布、传播含有下列内容的信息:(一)反对宪法所确定的基本原则的;(二)危害国家安全,泄露国家秘密,颠覆国家政权,破坏国家统一的;(三)损害国家荣誉和利益的;(四)煽动民族仇恨、民族歧视,破坏民族团结的;(五)破坏国家宗教政策,宣扬邪教和封建迷信的;(六)散布谣言,扰乱社会秩序,破坏社会稳定的;(七)散布淫秽、色情、赌博、暴力、凶杀、恐怖或者教唆犯罪的;(八)侮辱或者诽谤他人,侵害他人合法权益的;(九)含有法律、行政法规禁止的其他内容的。"该办法在机构进入标准和内容方面都有明确的规定。

④ 同②。

（1）基础层

这是作品传播的最底层。对于阅读的作品，读者可以评论和推荐。如起点中文网针对作品设置了"投票互动"和"粉丝互动"栏目，以"投推荐票""打赏""投月票"等方式评价作品，而"点击量""月票"等又是作品进入不同排行榜的条件。

其中，基础层的评价指标主要是月票量。网站一般设有"月票榜"，2021年7月，起点中文网名列榜首的辰东的《深空彼岸》月票量高达7万；卖报小郎君的《大奉打更人》月票量超过6万，会说话的肘子的《夜的命名术》月票量超过4万，榜单前十的月票量均过万。① 这种评价方式虽然简单，但以投月票的方式完成了对作品的初步评价，读者喜欢的作品可以凸显出来。

（2）中间层

通过基础层的评价，受读者欢迎的作品会得到编辑的推荐或进入各种各样的榜单，点击率达到一定数量的作品会被置顶，并被重新审读，发布到网站推荐栏目上。

①编辑推荐制度。网络文学网站一般都设有"编辑推荐""每周强推""热门作品精选"等栏目，作品进入这些推荐榜要达到相应的标准，是读者和编辑双重选择的结果。将这些推荐榜置于主页上，可以吸引更多读者阅读。通过中间层的传播，作品的影响力会进一步扩大。

②榜单制度。如起点中文网榜单主要有签约作者新书榜、新人签约新书榜、公众作者新书榜、新人作者新书榜、阅读指数榜等等。其中，新书榜单有四个，分别为签约作者新书榜（作者已发表一部及以上签约作品）、公众作者新书榜（作者已发表两部或两部以上的非签约作品）、新人作者新书榜（非签约作家发表的第一部作品）、新人签约新书榜（作家发表的第一部签约作品）。②

四个新书榜不会同时收录同一部作品。榜单潜力值计算公式为：当周会员点击量×5＋当周推荐数×5＋总收藏数×2。

会员点击量是指起点中文网会员登录后对作品产生的非订阅点击数据。其统计方法为：起点积分500以上的会员6小时内对文学作品的所有浏览均只计一次点击，起点VIP会员计两次。书友点击榜是对会员点击榜的补充，为所有针对文学作品产生的点击数据的排行榜，不设置资格限制。

从中可以看出，榜单制度与编辑推荐不同。榜单制度中起决定作用的是读者，以读者点击率和投推荐票数量等形式决定，非常透明、客观，但过度服从市

---

① 起点中文网-人气榜单［EB/OL］.［2021-08-01］. https://www.qidian.com/rank/.

② 起点中文网-起点榜单说明［EB/OL］.［2021-03-15］. http://wwwploy.qidian.com/HelpCenter/default.aspx? type＝0＆categoryid＝67＆parentid＝13.

场;而编辑推荐则带有主观因素,有时可以扶持一些特定主题和风格的作品。

(3)最高层

受读者热烈欢迎的作品,在得到作者授权的情况下,会进入版权运营阶段。盛大文学是最早提出全版权运营的文学公司。目前,所有网络文学网站都会对优秀作品进行全版权运营。盛大文学将小说的电子版权、无线发布权、纸质版权及动漫影视改编权等统一包装、运营,打造一个以文学为核心,整合影视、动漫、游戏等多方资源的产业链。很多网络文学作品在经过最高层的传播后,从"边缘"渐渐走进"主流"。① 《第一次的亲密接触》《奋斗》《士兵突击》《杜拉拉升职记》《蜗居》《步步惊心》《盗墓笔记》等一系列网络小说被改编成影视作品,还有一些被改编成游戏,如玄幻类小说《盘龙》。作品到这个阶段能够继续得到读者或者是观众的认可,便是真正意义上的文学精品了。

8.5.2.3　自我修正机制

网络文学自我修正机制是一个选择的过程,纵向上通过上述三个层次的选择,可以把优秀的作品保留下来。横向上,借助读者和作者交流的碰撞来实现信息的修正,这是一种自发的、非制度化的过程。

首先,网站给读者一个简单、便捷的评论入口。读者以发表评论的方式指出作品中存在的问题,作者必须回复或者修改自己的作品。如果没有及时改正,还会有其他读者提出,再次提醒作者改正。

其次,集中性的讨论起到修正的作用。这些讨论可能出现在某部作品的评论页面,也可能是在相互链接的其他页面,如百度贴吧、龙的天空、豆瓣、QQ 群等。经过众人讨论,作品中的一些问题会在这个过程中得到解决,而且,还可以扩大作品的影响力。

最后,受到读者和编辑推荐的作品必须满足相应的标准,这时作者还会对作品内容进行直接修改,此时的作品在修改层次上已经趋于完善了。

在这个机制中,与读者的互动发挥了重要的修正作用。作品经过这样一层层的修正,优秀的作品会得到保存和传播。作者和读者互动修正机制打破了传统出版中的编辑体制,节约了编辑成本,也历练了作者。但作者也需要严格甄别网络信息中良莠不齐的反馈,妥善处理部分低素质甚至极端曲解的评论,若处理不妥当,恐引发更多事端。

8.5.2.4　作者激励机制

在网络这个写作和阅读基本上同步的环境下,要保证作品的质量,先要提高

---

① 贺子岳,邹燕.盛大文学发展研究[J].编辑之友,2010(11):75-77,89.

作者的积极性,使其尽可能地创作出高水平的文学作品。为此,应该做到以下几点:

首先,保护作品版权,维护作品的原创性。版权保护得好,作者创作精品的积极性更高,因为可预期后续的 IP 运作会带来荣誉和高收益。各网站都声明了版权归属,根据版权所有,将作品分为专属作品、驻站作品和授权作品。① 版权状态为专属作品的,网站可以代理版权,进行改编权等销售。

其次,建立完善的稿酬制度和保障计划。网站作者按照点击率和文字数量获得报酬。在起点中文网,每年大约能产生 10 个收入上百万元的作者,100 个收入上十万元的作者,1000 多个收入上万元的作者。近年来,IP 改编火爆,更是有不少作家年收入突破千万级别。② 起点中文网推出"作家福利计划",将写手分为未签约作家、签约作家和白金作家,分别进行不同程度的保障,同时还根据不同情况推出了雏鹰展翅计划、完本奖励计划、月票奖励计划、分类月票奖励计划、全勤奖计划、开拓保障计划、买断计划、文以载道计划、出版激励计划等。这些措施为作者创作提供了多方的保障,让作者可以专心创作。

再者,定期举行征文比赛,对作者进行精神和物质两方面的激励。网络文学网站和文学期刊都会定期和不定期地举行文学作品比赛,促使许多优秀的作品脱颖而出。到目前为止,榕树下"网络原创文学大展"已经举行了五届,"起点中文小说网千万奖金写作大赛"中,各类别的名列前茅的作品,将被盛大文学以最高 30 万元的版权交易金购入。表现特别突出的作者,将获得总价值 100 万元的版权交易金和全套包装推广计划。

最后,定期培训有发展潜力的作者,提高作者的创作水平。2010 年,盛大文学携手鲁迅文学院举办一次为期十天的"网络文学作者培训班",帮助学员了解文学创作潮流、掌握文学创作基本理论知识等,解决网络文学缺乏题材、语言缺乏锤炼等问题。随着网络文学网站盈利能力不断增强,这类培训会不断增多,对网络文学内容质量控制有重要的意义。

---

① 按照起点中文网的解释:a.专属作品指作者作品的著作权合法人,保证稿件是首发于起点中文网及起点中文网所属合作的网站和媒体,同意起点中文网作为该稿件版权的独家发布人。在撤销本委托之前,保证不再将此稿件投给其他出版媒体,有关此稿件发表和转载等任何事宜,由起点中文网全权代理,向其他出版媒体推荐作品。b.驻站作品指作者保证是作品的著作权合法人,同意起点中文网及起点中文网所属合作的网站和媒体发表该稿件,并承诺主动在起点中文网上进行作品更新。未经起点中文网或作者本人同意,其他媒体一律不得转载。c.授权作品,作者保证是该作品的著作权合法人,作品授权起点中文网及起点中文网所属合作的网站和媒体交流发表,未经作者本人同意,起点中文网不可向其他出版媒体推荐,其他出版媒体也一律不得转载。

② 月入 511 万! 2020 年阅文最新"白金大神"作家榜出炉[EB/OL].(2020-04-15)[2021-03-15]. https://baijiahao.baidu.com/s? id=1664027400411082657&wfr=spider&for=pc.

综上,网络文学平台采取了较为简化的发布方式,但在作品传播的过程中则设置了一定的筛选和修正机制,从而形成了流程化的质量控制方法。全部流程可以简单表示为:

作者资格审定→电子把关→发布→读者阅读和评论→编辑审读和推荐→正式出版及版权运营。

首先,网站会对网络作者资格进行审定,一般需上传自己的作品,经过编辑的审查,作者的写作能力得到认可后,才允许作品上传。其次,在作品上传后,网站通过设置的敏感关键词将一些低俗的、危害社会稳定的、带民族歧视色彩等内容的词语屏蔽掉,这就是电子把关。最后,作品发布后,网站编辑还会对作品的内容进行阅读,推荐优秀作品。同时,点击量大、受读者欢迎的作品还会再次得到编辑的审读,并可能进入传统出版渠道出版。这样,一部好的作品逐渐凸显出来,最终广为传播,而质量不好的作品则淡出读者视线,自然被淘汰。

8.5.3 网络文学质量的外部控制

上文是从微观层面分析网络文学网站内部质量控制机制,除此之外,宏观和中观层面也采取了一些相应的管理措施。

8.5.3.1 网络文学外部管理制度

外部控制是指网络文学网站以外的法规、政策,以及宏观、中观管理控制,包括已经颁布的互联网传播法规,以及行业规定的公约等。

①法律法规政策。对网络文学质量控制有指导意义的法律法规有:《互联网信息服务管理办法》《信息网络传播权保护条例》《互联网出版管理暂行规定》《出版管理条例》《网络出版服务管理规定》《互联网著作权行政保护办法》《关于推动网络文学健康发展的指导意见》,新修订后的《中华人民共和国著作权法》,等等。

这些规定一是指出了作品的禁区,如《互联网信息服务管理办法》指出,作品不得踩反对宪法确定的基本原则等九条红线。二是规定了版权问题,如《信息网络传播权保护条例》规定任何组织或者是个人将他人的作品、表演、录音录像制品通过信息网络向公众提供,法律规定的除外,都必须取得权利人许可,并支付报酬;故意删除或者是改变,都必须经权利人许可。三是规定了资质问题,如《网络出版服务管理规定》就有相关资质规定。① 各种法律法规,从宏观上对网络出版服务机构进行了规制,有利于控制网络文学作品的质量。但较之传统出版制度,互联网传播法律法规体系则相对粗放得多。四是提出了发展方向,如 2014年国家新闻出版广电总局颁布的《关于推动网络文学健康发展的指导意见》②,为网络文学的发展指明了方向。

　　②网络文学行业自律公约。目前,主要的相关行业自律公约见表 8-4。

表 8-4　　　　　　　　　　　行业自律公约一览表③④⑤

自律公约名称及发布时间	自律内容
《中国互联网行业自律公约》,中国互联网协会 2004年 6 月发布	规定互联网信息服务者应自觉遵守国家有关互联网信息服务管理的规定,不制作、发布或传播危害国家安全、危害社会稳定、违反法律法规以及迷信、淫秽等有害信息,依法对用户在网站上发布的信息进行监督,及时清除有害信息。不链接有害信息的网站,确保网络内容的合法、健康;制作、发布或传播网络信息,要遵守有关保护知识产权法律、法规
中国作家网、盛大文学、中文在线、新浪读书频道、搜狐读书频道 5 家专业文学网站(频道)发出了自律倡议,2009 年发布	"加强引导,坚决抵制网络文学的低俗之风,积极主动推介具有中国气派、体现时代精神、品位高雅的网络文学品牌,充分发挥网络文学滋润心灵、陶冶情操、愉悦身心的作用。不刊载、转载违反法律法规、有悖中华民族优秀传统和社会公德的文学作品。不以任何形式传播内容有害或不健康的文字。加强网络文学编辑培训工作,提高文学网站(频道)编辑人员的思想素质和文学修养"

---

　　①《网络出版服务管理规定》:从事网络出版服务,必须依法经过出版行政主管部门批准,取得"网络出版服务许可证";从事网络出版服务的机构必须做到"除法定代表人和主要负责人外,有适应网络出版服务范围需要的 8 名以上具有国家新闻出版广电总局认可的出版及相关专业技术职业资格的专职编辑出版人员,其中具有中级以上职业资格的人员不得少于 3 名"。

　　②《关于推动网络文学健康发展的指导意见》提出:用 3 至 5 年时间,使创作导向更加健康,创作质量明显提升,陆续推出一批思想精深、艺术精湛、制作精良、深受群众喜爱的原创网络文学精品;使运营和服务的模式更加成熟,与图书影视、戏剧表演、动漫游戏、文化创意等相关产业形成多层次、多领域深度融合发展,在网络内容建设和文艺创新中的作用更加突出;培育一批原创能力强、投送规模大、覆盖范围广、管理有章法的网络文学出版和集成投送骨干企业,打造一批具有市场竞争力的品牌,为弘扬社会主义先进文化、丰富人民群众精神文化生活,推动数字出版和文化产业繁荣发展发挥重要作用。

　　③ 中国作家网等专业文学网站(频道)发出自律倡议[EB/OL]. (2009-12-16)[2021-03-15]. http://www. gov. cn/jrzg/2009-12/16/content_1489098. htm.

　　④ 网络文学行业自律倡议书新闻发布会在京举行[EB/OL]. (2016-07-21)[2021-03-15]. http://www. chinawriter. com. cn/n1/2016/0721/c403993-28571572. html.

　　⑤ 全国 136 位知名网络作家发出《提升网络文学创作质量倡议书》[EB/OL]. (2020-12-30)[2021-03-15]. https://baijiahao. baidu. com/s? id=1687432999423219475&wfr=spider&for=pc.

续表

自律公约名称及发布时间	自律内容
《网络文学行业自律倡议书》,中国作家协会网络文学委员会、中国音像与数字出版协会数字阅读工作委员会共同发起,2016 年 7 月发布	倡议书主要涉及三方面内容:一是网络文学必须坚持以人民为中心的创作导向,必须把培育和弘扬社会主义核心价值观作为内在核心;二是网络文学创作需要永远保持创新能力,不断创作出优秀作品;三是各方要齐心协力共同推动形成有助于网络文学健康发展的制度环境和生态条件
《提升网络文学创作质量倡议书》,唐家三少、蒋胜男等知名作家,"90 后""95 后"青年网络作家及各地网络作家协会的负责人共同起草,2021 年发布	网络文学正处于转型升级发展的关键时刻,网络作家要承担起繁荣发展文化事业和文化产业、推进社会主义文化强国建设的使命和责任。网络作家应坚持正确的创作导向,弘扬社会主义核心价值观,抵制低俗、庸俗、媚俗;不做"码字工",在火热的生活中发现素材;提升文学素养,提倡"降速、减量、提质";拒绝跟风写作,反对同质化、抄袭风、粗制滥造;恪守职业道德,不以点击量和收入论英雄,抵制侵权盗版行为;坚定文化自信,推进网文出海

文学网站自律公约有利于营造积极健康和谐的网络文学创作和阅读环境,传播先进文化,抵制网络低俗之风,净化网络环境。如中国作家网等专业文学网站(频道)发出自律倡议;①阅文集团发布"作家自律公约"②等。

从互联网信息传播主要法规看,我国对互联网信息传播的规定是比较宏观的。其管制的内容主要包括三类:一类是违法和不良内容,像网络色情、暴力,宣扬性别、种族、民族、宗教歧视和仇恨等。二类是侵犯著作权内容,非法转载、链接、修改和扩散传播的行为。三类是侵犯他人隐私,未经他人许可,将他人的隐私泄露到互联网,让他人知悉、复制和利用。③

自律公约是行业成员为了全行业健康发展,维护行业成员利益,规范行业从业者行为制订的管理规则。从表 8-4 可以看出,网络文学行业自律分为三个级别:互联网级别、行业联盟级别和个体网站级别。互联网宏观上的自律与《互联网信息服务管理办法》如出一辙,而真正起到一定作用的是行业联盟自律公约和个体网站自律公约。但由于行业兴起时间较短,产业过度商业化,目前尚未形成完整、全面的行业自律公约和执行方案。

---

① 中国作家网等专业文学网站(频道)发出自律倡议[EB/OL].(2009-12-16)[2021-03-15].http://www.gov.cn/jrzg/2009-12/16/content_1489098.htm.

② 作家自律公约[EB/OL].(2021-03-15).https://write.qq.com/portal/help.

③ 刘兵.关于中国互联网内容管制理论研究[D].北京:北京邮电大学,2007.

8.5.3.2　网络文学外部管理行为控制

网络文学外部管理主要来自政府监管和媒体及社会监督。政府部门既是宏观政策的制定者,也是微观管理的执行者,他们一方面扶持引导优秀文化企业的发展,另一方面监督文化企业的行为,对文学作品这种特殊商品进行"质检"。我国管理网络内容的行政部门是国家新闻出版署及全国"扫黄打非"工作小组办公室。两个部门长期对网络出版内容进行严格监控,检测力量和手段包括"网络出版监管系统""24 小时网络出版内容实时动态检测站",以及"网络出版舆情报告系统单位"等,长期对低俗内容进行管理和清理。

为依法严厉打击利用互联网制作传播淫秽色情信息行为,2014 年 4 月中旬至 11 月,全国"扫黄打非"工作小组办公室、国家互联网信息办公室、工业和信息化部、公安部发布公告,统一开展了打击网上淫秽色情内容的"扫黄打非·净网2014"专项行动。此后,2015 年、2016 年都开展了净网行动。经过几次严惩打击不当内容后,各大网络文学网站在站内会附上不良信息举报中心网址和"打黄扫非"举报网址,方便读者及时举报。

大众传播媒体对社会环境有监测功能,随着新技术的发展、网络媒体的加入,媒体强大的社会舆论监督力量表现得更明显,微博等新兴网络工具的应用,让任何一个人都可以成为记者,可以在任何时候发挥监督作用。一方面引起管理者的高度重视,采取措施控制;另一方面帮助人们提高警惕意识,引导人们做出正确抉择。

9 移动出版

移动阅读活动肇始于 21 世纪初。移动阅读端包括手机、平板电脑和其他移动阅读工具，其中最主要的移动阅读工具是手机，一则因手机的随身携带性；二则因手机采用液晶屏，可承载多媒体内容；三则因手机 App 商店生态已经比较成熟。鉴于手机在移动阅读中的重要性，手机出版的概念诞生。近年，"手机出版"一词已经逐渐被移动出版代替。早期的移动出版活动是传统出版内容和互联网原生内容向移动端的分销和推广，如 QQ 阅读 App 就是网络文学的移动分销平台。近年，基于移动阅读端的内容生产活动已经兴起，如微信公众号和今日头条的头条号等自媒体已经建立了内容生产机制。本章只陈述移动阅读相关活动。

9.1 移动出版概述

（1）手机出版的定义

初期的移动出版活动更多的是使用"手机出版"一词。早期手机出版的定义强调手机出版是网络出版的组成部分。学者匡文波认为，所谓手机出版，就是以手机为媒介的出版行为，是网络出版的延伸。手机是互联网的重要终端，手机出版是网络出版的延伸和组成部分。手机与互联网的结合使手机媒介成为一个发展潜力巨大的出版平台。[①]

《2005—2006 中国数字出版产业年度报告》认为，手机出版是另一种网络出版形式，它虽然与互联网出版有联系，但不能简单地说成是互联网出版的延伸。该报告还认为，手机出版是指将已加工后的数字作品以无线通信技术为手段，按照特定的付费方式向手机用户发布的一种出版形式。在这里，"加工后的数字作品"主要是由手机的内容提供商来提供的，如由报社、出版社、唱片公司、网络运

---

① 匡文波.手机媒体概论［M］.北京：中国人民大学出版社，2006：80-81.

营商等提供,或者由移动运营商自己提供;数字作品的内容包括新闻、小说、漫画、音乐、游戏、图片等;其特定的付费方式包括包月收费、按条计费和按流量计费等多种模式。①

《2008 中国数字版权保护研究报告》在这个定义的基础上作一定的修正,该报告指出,手机出版是指手机出版服务提供者使用文字、图片、音频、视频等表现形态,将自己创作或他人创作的作品经过选择和编辑加工制作成数字化出版物,通过无线网络、有线互联网络或内嵌在手机载体上,供用户利用手机或类似的移动终端阅读、使用或者下载的传播行为。② 该定义不但指出了手机出版内容产品的表现形态,而且强调了有线和无线网络,以及移动终端要素。

综上所述,相关学者和我国相关管理机构过去对手机出版的认识和解读主要强调:①手机出版是网络出版的延伸,内容来自"编辑加工后的数字作品",产品范围较广,不但包含文字图片,还包含音频、视频、游戏等。②终端不但包括手机,还包括其他移动终端;③用户接收行为不仅仅包括阅读,还包括视听。

上述定义主要诞生在 2010 年之前,彼时,智能大屏幕手机、Kindle 等电子阅读器、iPad 等平板电脑尚未广泛普及,App 应用商店模式还未深入出版活动中,那一时期的移动用户也是少于互联网用户的。随着技术和移动商务的发展,大屏幕手机阅读越来越时兴,移动阅读产业崛起。因此,无论是学术界还是实践界现在都更趋向于使用"移动出版"一词。

(2)移动出版的含义

罗丁瑞认为移动出版是"以内容代理商(出版社)、通道提供商(移动公司、联通公司)及服务提供商(如华友世纪公司)为内容源头,以无线传播为主要传播方式且以移动式手持终端为阅读载体的一种互联网出版形态"③。李熙认为移动出版是指将图书、报纸、杂志等内容资源进行数字化加工后,通过互联网、无线网及传输设备进行传播,并通过各种移动终端来阅读的行为方式。其中包括手机出版、平板电脑出版和其他移动终端出版。④

对移动出版的解释远不止于上述,但和对手机出版内涵的解释基本一致,或强调移动阅读的内容产品必须来自传统的书报刊(李熙),或强调内容提供商的资质(罗丁瑞),或强调无线网络传播(李熙、罗丁瑞)。正如本章开头所述,很多学者对移动出版活动的理解就是传统出版内容和互联网内容的"搬运",即将传

---

① 郝振省.2005—2006 中国数字出版产业年度报告[M].北京:中国书籍出版社,2007:155.
② 郝振省.2008 中国数字版权保护研究报告[M].北京:中国书籍出版社,2008:120.
③ 罗丁瑞.网络出版新形态研究[D].武汉:武汉理工大学,2008:28.
④ 李熙.2014—2015 年移动出版发展观察[J].出版参考,2015(8):22-23.

统书报刊和网络文学等内容产品搬运到移动端来推广和分销。

笔者认为移动出版是基于移动阅读端而展开的一类出版活动,包含两方面的内涵:一是基于移动端的内容发布和推广,即传统内容提供商(包括传统纸媒和传统互联网)将内容产品在移动阅读 App 上进行发布和销售而形成的相关出版活动;二是基于移动端自媒体而形成的移动互联网原生出版活动(即自媒体出版活动)。后者是新兴的产业形态,尚不成熟且受到诟病,因此,本章主要阐述与前者相关的出版活动,按照我国产业界的习惯,这类出版活动被称为"移动阅读"。

(3)移动阅读的定义

"移动阅读"指的是使用手机、平板电脑、电子书阅读器等移动终端进行的所有阅读行为,包括通过浏览器浏览网页,阅读书城客户端、新闻客户端、报纸客户端、杂志客户端、微博微信的文章及收听有声读物等。这是狭义的移动阅读。而广义的移动阅读包括通过移动终端浏览或收听小说、报纸、图书、杂志、动漫及有声读物等内容。[①] 本章的研究对象是狭义的移动阅读。在我国,移动阅读产业已经形成了一定规模。

9.2 移动出版的特点

移动出版的主要载体是手机,它具有如下主要特点。

(1)受众的广泛性

CNNIC 第 47 次中国互联网络发展状况统计报告显示,截至 2020 年 12 月底,我国手机上网人数已达 9.86 亿,与互联网上网人数基本相当,普及率在70%左右。又据艾瑞咨询《2019 年中国移动阅读发展趋势研究报告》显示,截至2018 年底,在移动阅读的双端(移动端和 PC 端)服务中,移动端覆盖了 39427 万人,阅读时长高达 300599 万小时;而在 PC 端,用户数只有 6952 万人,阅读时长为 8072 万小时。这些数据说明,无论是服务覆盖广度,还是用户黏度,移动端阅读均大幅领先 PC 端阅读,PC 端阅读空间正在逐渐被挤占,移动阅读逐渐成为数字阅读行业的主战场,也是目前付费阅读收入的重要来源。

(2)传递的即时性

随身便携是手机及其他移动阅读工具作为载体最为核心的特质。手机的便

---

① 艾瑞咨询:《2019 年中国移动阅读发展趋势研究报告》。

携和永久在线特点,使移动传播异常方便。用户无论是接收内容还是发布内容,都是即时的,与世界的链接基本是无缝的。利用移动阅读工具,可将上下班途中等碎片时间变为黄金阅读时间。

（3）传播的针对性

一方面,运营商可根据阅读浏览记录对用户进行画像,并结合大数据,开展AI智能推荐服务,实现千人千面的个性化推荐服务;另一方面,手机是一种更加私人化的终端,方便用户定制产品。这些都有利于产品分发。

（4）出版物的多样性

手机、平板电脑等集常用功能于一体。电脑虽然功能强大,但比之手机,缺乏便携性和通信功能。借助手机的多样化功能,手机出版物也呈现出形式多样的特点。就数字出版物来说,即使是传统内容产品,用户也主要是通过手机或其他移动端阅读。

当然,移动出版也有一些缺点,主要有损伤视力、手机屏幕小、内存有限、续航时间不长等。其中,针对损伤视力这一缺点,有 Kindle 类阅读器弥补,但总的来说,这一缺点也对移动出版有所限制。

9.3　移动出版的发展历程

最常用的移动阅读工具是手机,在早期,这一出版活动也普遍被称为手机出版。所以,在叙述发展历程时,前期使用"手机出版"一词,而在 2010 年之后,更多使用"移动出版"一词。

手机出版最早在日本产生、发展。NTT DoCoMo 公司是日本最大的移动通信公司。i-mode 是 NTT DoCoMo 于 1999 年 2 月 22 日推出的数据业务,为手机用户使用移动互联网提供技术服务。i-mode 的成功为日本新闻、广告和增值服务奠定了技术基础。在它的促进下,日本手机内容产业也得以发展。许多日本出版社也将纸本出版物通过 i-mode 同步出版。日本手机出版的发展为其他国家树立了榜样。

我国的手机出版从 21 世纪初开始,二十余年的发展历程可以划分为三个时期:手机出版初创时期（2000—2005 年）;手机出版成长期（2005—2010 年）;2010年之后,移动出版逐渐进入成熟期。

9.3.1　手机出版初创时期(2000—2004 年)

我国手机出版的萌芽出现在世纪之交,2000—2004 年是手机出版的初创时期,也是奠基时期。在这一阶段,标志性的事件有:中国移动互联网启动,手机报获得初步发展,苹果开创"iPod＋iTunes"模式。

移动互联网的概念最初诞生于 2000 年 9 月。中国移动和国内百家互联网内容提供商在当时首次坐在了一起,探讨商业合作模式。随后,"移动梦网"在当年 12 月开始建设,并于 2001 年 11 月正式开通。① 移动梦网开通后,用户可以通过手机连入互联网。按照网络技术平台区分,移动梦网的产品包括:短信(SMS)、彩信(MMS)、手机上网(WAP)、互动式语音应答(IVR)、彩铃(CRBT)、百宝箱等。百宝箱的业务于 2003 年正式推出,它是中国移动向客户提供的可下载的应用程序及其服务的统称。百宝箱业务性质与后来苹果推出的手机应用类似,其中手机游戏占比较多。在移动梦网业务诞生后,国内其他运营商也相继创造出同类服务,如中国电信的"互连星空"、中国联通的"联通在信"等。

手机报在这一时期获得初步发展。CNNIC 在 2009 年的《手机媒体研究报告》中指出,所谓手机报,是将传统媒体的新闻内容通过无线技术平台发送到手机上,从而在手机上实现阅读短信新闻、彩信新闻等功能(的业务)。② 手机报的类型有短信型手机报、彩信型手机报、WAP 型手机报、IVR 语音型手机报等。2001 年 7 月 30 日,《扬子晚报》推出了短信型的"扬子随身看"③,成为中国报业最早一批"手机报"的践行者。2003 年 9 月 1 日,基于 WAP 技术的《扬子晚报·手机版》在移动和联通两个平台同时正式开通。④ 2004 年 7 月 18 日,《中国妇女报·彩信版》正式开通。⑤ 2005 年 9 月 26 日,《华西都市报》与四川电信联手打造的《华西手机报·语音版》开通,中国第一张可以听的报纸由此诞生。

此外,这一时期的苹果开创了"iPod＋iTunes"模式。2001 年,苹果公司推

---

① 张毅:5.17 电信日盘点中国移动互联网发展历程与教训[EB/OL]. (2010-05-17)[2021-12-13]. https://www. iimedia. cn/c480/7418. html.

② CNNIC. 中国手机媒介研究报告(2008 年 12 月)[EB/OL]. [2012-12-05]. http://tech. sina. com. cn/z/WAP2009/index. shtml.

③ 孙宝传. 报纸也要飞上天——扬子晚报网站创办"扬子随身看"的启示[J]. 中国传媒科技,2002(9):19-20.

④ 扬子晚报手机版开通[EB/OL]. (2003-09-18)[2021-04-26]. http://www. paper. com. cn/news/daynews/03091805. htm.

⑤ 手机报——"中国妇女报彩信版"开通. [EB/OL]. (2004-07-19)[2021-12-13]. http://news. so-hu. com/20040719/n221081078. shtml.

出了第一代 iPod,2003 年创立了 iTunes 在线音乐商店,将第三代 iPod 和正版音乐"捆绑"销售。"iPod+iTunes"模式成为数字音乐史上第一个成功的商业模式。"iPod+iTunes"模式与后来的"iPhone+App Store"模式如出一辙,而应用商店的发展对内容行业影响非常重大。

总的来说,此阶段是手机出版的奠基时期。虽然有成绩,但在 2005 年之前,手机网民规模小,甚至尚未纳入统计的范畴;政策支持力度也不足;而各种类型手机出版物都刚起步,各种模式尚在探索之中。时至今日,初创期的很多模式已经完全消失或式微,但它们仍是发展历程上的重要节点。

9.3.2 手机出版成长时期(2005—2010 年)

2005—2010 年是中国手机报的繁荣期。2005 年 2 月 24 日,由人民网与中国人大新闻网、中国政协新闻网共同主办的以手机为终端的"两会"无线新闻网站开通。这是国家重大政治活动第一次以移动互联网的形式进行宣传,标志着手机成为真正意义上的新闻传播工具,此举对中国大众传媒事业的发展及手机互联网的应用都具有重要意义。[①] 此后十年间,全国报业整体(包括中央大报、都市报、行业报)推出涵盖娱乐、体育、财经、旅游、健康、饮食、双语、教育等领域的各种手机报千余种。2010 年,由于手机应用商店兴起,新闻 App 逐渐强势,手机报式微。

2008—2009 年,手机阅读用户增长迅速。中国手机阅读市场呈现快速发展的态势。易观国际《中国手机阅读市场专题报告 2009》显示,2008 年,中国手机阅读活跃用户达 1.04 亿人,年增长率为 25.8%。2009 年,中国手机阅读市场的活跃用户达 1.55 亿人,直逼移动互联网用户规模。2008 年,中国手机阅读市场收入规模达 3.77 亿元,年增长率为 54.9%。在这种背景下,移动运营商——中国移动进入手机阅读市场,中国联通、中国电信也相继跟进;服务提供商——盛大文学、中文在线、空中网、3G 门户及传统出版商相继进入手机阅读市场。

9.3.3 移动出版进入成熟时期(2010 年至今)

这一时期,移动出版进入高速发展时期。在技术方面,首先,移动阅读终端越来越多样化。早在美国时间 2007 年 1 月 9 日,大屏幕智能手机的代表 iPhone

---

① 手机将首次全方位介入"两会"报道[EB/OL]. (2005-02-28)[2021-04-26]. http://finance.sina. com. cn/roll/20050228/08571388361. shtml.

正式发布。亚马逊 2007 年底发布的 Kindle 也大获成功,带动了我国以汉王、方正等为代表的国产电子书阅读器的发展,电子书阅读器成为移动阅读的新工具。2010 年 1 月 27 日,iPad 发布①,也引发国内的平板电脑热。其次,应用商店也迅速登上历史舞台,2007 年 11 月,谷歌宣布推出安卓手机操作系统。安卓系统开源,有利于 Android 阵营的应用商店的产生。2008 年,谷歌 Android Market"出世"。2008 年 7 月,苹果向第三方开放苹果应用商店(App Store)。应用商店的推出,为移动应用产业模式树立了典范。在应用商店和移动操作系统逐步完善和推广的基础上,移动应用呈现爆发式增长。得益于移动阅读终端的便利性及移动应用程序的增强特性,用户黏性及网络文学平台参与度不断提升,用户逐渐向移动端转移,移动阅读时代逐渐到来。

经过长期探索,移动阅读厂商找到合理的盈利模式,开始积极追求上市。以中文在线、掌阅科技、阅文集团等为代表的优质移动阅读企业登陆资本市场,行业开启发展新阶段。2015 年 1 月,中文在线在深圳证券交易所创业板上市,在资本助力下开启"文学＋"和"教育＋"双翼发展战略。2016 年 12 月,平治信息在深圳证券交易所创业板上市;2017 年 9 月,掌阅科技在上海证券交易所主板上市;同年 11 月,网文巨头阅文集团在香港联合交易所主板上市。移动阅读龙头企业上市既可以借助资本力量做大做强现有主业,开展优质内容的全产业链运营,实现利润的大幅提升,也可以稳定行业格局,拓宽行业发展新思路,开启行业发展新阶段。总体来说,在该时期,移动阅读行业市场格局逐步稳定,移动阅读厂商实现盈利,商业模式成熟。

9.4　移动阅读运营研究

9.4.1　移动阅读 App 及其功能

移动阅读类 App 是指基于智能手机、平板电脑等移动终端所开发的为用户提供阅读服务的移动应用软件,一般简称"移动阅读 App"或"阅读 App"。移动阅读 App 的主要内容为网络文学和传统图书的数字化图书。著名的移动阅读

---

① 2010 年苹果 iPad1 发布[EB/OL].（2013-09-27）[2021-04-12]. https://news. tongbu. com/59862. html.

App 有掌阅、米读小说、QQ 阅读、书旗小说、必看小说等。移动阅读 App 以其使用便捷、充分利用碎片化时间、实现个性化阅读等特点深受读者喜爱。

从功能方面来说，移动阅读 App 是一座电子书城，首先，移动阅读 App 是用户的客户端，是将用户接入移动互联网的入口，在汇聚流量和留存用户方面起到十分重要的作用；其次，移动阅读 App 向用户展示电子内容资源，推广分销内容产品，为用户提供阅读服务；再次，通过移动阅读 App 还可进行流量变现，建构商业模式；最后，对用户或读者来说，移动阅读 App 的主要功能是完成对电子书报刊、网络小说的购买、下载、阅读、试听及评论等。

移动阅读 App 处于产业链的中心环节，其上游对接作者和内容提供商，下游对接用户，同时还兼具版权运营职能。它可分为内容提供商自建 App 和第三方 App 分销平台。两类内容出版商自建 App 的可能性大，一是出版行业的品牌企业，如《三联生活周刊》App；二是拥有海量内容生产能力的内容提供商，如起点中文网自建的"起点读书"。

大多数内容提供商必须依赖第三方平台推广和分销产品。在国内，以传统纸质图书为主的第三方平台有"微信读书"等；以网络小说和漫画为主的有"QQ 阅读"等；兼具传统图书和网络小说的有"掌阅"等。另外，从内容资源的角度看，移动内容分销平台又可分成垂直型分销平台和综合型分销平台。大多内容商自建平台为垂直型平台，只经营一种出版物类型，如《第一财经周刊》；而综合型平台分为两种，第一类是综合型电商经营的平台，如美国亚马逊"Kindle 阅读"和国内的"京东阅读"，第二类指出版物品类的综合型平台，如掌阅、咪咕阅读等，书城中含有多种类型的出版物。

据艾瑞咨询的《2019 年中国移动阅读发展趋势研究报告》显示，2019 年，中国移动阅读市场规模总计达 204.9 亿元，同比增长 22.4%，有统计以来持续增长。移动阅读已经成为数字阅读行业的主战场和收入的重要来源。

移动阅读产业竞争激烈，当下主要的移动阅读 App 从收费的角度可分为付费阅读 App 和免费阅读 App 两类。

（1）付费阅读 App

结合近几年数据来看，掌阅、QQ 阅读和咪咕阅读一直稳居排行榜 Top10，尤其是掌阅和 QQ 阅读，长期占据榜一和榜二。这几年，移动阅读 App 的发展可以说是风起云涌、竞争激烈。

QQ 阅读是阅文集团旗下的产品，其活跃用户数量也稳居前列，且在用户黏性方面持续领跑。据统计，其用户规模在 2020 年 2 月达到 5027.66 万人，是

2020 年第二季度统计中用户数量超过 5000 万的四家平台之一。① 阅文集团在中国网络文学行业中占绝对优势,所以 QQ 阅读在网络文学资源方面的优势得天独厚,是阅文集团内容生产、内容发行、版权运营生态中的重要一环。

2010 年 5 月,中国移动浙江公司推出的中国移动手机阅读基地是咪咕阅读的滥觞。2013 年 12 月,中国移动手机阅读基地更名为"和阅读"。2015 年 4 月,中国移动手机阅读基地正式挂牌转型为咪咕数字传媒有限公司,同年 10 月,"和阅读"正式更名为"咪咕阅读"。咪咕阅读 App 也建立了网络文学创作发布机制。同时,它还汇聚了传统出版机构的图书、杂志、漫画等各类产品形态。咪咕阅读与咪咕旗下的咪咕音乐、咪咕视频、咪咕动漫等互通,用户使用方便。

(2)免费阅读 App

免费阅读模式正在崛起。在 2019 年 1 月—2020 年 2 月移动阅读行业月活跃用户 Top10 的 App 中,免费阅读 App 占了 5 席。其主要盈利方式有二:一是广告,二是开会员费。②

七猫免费小说在免费阅读 App 中占第一梯队,它隶属于上海七猫文化传媒有限公司。七猫免费小说发展势头迅猛,上线不到两年就占据了活跃用户数排行榜第四名。七猫免费小说月活跃用户数量稳定上涨,于 2019 年 6 月起跃居中国移动阅读行业免费阅读月活跃用户数排行榜第一,成为行业龙头。2020 年 2 月,七猫免费小说月活跃用户数达到 3366.72 万人。③

移动阅读行业免费阅读月活跃用户排行榜第二梯队的有番茄小说、米读小说、米读极速版和连尚免费读书。番茄小说(原名:番茄免费小说)为今日头条旗下的免费阅读 App,于 2019 年 11 月正式上线,推出后月活跃用户数持续上涨。依托今日头条在业内领先的智能推荐技术,番茄小说可为用户精准推荐感兴趣的内容。2020 年 2 月,番茄小说跻身移动阅读行业免费阅读领域第二。

米读小说和米读极速版同为掌阅科技"趣头条"旗下的产品。二者皆利用趣头条用户体量的优势、"看小说赚钱"等激励措施,拉取下沉用户(即从主流市场下沉到低一级市场的用户群体)成为 App 新用户,月活跃用户数增长较快。

连尚免费读书是连尚文学旗下产品之一。早在 2018 年,连尚文学就成为免费阅读商业模式的先行者。它采用"广告＋会员"的双重模式。其中,非核心内容插入广告上架,核心优质内容采用 VIP 付费阅读模式。逐浪网为连尚文学提

① 中国移动阅读市场规模逐年增长 2020 年 APP 在装用户规模小幅上升[EB/OL]. (2020-10-22)[2021-03-08]. http://free. chinabaogao. com/it/202010/102251XI2020. html.

② 董敏娜. 中国移动阅读市场年度综合分析 2020[EB/OL]. (2020-04-08)[2021-03-08]. https://www. analysys. cn/article/detail/20019738.

③ 同②。

供原创内容,与其他免费阅读平台相比,连尚免费读书有独特的原创内容优势。

9.4.2 移动阅读 App 的内容运营

9.4.2.1 内容来源

移动阅读的内容来源主要包括出版图书、网络文学、杂志、有声小说等。其中,最主要的内容来源是正版图书和网络文学。移动阅读 App 的内容提供商分为两类:一类是传统图书的版权方,主要是出版社和版权代理机构,如春风文艺出版社、长江文艺出版社等;另一类是个人作者、网络文学网站和网络文学公司。目前,中国主要的网络文学公司有阅文集团、纵横中文网、晋江文学城、17K 小说网等。

作为移动阅读 App 主要内容来源之一的出版图书,其版权主要在出版社手中。但是,出版社将纸质图书转换成电子书,首先得签下作品的信息网络传播权。由于数字出版产品离不开编辑加工,传播离不开产品的复制,在签数字出版合同的时候,最好签下改编权、复制权、汇编权等权利。没有得到作者授权的作品,不可以加工成电子书。纸质图书与移动阅读 App 中的电子版,在内容上一样,排版设计、价格会与纸质书有些不同,通常电子版的售价会比纸质书低。对于出版社而言,图书数字化专业人才相对缺乏,将出版图书数字化要花费大量的人力和物力,且所获得的利润少。所以出版社一般还是以传统纸质图书销售为主,出版图书电子版销售为辅,保证图书电子版的发行不会影响纸质图书的销售。由于传统出版社拥有高素质的选题策划、编辑、出版人才,践行"三审三校"等规范和制度,在出版物方面实现了标准化管理,保证了出版物内容的质量,这是传统图书的优势。

网络文学是移动阅读 App 最主要的内容来源。网络文学网站内部建立了一套比较完整的内容质量控制机制,包括内部制度控制、筛选机制、自我修正机制、作者激励机制等。总的来说,网络文学写作的低门槛、网络文学写手素质的参差不齐,导致网络文学作品质量良莠不齐。但相比传统文学,网络文学题材广泛,具有独特的吸引力。

9.4.2.2 内容导航

向用户展示作品,吸引用户阅读,这是移动阅读 App 的重要功能之一。对于移动阅读 App 而言,要想展示作品,就需要对 App 本身的导航功能进行设计。常用的导航功能有书架、导航菜单、搜书、书签、收藏、分享、同步更新等。以下择其重要的推荐模块、榜单模块、分类模块、信息检索模块等进行重点陈述。

（1）推荐模块

推荐是移动阅读 App 中重要的内容推广方式。推荐模块分为如下两种：

其一，"编辑推荐"。这是编辑根据作者和作品的具体情况向用户推荐。"编辑推荐"包括对新晋作者及作品的"推荐"及对优秀作品和热门作品的"推荐"等形式。"编辑推荐"的效果受"推荐"出现的位置、时间的影响。如 QQ 阅读的推荐模块中有今日必读、风向标、主编推荐、潜力新书、完本精选、为你推荐、一周热门书籍推荐等具体的形式，帮助用户快速选择自己感兴趣的书籍。

其二，内容智能推荐。近年来，人工智能在移动阅读产业得到充分利用，除了过去的编辑推荐及榜单推荐外，内容智能推荐逐渐受到重视。该方式通过技术建立用户与内容之间的关联，自动分析出用户的阅读喜好，选出用户感兴趣的内容并推送给用户。内容智能推荐可以提高用户对感兴趣内容的接触机会，扩大接触面，满足用户的差异化需求。如，网络文学的后起平台"必看小说"主打 AI 智能引擎推荐，结合用户画像、大数据、AI 算法，为用户推荐感兴趣的书，实现千人千面化的个性化推荐。传统网络文学巨头阅文集团本身拥有强大的编辑推荐和榜单机制，当下也将推荐算法作为编辑推荐和榜单推荐的重要补充。QQ 阅读 7.0 新版本升级了推荐算法，将智能推荐算法与编辑人工筛选做了精细区隔，以便用户可以随时根据不同需求进行内容挑选。根据调查统计，53.1% 的移动阅读用户会通过阅读平台的智能推荐来选择自己想要阅读的小说。①

（2）榜单模块

多数用户选择小说的依据是网络文学平台的排行榜。掌阅 App 等移动阅读 App 都设有各种各样的排行榜，这些排行榜体现了某一类文学作品的质量和阅读热度，对各文学作品进行比较，在激励作者的同时也将作品推荐出去，在读者对作品的选择上产生直接影响。有别于"推荐"模块的编辑推荐制度，榜单是由读者决定的，其核心是读者点击率、打赏数、推荐数等。因此，榜单模块反映了大多数用户的喜好，不可低估榜单的作用。常见的榜单有月票榜、用户喜爱榜、新书榜、畅销榜、特价折扣榜、原创风云榜、人气榜排行等。不同的榜单可以满足用户的不同阅读需求。

截至 2021 年 11 月 15 日，起点中文网中的排行榜主要有月票榜、畅销榜、粉丝榜、阅读指数榜、推荐榜、收藏榜、更新榜、VIP 收藏榜、打赏榜、签约作者新书榜、新人签约新书榜、公众作者新书榜、新人作者新书榜、打赏粉丝榜等。②

---

① 艾瑞咨询：《2019 年中国移动阅读发展趋势研究报告》。

② 起点中文网-人气榜单[EB/OL].[2021-11-15]. https://www.qidian.com/rank/.

（3）分类模块

分类频道在各移动阅读 App 上占据非常显著的位置，一般出现在书城的首页上。分类的作用是展现和推荐某类小说，用户可以根据自己喜欢的类型直接在分类的指引下进行作品的选择和阅读，能相对节省寻找的时间。阅读 App 上常见的一级分类主要有出版、男生、女生、听书、漫画、杂志等；每个一级类目中还会根据题材进行二级分类，常见的有玄幻、魔幻、都市、穿越、言情等。

（4）信息检索模块

信息检索模块包含搜书、书签等功能，用户通过搜书和书签可以直接找到所需信息。搜书功能中一般按照书名、作者、出版日期等设置检索关键词。书签功能的使用较为简单，用户在阅读书籍时可以将想要重复阅读或觉得有用的页面进行"添加书签"操作，将当前阅读页面设置书签，之后用户如果想再次阅读此页面，直接点击书籍的相应书签就可以了。

9.4.2.3 阅读功能设计

电子书的阅读功能也非常重要。设计良好的阅读功能有利于给用户带来一个良好的阅读体验，更能够吸引用户。电子书的阅读功能主要包括文字的调节功能、字典功能、批注和笔记功能等。相关阅读功能的设计在 2.4.2 章节已作叙述。

9.4.3 移动阅读 App 的分发

App 分发属于用户运营的范畴。用户运营的流程主要包括拉新、留存、促活、转化（营收）四个方面。其中，用户拉新是指招募新用户的活动，也就是把 App 推广出去，提高 App 的下载量和注册量，通常我们也称其为 App 分发推广。

传统图书等内容产品主要从书店等平台销售推广，而移动阅读业务链显然比较复杂，作为电子书城的移动阅读 App 本身必须推广到用户的手机端上，然后内容产品才有机会在 App 平台销售。所以，分发 App 是移动阅读业务链中的重要一环，主要从以下各方面进行移动阅读 App 的分发。

9.4.3.1 将线下流量导流至移动阅读 App

内容生产机构自建 App 一般需要将线下流量导流至自建 App，这些机构一般都是出版品牌机构，拥有垂直性的用户或海量的用户群体，因此，只需将用户导流至 App 即可。引导的办法主要有以下几种：

①在已有渠道上投放 App 二维码。已有渠道包括纸质出版物及其网站、微

信公众号、官方微博、头条号、抖音号等。一般在首页或显眼的位置投放 App 下载二维码，为了提高下载率，可赠送读书卡、小红包或其他礼物。

②在有相连内容的流量平台上投放 App 二维码。如，与一些有流量、有影响力的相关行业网或相关网站合作，在它们的网站上直接投放广告；或者在相关领域传统的出版物上如专业报刊上投放 App 广告。

③在线下展会、会议、报名处等相关场合宣传 App，吸引感兴趣的读者。

9.4.3.2　通过应用商店分发阅读 App

移动应用商店又叫手机应用商店，简称"应用商店"，它提供免费或付费手机应用软件的浏览和下载服务，同时为应用软件开发者提供开发工具及产品发布渠道，所有发布应用均获得出版机构或出版个人的内容许可，用户可以通过特定的支付方式购买相关应用。[①] 应用商店中的"应用"一般主要针对手机和平板电脑。

应用商店的出现具有非凡意义：①开创了一种全新的商业模式。它在开发者与消费者之间建立了一个商业渠道，能够让开发者将应用直接发布和销售给最终客户，去掉了所有开发和销售环节的中间商。②在国内，应用商店动摇了移动运营商在产业链中的垄断地位。在应用商店诞生之前，内容提供商只能选择与移动运营商合作才能将内容产品分发到消费者手中，而应用商店的出现改变了这种状况。内容出版商可以自建和加入不同的第三方平台来销售自己的产品，这就增加了选择性和多样性，使这个产业更加活跃。

对移动内容提供商来说，应用商店的相关业务主要有两部分。

①规范移动阅读 App 的制作，使移动阅读应用能符合各类移动终端操作系统、屏幕尺寸及分辨率等。移动终端操作系统目前主要有具有普遍性的 Android 系统和封闭式的 iOS 系统。国内已经诞生了华为的鸿蒙系统，但相关生态还未搭建起来。阅读终端的屏幕尺寸小到手机大到 iPad。应用商店提供相关技术规范，使各种应用能适用不同的移动终端。

②分发移动阅读 App。应用商店行业的四大板块：第一大板块是第三方应用商店，主要包括 360 应用商店、百度应用商店、豌豆荚和应用宝；第二大板块是手机厂商应用商店，主要包括小米应用商店、华为应用市场、vivo 应用商店等；第三大板块为移动运营商应用商店，即移动 MM 商场、天翼空间和沃商店等；第四大板块为系统运营商应用商店，主要是 iOS 系统下的 App Store，以及 Google Play 等。应用商店的市场变化较快，诸如上述豌豆荚等老牌应用商店，现在已经逐渐萎缩。

据统计,2020 年中国 Android 平台第三方移动应用商店市场占有率排行中,应用宝第一,华为应用市场第二,OPPO 应用商店第三;华为应用市场、OPPO 应用商店表现强势。[①] 除了应用宝外,其他皆为手机厂商的应用商店。应用宝是腾讯公司专为智能手机用户打造的应用获取平台。应用宝在应用搜索方面推出"唯一"搜索,可有效帮助用户解决应用下载中误下载山寨应用的问题,让用户安全、放心地下载应用。2016 年 10 月,应用宝还推出"微下载"功能,App 接入该功能将生成"微下载"链接,链接可分享至微信朋友圈或公众号中让用户直接下载,可有效提高 App 下载转化率。华为应用市场号称在全球首次实施"开发者实名认证",所有入驻的开发者都要经过严格的实名认证审核,以此过滤安卓生态中来源不明的第三方应用,保障用户使用的安全性。在终端设备销售的强势表现之下,华为应用市场的用户体量非常高。排名第三的 OPPO 应用商店表现也较好,其中视频播放、游戏等领域的应用下载、安装量较大。

移动应用商店的应用推荐方式形式多样,主要包括免费推广、付费推广两种。欲参加免费分发,需要参加各应用商店的各种活动,如节日活动、专题活动、优惠福利、小编推荐等,以获取大量的流量。应用商店的活动种类多样,周期不定,给用户带来新鲜感,可以在一定程度上促使用户下载参与活动的 App。

付费推广是 App 推广的重要方式。应用商店是综合性平台,并不特别针对某类用户。推广就是为了获得好的展示位置,好位置意味着流量大、用户下载数多。App 投放在不同的位置上,价格是不同的,主要计价方式为 CPD(按下载次数计费)。主要的展示位置有首页、分类、热搜安装、安装有礼、开机必备等。

9.4.3.3 在手机中预装阅读 App

手机中预装 App 主要是由 App 推广商花钱让手机商在硬件中写入或者在手机操作系统中植入相应的 App,只要用户一开机就很容易被激活,从而快速地为手机安装上相应的 App。这种推广产生的效果甚至会远远大于在网站、微信、应用商店等地方的推广效果。但手机预装阅读 App 也有一些缺点:如,年轻用户常常更换手机,这就导致用户忠诚度降低;又如,手机预装成本往往较高,且预装后,手机不一定马上卖到用户手上,所以市场效果不能马上显现。

9.4.3.4 其他途径分发 App

①撰写 App 体验的专业软文,在软文中投放二维码,引导用户下载 App。软文是以引导性的思想传达,润物无声地将产品信息输入消费者的头脑中,打动

---

① 2020 年安卓各大应用市场份额占比分析[EB/OL].[2020-09-29]. https://www.pianshen.com/article/64081976506/.

消费者,最终促成消费行为。软文营销的成本远低于硬性广告,但综合效果与性价比却远高于硬性广告。软文一般投放在论坛、微信公众号、贴吧、头条号等针对性流量大的平台上。

②App之间的互相推广。用户除了使用你的应用外,还同时使用其他很多应用,所以如果你的App用户点击了一次别人的App,作为回报,你可能会同样获得一次点击。

③搜索引擎推广。搜索引擎具有先天的推广优势,搜索行为本身就表明了用户对产品的兴趣度与关注度,企业使用搜索引擎进行App推广会使推广投放目标更加精准。目前的搜索引擎主要有百度搜索、搜狗搜索、好搜等。

需要注意的是,相关的分发的方式又叫作新媒体分发,由于新媒体受众广、定位精确、应用场景一致,一般推广转换率较高。

9.4.4 移动阅读App的用户留存

根据QuestMobile报告显示,2017年中国移动互联网月度活跃设备总数稳定在10亿台以上,从2017年1月的10.24亿台到12月的10.85亿台,增长速度放缓。2019年统计显示,中国移动互联网月度活跃用户规模在2019年一季度触顶11.4亿人,而在2019年二季度则净减少近200万人。这是自2018年以来首次出现的月度环比负增长。虽然在2020年上半年中国移动互联网月活跃用户规模达到11.55亿人,但总的来说,移动互联网人口红利在逐渐消失,移动互联网领域内的各行业的目标从开发增量市场转向深入运营存量市场。

同时,在移动设备的使用上,用户人均单次使用时长呈上升趋势,使用时间分配更聚焦,App使用集中度越来越高。内容成为决定用户时长分配的重要因素。这意味着阅读App的运营必须从分发App引流的流量导向,转向以内容吸引用户留存的内容导向。对于一款移动阅读App来说,最重要的是其自身的内容资源和提供的用户体验。根据对市场上移动阅读App的统计分析,本书认为可以从以内容为中心、植入社交功能和建立读者激励制度这三个方面进行分析。

9.4.4.1 以内容为中心

对于移动阅读App来说,阅读是其最基本也是最重要的功能。移动阅读App的内容储备是其最核心的竞争力。优质内容是吸引用户付费的关键和进行IP运营的基础。

其一,优质内容是吸引用户付费的关键因素。《2016年度中国数字阅读白皮书》显示,用户愿意为数字阅读付费的原因包括:题材类型符合用户的口味,内容质量好、丰富多样,更新速度快等。而艾瑞咨询在2013年及2015年针对数字阅读和网络文学用户的调查也均显示,作品质量高是促使用户为正版内容付费的最重要因素。易观国际的中国阅读产业生态图谱显示,内容提供方处于产业链的上方,占有重要地位。内容的丰富性是移动阅读企业形成竞争优势的关键。目前,各大移动阅读厂商都在积极丰富自身的内容储备,通过作家扶持制度、征文大赛等各种方式,建设覆盖不同年龄、群体的内容架构,从而提高用户黏度,扩大市场份额。

其二,优质内容是进行 IP 运营的基础。由于付费阅读的市场空间存在天花板,所以对文学作品进行 IP 运营成为未来移动阅读行业的重要收入来源。随着2014 年之后 IP 运营模式的逐渐成熟,部分文学 IP 的全版权开发大获成功。如《琅琊榜》《魔道祖师》《天涯客》《知否知否应是红肥绿瘦》《斗罗大陆》等 IP,都获得较高业绩。IP 培育已经成为移动阅读企业的重要发展方向。

9.4.4.2　植入社交功能

随着移动互联网的发展,微博、微信等社交应用的出现,线上互动成为人们日常性的行为。同时,阅读的社交性显著提升,社交网络已经成为读者进行阅读交流和讨论的重要渠道。反过来,读者的线上互动又提升了移动阅读 App 的用户黏性。根据对部分移动阅读 App 的社交功能的统计,本书将移动阅读 App 的社交功能体系分为人书互动、社区互动和社交互动三个层次。

（1）人书互动

在移动阅读 App 中,人书互动是最基础的互动形式。人书互动是指读者通过笔记、书评、打赏、投推荐票等形式表达对所阅读书籍的看法和对书籍的支持度。而移动阅读 App 则可以对读者的表达进行运营,形成图书的"口碑评价体系",为其他读者提供阅读参考。此外,人书互动为书籍阅读圈的建立奠定基础。表 9-1 是对市场上的 12 款移动阅读 App 的人书互动形式的统计。

表 9-1　　　　　　　　　**移动阅读 App 人书互动的表现形式**

移动阅读 App	人书互动
QQ 阅读	书单、书评、想法、书签、收藏、打赏、投推荐票、投月票、粉丝榜
掌阅	书评、想法/画线、书签、投月票、全文搜索、更新通知
百度阅读	书单、书签、想法、书评、收藏、全文搜索
书旗小说	评分、书评、收藏、投推荐票、投月票、粉丝榜
咪咕阅读	加入书架、书签、书评、投月票、打赏、笔记
当当云阅读	书签、书评、笔记、收藏、点赞、打赏、搜索书籍
熊猫看书	书签、想法、添加桌面、本地搜索、推荐本书
塔读文学	书单、书签、书评、收藏、打赏、粉丝榜、章节报错

续表

移动阅读 App	人书互动
多看阅读	加入书架、书单、书签、书评、笔记、想读、类别标签、收藏、搜索全文
网易云阅读	加入书架、书评、书签、笔记、追更提醒、搜索
微信读书	点评书籍、书签、加入书架、想法
追书神器	加入书架、书单、书评、短评、评分、收藏本书

通过对上述移动阅读 App 的人书互动形式的对比分析可知,总的来说,移动阅读 App 的人书互动的形式大致相同,一般都有书签、书评和想法这几种基础形式,还有伴随着付费阅读兴起的投月票、投推荐票、打赏等付费形式。在各种人书互动形式中,最重要的是书评。书评体现读者对书籍的评价,创造了新的内容,延伸书籍属性,对书籍的进一步传播起重要作用[①]。

(2)社区互动

移动阅读 App 的社区互动,旨在打造基于某种兴趣或主题的虚拟社区,方便有相同兴趣或对某种主题有想法的读者在这个虚拟社区进行交流互动,如掌阅的"书友圈"、QQ 阅读的"书荒互助""大神沙龙"等。目前,移动阅读 App 的社区互动表现形式具体如表 9-2 所示。

表 9-2　　　　　　　**移动阅读 App 社区互动的表现形式**

移动阅读 App	社区互动
QQ 阅读	书评广场(包括书荒互助、原创空间、大神沙龙)、红包广场
掌阅	书友圈、红包广场
百度阅读	圈子
书旗小说	高能 HI 聊
咪咕阅读	借书、热评广场、树洞话题
当当云阅读	社区(书吧广场、频道、精选书单、读书活动)
熊猫看书	—
塔读文学	共享书单、书荒神器
多看阅读	—
网易云阅读	阅读圈(关注、大师榜、找好友)
微信读书	发现、想法
追书神器	社区(综合讨论、书荒互助、女生密语、网文江湖等)

---

① 戴和忠,王秀昕.数字阅读网站社交化互动体系比较研究[J].中国出版,2013(18):32-35.

目前,QQ阅读的"书评广场"和掌阅的"书友圈"是较为成功的互动社区。QQ阅读的"书评广场"分为"书荒互助""原创空间""大神沙龙"3个模块。①"书荒互助"模块是书迷交流以阅读为中心内容的地方,如书籍讨论、书评创作、书籍推荐等;②"原创空间"鼓励用户发布原创内容,如故事创作、诗歌创作、续写等;③"大神沙龙"是由QQ阅读的运营团队担任话题员,发布关于小说、作者、人物故事情节等话题,引起书友们的关注和讨论。① "大神沙龙"建立了读者与读者、读者和作者之间的联系,为彼此的交流提供了多方位的入口和桥梁,打造了一个闭环的社区,利用社区的黏性及相关统计,反哺内容和读者间的关系链。

（3）社交互动

随着微信等社交媒体的发展,社交推荐分享书籍成为读者进行移动阅读时的一个重要行为。通过社交推荐分享书籍,一方面可以激发其他用户了解、阅读的兴趣,另一方面也可以展现自己的文学素养。根据对12个主流移动阅读App的社交互动表现形式的统计,发现所有App都实现了与微博、微信、QQ等外部社交平台的互通,读者可以通过微信等外部社交平台以分享书单、读书笔记等形式与好友实现共享。移动阅读App社交互动的表现形式见表9-3。

表9-3　　　　　　**移动阅读App社交互动的表现形式**

移动阅读App	社交化阅读互动	主要的社交平台
QQ阅读	私密阅读、分享图书、分享阅读基因、分享书单	微信朋友圈、微信好友、QQ好友、QQ空间、微博等
掌阅	分享图书/文章、分享赚钱活动	微信好友、微信朋友圈、微博、QQ好友、QQ空间
百度阅读	分享阅历、邀请兑券、分享图书、私密阅读	微信、QQ、微博
书旗小说	分享图书、邀请有礼	微信好友、微信朋友圈、微博、QQ好友、QQ空间等
咪咕阅读	图书分享、邀请好友、咪咕壹句分享、专题活动分享、咪咕杯比赛分享、悦读咖活动分享	微信好友、微信朋友圈、微博、QQ好友、QQ空间、和飞信等
当当云阅读	分享图书/文章、分享书单、书评分享、读书活动分享、频道分享、书吧分享	书友、书吧、微信好友、微信朋友圈、QQ好友、QQ空间、微博等
熊猫看书	分享图书	微信好友、微信朋友圈、QQ好友、QQ空间、微博

---

① 金鑫,朱亮亮.移动阅读App用户社交互动行为的驱动力研究——基于认知倾向的社会交换理论的启示[J].科技与出版,2017(4):107-111.

续表

移动阅读 App	社交化阅读互动	主要的社交平台
塔读文学	分享图书、话题分享、共享书单	微信朋友圈、微信好友、QQ 好友、QQ 空间、微博
多看阅读	图书分享、阅历分享、书单分享	微博、微信好友、朋友圈
网易云阅读	分享书籍、订阅分享	微博、微信朋友圈、微信好友、支付宝好友、QQ 空间、QQ 好友、有道云笔记、LOFTER 等
微信读书	阅读情况分享、图书分享、私密阅读	微信好友、微信朋友圈、微博、QQ 空间等
追书神器	图书分享、书帖分享、邀请好友、每日分享	微博、微信好友、微信朋友圈、QQ 好友、QQ 空间

总的来说,移动阅读 App 的社交功能是基于满足读者社交互动需求而设置的,其本质是通过提升用户对 App 的使用黏性,最终提高 App 的收益。移动阅读 App 社交功能体现在人书互动、社区互动和社交互动上,伴随着读者原创内容(笔记、书评等形式)而产生。但是,原创内容的生产需要花费读者的时间和精力,不是每一个读者都愿意进行原创内容的生产。因此,如何激励读者在移动阅读环境下生产原创内容、完成社交互动是移动阅读 App 运营过程中必须解决的问题。

9.4.4.3 建立读者激励制度

不同类型的读者进行阅读的动机是不同的,有的是打发时间,有的是为缓解压力,还有单纯爱看书、增长见识、寻找与朋友的共同话题等阅读动机。因此,移动阅读 App 可以根据阅读动机的不同制订相应的激励政策,从多个层面、多个角度满足读者的需求,激发读者阅读、参与活动的积极性,从而提高移动阅读 App 读者的活跃度和使用黏性。

通过对几个移动阅读 App 的激励手段进行研究,将其归结为成长体系和会员体系两种激励体系。因而本小节主要从成长体系和会员体系对移动阅读 App 的读者激励制度进行深入分析。

(1)成长体系

对用户而言,用户成长体系是一种让用户自我驱动成长的手段。对移动阅读 App 而言,用户成长体系是留存用户、产生收益的一个重要手段。目前,市场上的移动阅读 App 所设计的成长体系是:用户通过各种任务获得相应的积分,然后根据积分数量将其划分为不同的等级、赋予不同的特权以满足人们的阅读需要和阅读心理,从而刺激用户对移动阅读 App 持续使用。

①获取积分。

积分是官方通过让用户完成一些特定任务,从而使用户获得相应虚拟货币奖励,累计这些虚拟奖励,可以逐步兑换实际利益,或与用户的等级晋升等建立关系的刺激手段。在移动阅读 App 中,积分与任务系统结合,通过设置各种形式的任务或活动鼓励读者参与以获取积分。对目前设置了用户成长体系的移动阅读 App 的积分获取方式进行对比分析,总结出的获取移动阅读 App 积分的方式有:

a.完成新手任务。完善个人资料、绑定手机等。例如,用户在网易云阅读完善个人资料,包括头像、昵称、个人介绍、个人标签后会一次性获得 5 个积分和 5 个经验值。

b.完成每日任务。例如,签到、书籍分享、点赞、阅读时长等。每日任务是用户获取积分的最主要来源。其中最特别的任务是签到。一般来说,累计签到会有额外的奖励。比如每月在咪咕阅读签到 15 天可获得一次抽奖机会,全勤签到可获 5 元全勤书券,累计签到达 100 天可获得 10 元书券奖励。

c.其他。主要是通过参与移动阅读 App 不定时举办的活动任务获得积分奖励。比如追书神器发起"支持追书"的活动,用户在应用商店给追书神器好评就可以获得 15 元书券。

②设置等级特权。

积分是用户成长体系的基础,通过积分的多寡,移动阅读 App 对用户进行相应的等级划分,不同等级所需的积分数量不同,而不同的等级所能获得的特权也会不同。

例如,在 QQ 阅读中,积分值为 100~10563875 的用户,对应的等级为 1~30 级,可获得等级奖励诸如"成长值赠送""每月等级礼包领取""每日推荐票等";在咪咕阅读中,积分值为 15~5000000 的用户,对应等级为 1~10 级,可获得等级奖励如"点播折扣""借书次数""抽奖卡""兑换卡""月票""会员体验卡"等,可拥有的荣誉称号为"新秀""大侠""掌门""盟主"等。

总体来说,移动阅读 App 的激励政策分为特权差异化和个人展示差异化两种。特权差异化是指用户在不同等级可以获得不同特权和奖励;个人展示差异化是指用户在身份标识、专属效果等方面的不同。用户在不同的等级所获得的荣誉称号是不同的。因此,等级特权的设立在一定程度上满足了用户更多的需求,刺激用户为获得等级特权而不断地参与移动阅读 App 的活动,不仅成功把用户留下来,还提高了 App 用户的活跃度。

(2)会员体系

会员体系是指通过会员等级、会员权益、积分、成长值等载体再加上数据化的精准营销来维系客户关系,特别是沉淀更多的高价值用户。这里说的"会员",等同于一般意义上的"VIP",必须付费才可以获取,本质上是一种增值服务,目的是鼓励用户付费。在移动阅读 App 中,一般将会员体系称为 VIP 制度。移动阅读 App 的会员体系设置见表9-4。

表 9-4　　　　　　　　　移动阅读 App 的会员体系设置

移动阅读 App	会员体系	会员特权
QQ 阅读	包月 VIP	包月免费读、折扣特权、包月礼包、身份铭牌、专享限免、成长加速、签到特权、专属活动
	年费 VIP	包年特权、包年免费读、折扣特权、年费礼包、年费铭牌、专享限免、成长加速、签到特权、专属活动
掌阅	连续包月、1 个月、3 个月、12 个月	VIP 书库全免、出版书籍 8 折、杂志全免、尊贵身份标识、赠送代金券、赠送 2 张月票、任务双倍经验
咪咕阅读	至尊全站包会员	身份点亮、全站随心看、阅读页免广告、成长加速、优先签名

通过对 QQ 阅读、掌阅等移动阅读 App 的会员体系进行分析,笔者发现移动阅读 App 明显鼓励多阅读、多投票等人书互动行为。在会员体系中还有一个不容忽视的特权就是会员身份的彰显。通过对会员身份进行标识,将会员与普通读者区分开,同时会员与会员之间还可以做等级上的区分,让不同的用户获得来自身份标识的荣耀感。

9.4.5　移动阅读的盈利模式

移动阅读的盈利模式的基石是付费阅读,除此以外,还有版权增值、广告收入、实体图书出版、用户打赏、硬件销售等盈利模式。

(1)付费阅读

付费阅读是移动阅读最主要的收入来源。付费方式有按章节、按本、包月/包年、VIP 付费模式等。其中,按章节付费是移动阅读 App 用户的主要付费方式,一般按照字数计费。例如,在 QQ 阅读平台上,阅读付费的主要方式有:0.04 元/千字,按章节购买;按本购买;超值包;等等。在掌阅 App 中,付费方式主要有:5 阅饼/千字(1 元＝100 阅饼),按章节购买;按本购买;等等。

VIP 付费模式起源于起点中文网,2003 年 10 月,起点中文网开始实行 VIP 付费模式,后来这一模式成为移动阅读 App 的主要盈利模式。VIP 付费模式,指读者在移动阅读 App 开通一个"VIP 套餐",支付一些费用就可以成为该移动阅读 App 的 VIP 会员。之后,这位会员就可以享受该移动阅读 App 所提供的

VIP 特权服务。目前,VIP 会员有月付、季付、半年付和年付几种类型。VIP 付费模式适合图书阅读量大的用户。在包月、包年等机制下,用户可以自由选择,接受程度高。所以,VIP 付费模式是移动阅读 App 吸引重度用户的关键手段。近年,起点中文网、掌阅、咪咕阅读、喜马拉雅等移动阅读相关平台还推出联合会员的新模式,以用优惠的价格获得双重 VIP 福利的方式吸引用户购买会员。

付费阅读的市场已经比较稳定。据艾瑞咨询统计,中国移动阅读行业市场规模自有统计以来一直呈现上升趋势,2012 年市场规模才 18.4 亿元,到 2018 年已经达 167.3 亿元。2012—2017 年增长率都超过 30%。2018 年,网络文学免费阅读 App 兴起,付费阅读市场规模增速放缓,但增长率也超过 20%。①

2012—2019 年中国数字阅读行业市场规模如图 9-1 所示。

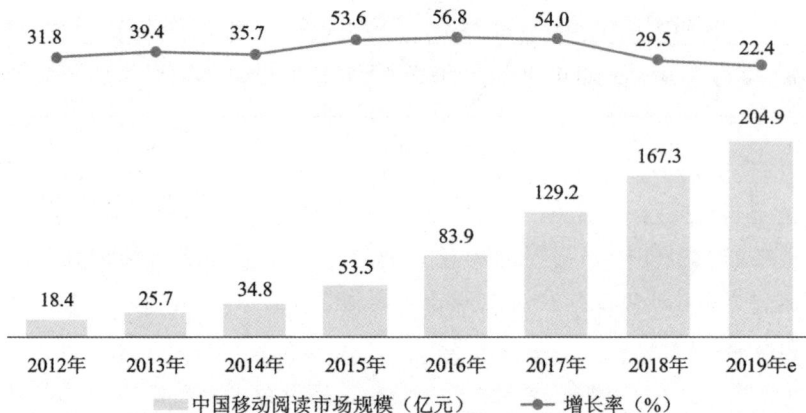

图 9-1　2012—2019 年中国数字阅读行业市场规模②

注释:①中国移动阅读市场规模统计包括中国阅读企业移动端的在线付费阅读收入、
　　　游戏联运及相关流量产生的广告收入等。
　　②部分数据将在艾瑞 2019 年移动阅读相关报告中做出调整。
　　来源:综合企业财报及专家访谈,根据艾瑞统计模型核算,仅供参考。

（2）版权增值

版权增值是移动阅读的第二大收入来源。在付费阅读和免费阅读拉取大量粉丝后,平台和作者会进行 IP 销售,实现版权增值。网络文学经过多年积淀,培育了大量优质 IP,成为影视、游戏、动漫等创作的重要内容来源。目前,版权增值开发主要有影视、游戏、动漫、音频等典型形式。在此之前,影视剧作题材主要源自对传统文学的改编。而近年来《琅琊榜》《知否知否应是红肥绿瘦》《大江大

---

① 艾瑞咨询:《2019 年中国移动阅读发展趋势研究报告》。
② 同①。

河》《都挺好》等一系列火爆荧屏的影视作品,则向行业和市场证明了源自网络文学的改编同样可以创造经典。在第22届上海国际电影电视节互联网影视峰会发布的"2018年度百强IP"中,网络文学占比高达90%,中国网络文学已经走进"＋时代"。①

（3）广告收入

广告收入是指广告主在移动阅读平台投放广告向其所支付的广告费用。移动阅读App用户使用时间较长,且App活跃用户基数较大,因此广告是移动阅读App流量变现较好的渠道。同时,广告也可以反哺移动阅读App。广告收入可以弥补移动阅读App在内容上的投入,同时还可以逐渐培养用户的付费习惯,从而逐步带动整个App的吸金能力。

近年来,网络文学的免费阅读App崛起,这些平台一般选择在小说章节与章节之间添加广告,或在书目列表中增加信息流广告,让用户通过看广告的方式免费解锁付费章节。这种做法能更好地激活三线及以下城市和广大乡镇的用户。经过几年的探索,已经形成了"免费阅读＋广告"的新商业模式。

但是,必须指出,在移动阅读App中植入过多的广告,将会影响读者阅读,造成不良的阅读体验。比如百度阅读App的广告设置,在免费阅读全本的书籍中会插入广告(以今日红包的形式出现),一般两个章节会插入一个广告,较为影响用户阅读书籍的体验。因此,移动阅读App对于广告的投入态度十分谨慎。但是对免费阅读App来说,用户认可插入广告降低阅读体验的事实,以获得"免费"的实惠。

（4）实体图书出版

实体图书出版就是依托移动阅读庞大的消费者群体,将优质网络文学作品出版成纸质书,获得纸质出版的销售收入。实体图书出版的实质是对网络文学内容的二次开发。对于出版社而言,网络文学IP自带的庞大读者群,降低了图书出版的风险。对于作者而言,出版实体图书一方面可以获得丰厚的报酬,另一方面可以增加知名度。对于读者而言,实体图书的出版满足了其收藏欲。

此外,还出现了网络文学作品期刊连载、报纸约稿等"线下"出版的新形式。2017年5月,广东省作家协会推出《网络文学评论》,这是中国第一份网络文学学术期刊,主要功能是介绍和刊载人气网络文学作品。

（5）用户打赏

打赏是指用户通过赠予虚拟金币、虚拟礼物或现金的方式,表达对作品及其

---

① 聚焦网络文学影视改编,网络文学＋影视融创共进论坛在京举办[EB/OL].（2019-08-11）[2021-08-05].http://shareapp.cyol.com/cmsfile/News/201908/11/255310.html.

作者的赞赏。① 起点中文网最早推出打赏功能，用起点币进行打赏。到了现在，几乎所有的移动阅读 App 都设置了打赏功能。用户对作者或喜爱的作品等通过赠送鲜花、红包等虚拟物品进行打赏，以表达自己对作者或作品的喜爱。打赏具有付费的主动性、非强制性的特点。但是，由于打赏更多的是反映用户的即时心情，以及对作品的偏好程度，打赏金额和形式具有不确定性，因此打赏只能作为一种辅助的盈利模式。

打赏分为现金打赏和道具打赏。比如咪咕阅读是直接使用现金打赏，而百度阅读则是使用道具打赏，道具价格不同，所能得到的奖励也不同。

除了打赏之外，还有投月票、投推荐票等形式。只要设置了打赏的方式，就一定会设置粉丝榜或者打赏排名榜，读者打赏越多，排名就越高，可能还会根据打赏给予读者特殊称号。比如网易云阅读就为打赏的读者设置了一个粉丝榜，根据打赏所获得的粉丝值的不同设置了从见习到盟主 10 个粉丝值等级，既满足了读者表达对作品和作家的喜爱的需求，也满足了读者的虚荣心。

（6）硬件销售

一些数字阅读企业也出售电子阅读器，不断为用户提供更好的阅读体验，从而提升用户对于阅读平台的忠诚度。由于电子阅读器具有不伤眼、超长待机等优点，受到大众欢迎，成为当前较受欢迎的书籍阅读方式，始终占据一定的市场份额。我国的电子阅读器生产厂商已经经过一轮洗牌。早期的电子阅读器如"汉王电纸书"等风光不再，市场曾经一度消沉。2015 年，掌阅科技推出第一款电子书阅读器 iReader，目前，掌阅 iReader 在国内电子书阅读器市场的占有率仅次于亚马逊的 Kindle。

---

① 张聪,吴思岐,常帅,等. 应用于自出版平台的"打赏"模式研究[J].科技与出版,2015(6):134-139.

参考文献

［1］　贺子岳.数字出版形态研究［M］.武汉:武汉大学出版社,2015.

［2］　郑铁男,张新华.数字编辑运营实训教程［M］.北京:知识产权出版社,2017.

［3］　张大伟,陈璞.亚马逊为何主导美国电子书定价——兼论美国电子书的代理制和批发制之争［J］.编辑学刊,2014(2):10-15.

［4］　梁旭艳.网易蜗牛读书 App 的创新及其启示［J］.编辑之友,2018(9):23-25,34.

［5］　高媛媛.微信读书:构建线上阅读生态圈［J］.戏剧之家,2019(25):210-212.

［6］　赵合,薛蓉娜.亚马逊数字出版全球化策略及启示［J］.出版发行研究,2017(11):23-26.

［7］　徐丽芳,池呈.亚马逊:基于并购的成长史［J］.出版参考,2014(10):20-21.

［8］　周益.亚马逊的成功之道［J］.现代出版,2011(2):62-65.

［9］　陈光祚.电子出版物的特征与范围［J］.图书馆工作与研究,1995(3):13-16.

［10］　周荣庭.网络出版［M］.北京:科学出版社,2004.

［11］　黄少卿.电子出版物与电子编辑［J］.编辑学刊,1997(5):12-14.

［12］　叶敢,倪波.世纪之交的编辑出版［J］.编辑学刊,1997(5):2-5.

［13］　高朝阳.关于网络出版中几个基本问题的探讨［J］.大学出版,2000(4):31-33.

［14］　匡文波.网络出版论［J］.中国出版,1999(2):53-55.

［15］　匡文波.手机媒体概论［M］.北京:中国人民大学出版社,2006.

［16］　郝振省.2005—2006 中国数字出版产业年度报告［M］.北京:中国书籍出版社,2007.

［17］　张志林.印刷传播知识管理［M］.北京:中国书籍出版社,2004.

［18］　谢新洲.数字出版技术［M］.北京:北京大学出版社,2002.

[19] 葛存山,张志林,黄孝章.数字出版的概念和运作模式分析[J].北京印刷学院学报,2008(5):1-4.

[20] 张志林,黄孝章,彭文波.数字出版新业态呼唤出版复合型人才培养创新[C]//2007全国出版学学科建设高层论坛年会暨"高校出版专业学科建设协作小组"第一次会议论文集,2007:140-149.

[21] 张立.数字出版相关概念的比较分析[J].中国出版,2006(12):11-14.

[22] 郭亚军.基于用户信息需求的数字出版模式[M].上海:上海世界图书出版公司,2010.

[23] 祁庭林.传统出版该如何应对数字出版的挑战[J].编辑之友,2007(4):4-6.

[24] 阎晓宏.关于出版、数字出版和版权的几个问题[J].现代出版,2013(3):5-9.

[25] 菲德勒.媒介形态变化:认识新媒介[M].北京:华夏出版社,2000.

[26] 黄河.手机媒体商业模式研究[M].北京:中国传媒大学出版社,2011.

[27] 徐丽芳.数字出版:概念与形态[J].出版发行研究,2005(7):5-12.

[28] 陈生明.数字出版概论[M].南京:南京大学出版社,2011.

[29] LINDA LANGSCHIED. The changing shape of the electronic journal[J]. Serial Review,1991,17(3):7-14.

[30] 赵锦英,芦茉莉.国内外电子出版物的发展[J].中国信息导报,1997(5):9-10.

[31] 陈光祚.论全文检索系统[J].武汉大学学报(社会科学版),1989(6):107-113.

[32] 赵蓉英,邱均平.CNKI发展研究[J].情报科学,2005(4):626-634.

[33] 黄铭锋.浅谈网络电子期刊的发展[J].情报探索,2004(1):28-29.

[34] 孔薇.期刊网络出版的优势及持续发展的对策[J].电子出版,2005(2):6-8.

[35] 杨开显.论发展中的网络期刊[J].重庆交通学院学报(社会科学版),2004,4(1):140-142.

[36] 程三国,马学海.把握电子书产业的发展步伐[J].出版科学,2012(2):10-14.

[37] 代杨,俞欣.施普林格:从传统出版向数字出版跨越的策略分析[J].出版发行研究,2008(10):11-14.

［38］ 郝振省,魏玉山,张立.2009—2010 中国数字出版产业年度报告[M].北京:中国书籍出版社,2011.

［39］ 向晴.中国电子图书发展历史研究(1991—2018)[D].重庆:重庆大学,2019.

［40］ 国家新闻出版广电总局出版专业资格考试办公室.数字出版基础(2015 年版)[M].北京:电子工业出版社,2015.

［41］ 邓绪娟.当读书遇见社交——从微信读书 App 看阅读形态大改变[J].新闻研究导刊,2015,6(20):242.

［42］ 罗紫初.出版学基础研究[M].太原:山西人民出版社,2005.

［43］ 王亚平.数据库系统工程师教程[M].北京:清华大学出版社,2004.

［44］ 王伟.数据库的法律保护问题研究[D].重庆:西南财经大学,2010.

［45］ 杨晋萍.话说网络的著作权[J].中国青年科技,1999(11):33-35.

［46］ 李敏.数据库与知识产权保护[J].现代图书情报技术,1998(5):32-35.

［47］ 寿步.计算机知识产权法[M].上海:上海大学出版社,1999.

［48］ 徐菊.商业性文献数据库的营销策略研究[D].上海:华东师范大学,2008.

［49］ 张文毅.关于数据库发展史的回顾与思考[J].图书与情报,1989(3):47-50.

［50］ 刘冬亮.我国数据库产业发展与战略研究[D].长春:东北师范大学,2009.

［51］ 林佳,杨毅.文摘索引型数据库检索系统的现状与发展趋势[J].图书情报工作,2003(10):68-73.

［52］ 谢新洲,一凡.欧美数据库产业的发展现状[J].情报学报,1997(6):34-42.

［53］ 董小英.国际数据库产业发展:历史与现实[J].计算机世界,1991(3):15.

［54］ 范晓虹.新时期美国政府的信息资源开发战略[J].中国信息导报,1999(3):15-17.

［55］ 亚历山大.建筑的永恒之道[M].赵冰,译.北京:知识产权出版社,2002.

［56］ 匡文波,孙燕清.数字出版商业模式的国际经验及其启示[J].重庆社会科学,2010(6):67-72.

［57］ OSTERWALDER A,PIGNEUR Y. An e-Business model ontology

for modeling e-Business[C]//15th Bled Electronic Commerce Conference-reality:Constructing the Economy,Bled,Slovenia,2002(6):75-91.

[58]　程三国.期刊经营的商业模式[N].中国图书商报,2001-11-13(10).

[59]　肖叶飞,王亚明.数字出版的商业模式与产业链重构[J].编辑之友,2011(7):67-70.

[60]　徐丽芳.网络科技期刊发行模式研究[J].出版科学,2009(6):79-85.

[61]　王轶帅,陆思霖.国外综合性网络全文数据库的特点及其对图书馆的启示[J].科技情报开发与经济,2009,19(30):5-7.

[62]　方卿,王清越.关于数字出版模式的思考(一)——内容资源主导模式[J].中国出版,2011(17):35-37.

[63]　练小川.专业出版的三个阶段[J].出版参考,2008(24):36.

[64]　刘益,马长云.励德·爱思唯尔集团的经营管理与发展战略研究[J].科技与出版,2011(3):23-27.

[65]　任殿顺.对当前出版业多元化经营的再思考——几位集团老总观点的启示[J].出版发行研究,2009(3):21-24.

[66]　王丹红.爱思唯尔期刊总监马丁·唐柯:品牌源于品质[N].科学时报,2007-07-03.

[67]　中国科技信息研究所,北京大学信息管理系,北京图书馆,等.我国科技电子信息资源的开发和利用研究[M].北京:北京图书馆出版社,1999.

[68]　季星,丁胜.我国商业数据库产业发展状况分析[J].科技情报开发与经济,2007(22):109-111.

[69]　唐圣平.数字出版项目策划和开发[M].北京:群言出版社,2015.

[70]　顾犇.多媒体和电子图书[J].北京图书馆馆刊,1993(Z2):98-102.

[71]　顾犇.电子图书的新趋势[J].中国出版,1992(4):61.

[72]　周文斌.场景视域下教育融合出版路径研究[D].武汉:武汉理工大学,2020.

[73]　刘永强.电子出版物:方兴未艾的事业——访国家新闻出版署音像管理司电子出版处副处长毛小茂[J].多媒体世界,1995(7):6-9.

[74]　夏旭.我国光盘数据库发展的现状及对策[J].现代图书情报技术,1999(2):42-45.

[75]　郭向辉.传统出版单位如何推进传统媒体与新媒体融合发展——以人卫社数字出版转型升级实践为例[J].科技与出版,2015(5):22-24.

[76]　郭向辉.构建医学教育信息综合服务平台——人卫社推动出版企业数字化转型升级的实践思考[J].中国出版,2015(11):65-67.

［77］ 杜贤.中国医学出版数字化转型之路的实践与探索［J］.科技与出版，2014(1):26-29.

［78］ 黄敬滢.人民卫生出版社数字化转型策略分析［D］.北京:北京印刷学院,2015.

［79］ 耿爽.人民卫生出版社数字出版研究［D］.南京:南京大学,2016.

［80］ 傅乃芹.富媒体与文学出版物的富媒体开发［J］.出版发行研究,2016(1):50-52.

［81］ 高存玲,赵星耀.海洋科学类期刊融合出版现状、问题与对策研究［J］.中国科技期刊研究,2019,30(12):1316-1323.

［82］ 史强,包雅琳,姜永茂.国外四大医学期刊富媒体数字内容开发现状及对国内医学期刊的启示［J］.中国科技期刊研究,2018,29(2):148-152.

［83］ 葛赟之.App类电子出版物发展策略研究浅探［J］.东南传播,2012(11):115-116.

［84］ 白立华,刘永坚,施其明.基于RAYS系统的"现代纸书"出版运营模式探析［J］.中国传媒科技,2017(11):12-15.

［85］ 贺子岳,周文斌,刘永坚,等.出版融合背景下现代纸书商业模式创新探索［J］.科技与出版,2018(8):48-53.

［86］ 谢新洲.电子出版技术［M］.北京:北京大学出版社,2006.

［87］ 何梓华.新闻理论教程［M］.北京:高等教育出版社,2008.

［88］ 宫承波.新媒体概论［M］.5版.北京:中国广播影视出版社,2016.

［89］ 彭兰.中国网络媒体的第一个十年［M］.北京:清华大学出版社,2005.

［90］ 崔保国.2004—2005年:中国传媒产业发展报告［M］.北京:社会科学文献出版社,2005.

［91］ 闵大洪.电子报刊——报刊业一道新的风景线［J］.新闻记者,1996(9):44-46.

［92］ 闵大洪.向数字新媒体领域拓展［J］.新闻前哨,2007(9):14-16.

［93］ 黄鹂.因特网上的电子报刊［J］.当代传播,1999(3):31-33.

［94］ 彭兰.从新一代电子报刊看媒介融合走向［J］.国际新闻界,2006(7):12-17.

［95］ 姜莹.何东炯:电子报形式只是报网结合的起点［J］.中国传媒科技,2007(7):60-62.

［96］ 亢树常.复合式传播悄然兴起——从手机报、电子报看多种媒体融合势头［J］.记者摇篮,2005(2):7-8.

[97] 张意轩,尚丹.深度融合、技术助力、内容创新——基于对 2018 年全国两会媒体报道的观察[J].青年记者,2018(12):9-10.

[98] 李宗诚.手机报在我国兴起的原因与发展历程[J].新闻爱好者,2010(4):50-51.

[99] 冯晓斌.浅析报纸网络版的发展[J].当代传播,2004(4):90-91.

[100] 赵泓,蔡灿敏.数字报纸发展的多媒体化趋势探析[J].新闻记者,2009(2):75-78.

[101] 喻国明,吴文汐.数字报业:从网络版的经营做起[J].新闻与写作,2007(2):11-13.

[102] 田勇.试论互动多媒体报纸[J].新闻实践,2006(9):25-27.

[103] 方芳.中国报纸网站传播现状的思考[J].湖北社会科学,2013(6):196-198.

[104] 人民网研究院.2019 报纸融合传播指数报告[J].传媒,2020(15):21-22.

[105] 郭乐天.探寻新闻网站的盈利模式[J].新闻实践,2009(2):7-10.

[106] 欧阳日辉.从新闻门户到社交媒体:门户网站的商业模式变迁与发展路径[J].新闻与写作,2019(2):11-17.

[107] 许图.试论中国内地商业门户网站的新闻内容生产与特征[J].新闻研究导刊,2018,9(4):51-52.

[108] 赵如涵.简析数字时代网络新闻传播的最新博弈——欧洲"网生新闻网站"概念及内涵探究[J].现代传播(中国传媒大学学报),2014,36(4):55-58.

[109] 赵如涵.生存空间与新闻专业主义的角力:网生新闻网站的可持续商业模式探究[J].新闻春秋,2015(2):43-47.

[110] 喻国明.镶嵌、创意、内容:移动互联广告的三个关键词——以原生广告的操作路线为例[J].新闻与写作,2014(3):48-52.

[111] 陈福,迟晓玲,孙涛.手机二维码——移动互联网的催化剂[J].信息与电脑(理论版),2010(24):36.

[112] 匡文波,贾一丹.基于技术接受模型的新闻客户端用户行为和习惯研究[J].深圳大学学报(人文社会科学版),2018,35(1):95-102.

[113] 鲍艳红,赵雨春.新媒体矩阵:传统媒体的转型自救之路[J].新媒体研究,2017,3(21):91-92.

[114] 王志.基于 H5 技术的移动融媒新闻创新[J].新闻记者,2019(3):10-12.

［115］ 何芳.H5 新闻的传播优势与存在的问题[J].青年记者,2018(8):91-92.

［116］ 张小燕,王楚.Vlog＋新闻:让严肃新闻亲切可感——湖北日报系列 Vlog 新闻应用探析[J].新闻战线,2020(20):57-59.

［117］ 刘宁宁,李心怡.H5 新闻作品拓宽时政报道创新之路——以人民日报两会 H5 报道为例[J].新闻战线,2019(7):103-105.

［118］ 人民日报.融合元年:中国媒体融合发展年度报告(2014)[R].北京:人民日报出版社,2015.

［119］ 段玲玲.当代中国(大陆地区)报纸网站研究[D].长沙:湖南大学,2008.

［120］ 吴巍巍.国内新闻网站现存问题及相关思考[D].南昌:南昌大学,2010.

［121］ 龙芳.纸媒短视频新闻热的反思[D].长沙:湖南师范大学,2019.

［122］ 郁聪.我国数字报纸发展历程与现状研究[D].武汉:武汉理工大学,2012.

［123］ 司占军,顾翀.数字出版[M].2 版.北京:中国轻工业出版社,2020.

［124］ 师曾志.网络电子期刊质量控制研究[M].北京:北京图书馆出版社,2007.

［125］ 阮建海.纯网络杂志质量控制探讨[J].图书情报知识,2004,16(1):2-6.

［126］ 向征.国内大众电子杂志平台研究[D].武汉:武汉理工大学,2013.

［127］ 雷阳.移动阅读时代大众期刊 App 发展的困境与对策[J].出版科学,2016,24(2):87-90.

［128］ 蔡雅丽.基于博弈论视角下的媒体经营管理——以《知音》杂志旗下小程序"知音传媒微刊"为例[J].卫星电视与宽带多媒体,2020(8):216-217.

［129］ 汪全莉,李颖颖.学术期刊与小程序的融合探析[J].出版广角,2019(16):18-20.

［130］ 崔香丹.《三联生活周刊》融媒体转型探索[J].出版广角,2019(24):50-52.

［131］ 马卉.我国时尚杂志的融合转型探究——以《时尚芭莎》为例[J].青年记者,2017(9):78-79.

［132］ 刘锦宏.数字出版案例研究[M].北京:电子工业出版社,2013.

［133］ 吴锋,宋帅华.深耕与迭代:2019 年中国期刊业的主要特征及最新态势[J].编辑之友,2020(2):69-74.

[134] 李海燕.德国施普林格出版集团的数字化发展历程[J].内蒙古财经大学学报,2018,16(6):138-140.

[135] 文艳霞.移动互联环境下的 App 与期刊 App[J].出版发行研究,2012(9):82-85.

[136] 尹潇.SoLoMo 场景下时尚杂志的转型——基于时尚芭莎电子刊的个案研究[J].东南传播,2020(7):95-98.

[137] 许金平.开放存取期刊的质量控制研究[D].武汉:武汉理工大学,2009.

[138] 赵东晓.网络出版及其影响[M].北京:中国人民大学出版社,2008.

[139] 胡德华,常小婉.开放存取期刊论文质量和影响力的评价研究[J].图书情报工作,2008(2):61-64.

[140] 刘海霞,方平,胡德华.开放存取期刊的质量评价研究[J].图书馆杂志,2006(6):23-27.

[141] 张红芹.开放获取期刊质量评价指标体系研究[D].南京:南京农业大学,2007.

[142] 傅蓉.开放存取的质量控制[J].情报理论与实践,2006(6):694-696.

[143] 韩欢,胡德华.开放存取期刊的质量控制机制研究[J].情报杂志,2009,28(7):44-48.

[144] 刘锦宏.网络科技出版模式研究[D].武汉:武汉大学,2008.

[145] 乔冬梅.e 印本建设与应用——一种科技论文非正式交流系统[D].武汉:武汉大学,2005.

[146] 邓君.机构知识库建设模式与运行机制研究[D].长春:吉林大学,2008.

[147] 李武,杨屹东.开放存取期刊出版的发展现状及其影响分析[J].图书情报工作,2006(2):25-30.

[148] 程维红,任胜利.中国科技期刊开放存取出版现状[J].编辑学报,2007(3):196-198.

[149] 王应宽.中国科技界对开放存取期刊认知度与认可度调查分析[J].中国科技期刊研究,2008,19(5):753-762.

[150] 万群.试论同行评议中存在的问题及改进措施[J].学会,2006(2):43-45.

[151] 方卿.我国学术期刊同行评审现状分析[J].中国编辑,2006(6):57-61.

［152］　邱炯友.学术电子期刊同侪评阅之探析［J］.教育资料与图书馆学，2003，40（3）：309-323.

［153］　于忠庆，张东，王惠临.DC元数据标准中文化探讨［J］.情报杂志，2008（11）：111-113，119.

［154］　邱炯友.学术传播与期刊出版［M］.台北：远流出版公司，2006.

［155］　唐义，肖希明.开放科学发展历程及存在的问题与对策［J］.情报资料工作，2013（5）：20-24.

［156］　顾洁.开放科学与开放创新的关联［EB/OL］.（2019-12-02）［2021-08-05］.http://www.istis.sh.cn/list/list.aspx？id=12298.

［157］　赵艳枝，龚晓林.从开放获取到开放科学：概念、关系、壁垒及对策［J］.图书馆学研究，2016（5）：2-6.

［158］　任翔.学术出版的开放变局：2014年欧美开放获取发展评述［J］.科技与出版，2015（2）：18-23.

［159］　许洁，吕江建.争议中发展的巨型期刊（Mega Journal）［J］.出版广角，2017（24）：24-27，30.

［160］　唐翔，徐丽芳."多彩"的开放存取出版［J］.出版参考，2013（30）：45，48.

［161］　贺子岳，张子纬，陈晓峰.学术期刊出版后开放式同行评议模式研究［J］.传媒，2019（17）：32-34.

［162］　李沛，张子纬，陈晓峰，等.学术论文科研诚信问题分析与解决路径探索［J］.中国传媒科技，2019（1）：10-12.

［163］　郑建程，赵艳，李欣，等.学术期刊从订阅模式向开放获取模式转化的经费可行性研究：OA2020的启示［J］.图书情报工作，2016，60（12）：75-80.

［164］　LAWRENCE B，JONES C，MATTHEWS B，et al. Citation and peer review of data：moving towards formal data publication［J］. The International Journal of Digital Curation，2011，6（2）：4-37.

［165］　张小强，李欣.数据出版理论与实践关键问题［J］.中国科技期刊研究，2015，26（8）：813-821.

［166］　刘凤红，崔金钟，韩芳桥，等.数据论文：大数据时代新兴学术论文出版类型探讨［J］.中国科技期刊研究，2014，25（12）：1451-1456.

［167］　张恬，刘凤红.数据出版新进展［J］.中国科技期刊研究，2018，29（5）：453-459.

［168］　刘兹恒，涂志芳.数据出版及其质量控制研究综述［J］.图书馆论坛，2020，40（10）：99-107.

[169] 王丹丹.数据论文:数据集独立出版与共享模式研究[J].情报资料工作,2015,36(5):95-98.

[170] 涂志芳,杨志萍.我国科学数据管理与共享实践进展:聚焦两种主要模式[J].图书情报知识,2021(1):103-112.

[171] 涂志芳,刘兹恒.我国多学科领域数据出版质量控制最佳实践研究[J].图书馆杂志,2020,39(9):70-77.

[172] 涂志芳,刘兹恒.国外数据知识库模式的数据出版质量控制实践研究[J].图书馆建设,2018(3):5-13.

[173] 王舒,黄国彬.国外科学数据仓储的数据出版流程研究[J].数字图书馆论坛,2021(1):60-66.

[174] 欧阳友权.网络文学词典[M].北京:世界图书公司,2012.

[175] 孙宜君,桂国民.论我国网络文学创作特点[J].北京理工大学学报(社会科学版),2003(5):3-6.

[176] 史蓉蓉.博客图书文化现象初探[J].出版发行研究,2006(11):63-65.

[177] 邵燕君,周轶,肖映萱,等."大神"是怎样养成的——中国文学网站生产机制与粉丝文化考察[M]//陈圣来,主编.上海文学发展报告.2015:青年批评家崛起.北京:社会科学文献出版社,2015.

[178] 曾元祥.数字出版产业链的构造与运行研究[D].武汉:武汉大学,2015.

[179] 贺子岳,梅瑶.泛娱乐背景下网络文学全产业链研究[J].出版广角,2018(4):40-43.

[180] 黄先蓉,冯婷.IP生态视域下移动阅读产业盈利模式创新研究[J].出版科学,2018,26(1):20-26.

[181] 周艳.全版权运营:网络文学营销的转型维度[J].出版广角,2019(22):68-70.

[182] 杨雪.中国IP影视产业国际竞争力提升研究[D].武汉:武汉大学,2018.

[183] 贺子岳,邹燕.盛大文学发展研究[J].编辑之友,2010(11):75-77,89.

[184] 李婧璇.助力网文迈向高质量发展新时代[N].中国新闻出版广电报,2020-11-19.

[185] 刘兵.关于中国互联网内容管制理论研究[D].北京:北京邮电大学,2007.

[186]　谢贵萍.移动阅读 App 运营研究[D].武汉:武汉理工大学,2018.

[187]　罗丁瑞.网络出版新形态研究[D].武汉:武汉理工大学,2008.

[188]　李熙.2014—2015 年移动出版发展观察[J].出版参考,2015(8):22-23.

[189]　张蒙.基于移动端自媒体平台的内容传播治理研究[D].武汉:武汉理工大学,2019.

[190]　谢俊.自媒体出版及其发展研究[J].出版发行研究,2016(7):28-31.

[191]　秦绪军.刍议移动互联网对数字出版发展的影响[J].出版发行研究,2016(1):41-43.

[192]　张斌.论数字出版产业链的形成与演化[J].出版广角,2021(5):33-35.

[193]　张立,王飚,李广宇.“十三五”开局之年的中国数字出版——2016—2017 中国数字出版产业年度报告主报告(摘要)[J].出版发行研究,2017(7):5-10.

[194]　王海燕.移动阅读用户行为调查与分析[J].编辑之友,2017(2):10-14.

[195]　程小雨.4G 时代我国移动阅读行业发展现状及趋势研究[J].出版参考,2014(33):33-34.

[196]　龙叶,王跃虎.我国移动阅读现状与发展策略研究[J].现代情报,2017,37(1):112-115.

[197]　刘华鲁.手机阅读的发展和问题探讨[J].编辑之友,2010(s1):68,70.

[198]　李镜镜,张志强.移动出版的发展模式及其评价[J].科技与出版,2010(8):37-40.

[199]　李彪.集成经济视角下移动阅读产品的赢利模式及启示[J].出版发行研究,2016(4):48-51,58.

[200]　何菊香,茆意宏.国内手机阅读服务盈利模式的调查与分析[J].图书情报工作,2012,56(6):140-144,148.

[201]　夏远航.手机报语言研究——以《安徽手机报》为例[D].安徽:安徽大学,2010.

[202]　罗杰·菲德勒.媒介形态变化:认识新媒介[M].北京:华夏出版社,2000.

[203]　黄河.手机媒体商业模式研究[M].北京:中国传媒大学出版